本书由扬州大学出版基金资助

范式融合视角下情报学创新发展研究

杨国立 著

南京大学出版社

内容简介

本书首先从历史维度考察分析了情报学研究的中国范式，以及 Intelligence 范式和 Information 范式两大主流范式的情报学研究现状；然后着眼于新时期情报学发展的机遇与挑战，研判情报学创新发展的范式融合趋势；接着重点阐述了情报学 Intelligence 范式和 Information 范式两种范式融合的基本原理和推进策略；最后探讨了"图书情报与档案管理"学科的情报学创新发展。

本书主要满足情报学及其相关专业的老师、学生（含本科生、硕士生和博士生）的学习、教学和研究需要。

图书在版编目（CIP）数据

范式融合视角下情报学创新发展研究 / 杨国立著
. —南京：南京大学出版社，2022.11
 ISBN 978-7-305-25980-7

Ⅰ. ①范… Ⅱ. ①杨… Ⅲ. ①情报学—研究 Ⅳ.
①G250

中国版本图书馆 CIP 数据核字(2022)第 138330 号

出版发行 南京大学出版社
社　　址　南京市汉口路 22 号　　邮　编　210093
出 版 人　金鑫荣

书　　名 范式融合视角下情报学创新发展研究
作　者　杨国立
责任编辑　苗庆松　　　　　　编辑热线　025-83592655

照　　排　南京开卷文化传媒有限公司
印　　刷　江苏扬中印刷有限公司
开　　本　787 mm×1092 mm　1/16　印张 13　字数 310 千
版　　次　2022 年 11 月第 1 版　2022 年 11 月第 1 次印刷
ISBN　978-7-305-25980-7
定　　价　54.80 元

网　　址：http://www.njupco.com
官方微博：http://weibo.com/njupco
官方微信：njupress
销售咨询热线：025-83594756

* 版权所有，侵权必究
* 凡购买南大版图书，如有印装质量问题，请与所购
　图书销售部门联系调换

前　言

习近平总书记强调,"坚持面向世界科技前沿、面向经济主战场、面向国家重大需求、面向人民生命健康,不断向科学技术广度和深度进军",这"四个面向"指明了我国科技创新的发展方向。当前,情报学发展进入了新时代。一方面,"云物移大智"(云计算、物联网、移动互联网、大数据、智能技术)等新兴技术全面渗透到情报研究范式、情报服务模式和情报工作流程中;另一方面,科技创新、经济发展、社会治理、国外竞争与对抗等社会需求对情报能力提出了新的更高的要求。不可否认的是,以文献工作、信息工作为核心的情报工作与时代潮流、社会需求还不相适应,传统的情报学理论和方法对于新问题的阐释与解决能力也不尽如人意。回顾历史,从 20 世纪 50 年代开始,情报在破除科技封锁、促进科技发展、支撑经济建设等方面发挥了"耳目、尖兵、参谋"的重要作用。自 20 世纪 90 年代"情报"改"信息"以来,情报的含义在泛化,但也使得情报应有的功能和特征出现异化。出于对情报学地位式微、话语权弱化和发展失衡的忧虑,近年来,学界对情报(情报学)回归的呼声越来越高。情报不等同于信息,情报、情报学、情报事业仍然不可替代。从"情报"的立场出发,就是要回归情报本真,追溯情报本原、强调情报本质,即回归到情报学与情报工作最初建立的历史使命、根本任务、研究对象、学科边界。

经过 60 余年的发展,我国情报学所取得的成就是有目共睹的。在早期的文献服务,以及后来的遏制与测量信息爆炸、开发信息检索系统等方面,情报学做出了重要贡献。与发展环境相适应一直是情报学的优良传统,如今,国家安全和社会、经济、科技发展的新形势与新任务,以及大数据、总体国家安全观和智库战略的实施,给情报学发展带来了前所未有的机遇,如若抓住这个机遇。必将推动我国情报事业的崛起。情报学唯有创新和转型发展,才不会错失良机,才能充满活力和成长空间。

新时代、新技术、新的国家战略都赋予了情报学新的使命,情报学有着极大的上升空间。近年来,情报学界不乏情报学变革与创新的研究,其中包括:界定学科的内涵和外延,归纳提炼学科的基本学术命题、学术范畴、学术观点、学术思想,进一步明确学科建设的方向、重点和路径;面向国家科技创新发展战略的情报服务和研究;支撑国家智库研究和建设拓展的学科新领域等。然而,目前的研究鲜有以范式理论作为统领,从整体上把握情报学学科的基本框架及发展。从范式角度去观察和探索情报学发展,是情报学精细化发展的直接体现。这样的研究实际上在国外始于 1976 年的英国著名情报学家布鲁克斯发表的《情报科学的新范式》("New Paradigm on Information Science")一文。我国从 20 世纪 80 年代初开始对此进行探索,王崇德是早期的探索者之一。60 余年的发展过程中,我国情报学科学共同体在情报与信息的关系、情报学产生的缘由和背景、学科的目标和任务、学科性质、研究对象等方面,达成了诸多共识;对情报学的历史成就、社会贡献等也深度认同。《情报学和情报工作发展南京共识》更是科学共同体集体智慧和共同努力的体现。与此同时,科学共同体围绕情报概念、图情一体化、情报转信息后的学科发展、一级学科建立等也曾激烈讨论。情报学发展过程中的共识和争论,都是情报学范式确立和转换的表现,是形成中国情报学范式的重要基础。

经过学界的不懈努力,中国情报学已形成了基于 Information 和 Intelligence 两大基石,既承担信息库又承担思想库的中国特色的范式,其区别于苏联科学交流范式、美国技术范式、欧洲文献范式。我国情报学研究总体上由面向发展和面向安全两大阵营构成。总体国家安全观下,安全与发展的问题并非各自孤立存在,两者交织融合、相互转化。这样的战略背景下,两大阵营的情报学任务和使命发生了很大变化,这种变化必然导致情报学范式的变化。目前,国内外不下 20 种情报学范式以不同命名被提出,这些范式局限于方法论或特定问题域的应用,大多通用性和统领力不足,尚未形成较大规模的科学共同体。无论是国内还是国外,面向发展的"Information 范式"和面向安全的"Intelligence 范式"标准化程度最高、持有范围最广、解释力和统领力最强。学界逐渐达成共识:这两种范式构成了中国情报学范式体系。本书便以这两种范式的融合为视角,探索情报学的创新发展。

全书共分为 7 章,即情报学研究的中国范式、Intelligence 和 Information 范式情报学的发展回顾、新时期情报学发展的机遇与挑战、情报学创新发展的范式融合趋势、情报学范式融合的基本原理、情报学范式融合的推进策略、"图书情报与档案管理"学科中情报学的创新发展。

由于数据获取渠道和条件的限制,特别是 Intelligence 范式下的情报学研究成果难以全面获得;又因为学科范畴广、交叉性强,而研究方法和手段又存在局限;更限于研究者自身水平,面向情报学发展这样宏大的课题学力有限。因而本书难免存在诸多不足甚至错误,希望读者提出批评和建议。我们将认真吸收,以期进一步提高和完善后续研究,为中国情报事业的发展贡献微薄之力。

杨国立

2022 年 7 月 12 日

目 录

第1章 情报学研究的中国范式 ………………………………………………… 001
  1.1 研究方法 ………………………………………………………………… 001
    1.1.1 获取理论文献 ……………………………………………………… 001
    1.1.2 确立研究框架 ……………………………………………………… 002
  1.2 学术传统 ………………………………………………………………… 003
    1.2.1 增强学科意识 ……………………………………………………… 004
    1.2.2 坚持问题导向 ……………………………………………………… 005
    1.2.3 倡导学术争鸣 ……………………………………………………… 007
    1.2.4 开放学科场景 ……………………………………………………… 008
    1.2.5 修正技术传统 ……………………………………………………… 009
  1.3 理论追求 ………………………………………………………………… 010
    1.3.1 确立独特定位 ……………………………………………………… 010
    1.3.2 立足社会现实 ……………………………………………………… 011
    1.3.3 推进理论整合 ……………………………………………………… 012
    1.3.4 探索本土道路 ……………………………………………………… 013
  1.4 范式转换 ………………………………………………………………… 015
  1.5 未来展望 ………………………………………………………………… 017
    1.5.1 坚定中国特色 ……………………………………………………… 017
    1.5.2 融合两种范式 ……………………………………………………… 018
    1.5.3 统筹三类场景 ……………………………………………………… 019

第2章 Intelligence 和 Information 范式情报学的发展回顾 ………… 020
  2.1 Intelligence 范式下的学科发展 ………………………………………… 020
    2.1.1 发展历程 …………………………………………………………… 020
    2.1.2 学科建设与理论研究 ……………………………………………… 021
  2.2 Information 范式下的学科发展 ………………………………………… 026
    2.2.1 发展历程 …………………………………………………………… 026
    2.2.2 学科建设与理论研究 ……………………………………………… 028
  2.3 Information 范式的情报学研究：以图书情报学研究为例 …………… 031
    2.3.1 国内图书情报学研究 ……………………………………………… 031

2.3.2　国外"Library and Information Science"研究 ·············· 038

第3章　新时期情报学发展的机遇与挑战 ···················· 058
　3.1　情报学发展的背景 ··· 058
　　　3.1.1　国家安全背景 ··· 058
　　　3.1.2　国家智库战略背景 ·· 059
　　　3.1.3　科技进步与社会发展背景 ································· 060
　　　3.1.4　学科自我成长背景 ·· 060
　　　3.1.5　国际大环境背景 ·· 061
　3.2　情报学发展的机遇 ··· 062
　　　3.2.1　数据密集型科研范式下的学科横断性发展 ············ 062
　　　3.2.2　智库战略下的学科决策性功能彰显 ···················· 062
　　　3.2.3　大数据与人工智能下的学科方法论资源升级 ········ 063
　　　3.2.4　《国家情报法》与总体国家安全观下的学科管理体制完善 ···· 064
　3.3　情报学发展的挑战 ··· 064
　　　3.3.1　基础问题的争论 ·· 064
　　　3.3.2　理论与方法的不适应性 ···································· 066
　　　3.3.3　学科战略思维的不足 ······································· 067
　　　3.3.4　学科社会地位式微 ·· 068
　　　3.3.5　人才实践性能力培养存在短板 ··························· 068
　　　3.3.6　情报学的专业与职业优势弱化 ··························· 069

第4章　情报学创新发展的范式融合趋势 ···················· 070
　4.1　情报学发展的转折 ··· 070
　　　4.1.1　Intelligence与Information范式的科学共同体规模扩大 ···· 070
　　　4.1.2　Intelligence与Information范式的界限趋于模糊 ······ 071
　4.2　情报学创新发展的范式融合需求 ···························· 073
　　　4.2.1　维护国家安全 ··· 073
　　　4.2.2　助力国家竞争力提升 ······································· 074
　　　4.2.3　支撑决策优势构建 ·· 074
　　　4.2.4　支持未来塑造 ··· 075
　　　4.2.5　协助大数据管理 ·· 076
　4.3　总体国家安全观对两种范式融合的驱动 ··················· 076
　　　4.3.1　树立总体国家情报思维 ···································· 077
　　　4.3.2　构建总体国家情报工作体系 ······························ 080
　　　4.3.3　以任务为情报工作的组织线索 ··························· 083
　　　4.3.4　形成多层次情报工作策略 ································· 084

第 5 章　情报学范式融合的基本原理 … 086
5.1　情报学范式融合的困境 … 086
5.1.1　受制于学科建制的不同 … 086
5.1.2　受阻于情报观的分歧 … 087
5.1.3　受限于学术资源的共享难 … 088
5.1.4　受不同相邻学科的影响 … 089
5.2　情报学范式融合的基础 … 089
5.2.1　融合的客观基础 … 090
5.2.2　融合的理论基础 … 092
5.2.3　融合的动力 … 094
5.2.4　融合的活力 … 096
5.2.5　融合的文化基础 … 097
5.3　基于"新三论"的情报学范式融合方法论 … 098
5.3.1　以系统论的方法解析情报学范式融合过程 … 099
5.3.2　情报学范式融合系统的耗散性机理 … 100
5.3.3　情报学范式融合系统各要素的协同机理 … 109
5.3.4　情报学范式融合系统演化过程中的突变机理 … 116
5.4　两种范式融合的整体分析框架 … 120

第 6 章　情报学范式融合的推进策略 … 123
6.1　基于"新三论"的范式融合推进模型 … 123
6.2　范式融合的信息流控制策略 … 125
6.2.1　信息流控制的自发性 … 126
6.2.2　信息流控制的渠道 … 127
6.2.3　信息流控制的机制 … 133
6.2.4　信息流控制的价值引领 … 138
6.3　科学共同体竞合管理策略 … 142
6.3.1　情报学范式融合中的竞合关系及其自发特性 … 142
6.3.2　要素层面的竞合管理 … 144
6.3.3　关系层面的竞合管理 … 149
6.3.4　过程维度的竞合管理 … 154
6.4　范式融合的发展路径建设 … 157
6.4.1　情报学范式融合发展路径的自发特性 … 158
6.4.2　目标着眼于为孵化"大一统情报学"酝酿学术环境 … 158
6.4.3　以学术研究的问题为出发点 … 161
6.4.4　以学科层面的融合为路线 … 166
6.4.5　制定保障措施 … 168

第7章 "图书情报与档案管理"学科中情报学的创新发展 ········· 173
- 7.1 情报学理论的创新发展 ········· 174
  - 7.1.1 情报学知识体系的创新发展 ········· 174
  - 7.1.2 情报学核心问题域的拓展 ········· 175
- 7.2 情报学教育的创新发展 ········· 177
- 7.3 情报学研究的创新发展 ········· 178
  - 7.3.1 强化情报学研究的大数据思维 ········· 178
  - 7.3.2 从历史中获得镜鉴 ········· 179
- 7.4 科学共同体的融合 ········· 180
- 7.5 情报学未来发展展望 ········· 180
  - 7.5.1 成为统领信息科学和数据科学价值建构的智慧型学科 ········· 180
  - 7.5.2 成为"指路人"和"智囊"角色的横断型学科 ········· 181
  - 7.5.3 成为惠及上至政府下至普通民众的大众型学科 ········· 182

参考文献 ········· 183

第1章 情报学研究的中国范式

本章从范式视角对情报学的发展进行历史考察,以期通过形而上的情报学思想、观点和学术传统的提炼、抽象,以及形而下的具体理论分类、归纳、总结等,从整体上刻画中国特色的情报学发展进程。

1.1 研究方法

1.1.1 获取理论文献

一般认为,我国情报学产生于20世纪50年代。20世纪50—60年代,情报学发展实现了重要开拓:确定了情报服务的"广、快、精、准"的理论原则;出版了我国第一部情报学教材《科技情报工作讲义》,这是我国首次进行情报学体系化知识研究的尝试;成立了第一个成建制的情报理论研究机构——中国科技情报研究所(现中国科技信息研究所)理论方法研究室,主要从事检索、机器翻译等情报方法的研究;筹建了中国科技情报学会;建立了情报专业。虽然如此,80年代以前,我国情报学研究重点在于对国外情报学理论的报道和借鉴,少量而零散的本土研究局限于对情报工作的总结,甚至没有超出文献工作范围。80年代后,迎来了理论探索的高潮,情报学研究发生了质的飞跃[①]:从"工作知识"上升为由具有严密知识体系的"新兴学科",研究范式也由对美国技术范式、欧洲文献范式和苏联科学交流范式的介绍和综合集成,向以科技情报、社会情报和经济情报等为代表的中国特色的情报学研究转移。鉴于20世纪80年代开始,情报理论研究从经验性向科学性深化、从国外引进向本土探索转向,且理论探索类文献数量大幅度增长,本研究文献检索的时间起点确定为1980年。为了全面地获取情报学相关理论研究成果,本研究通过两种途径获取文献。

① 期刊论文。为了能够聚焦和有针对性,检索时去除"图书情报学""图书馆情报学""教育"等方面的研究成果。因此,采用"TI=('情报学'+'情报科学'+'情报理论')—('图书'+'图书馆'+'教育')"作为检索式,时间限定为1980—2022年,获得2 562篇论文,采用Excel保存文献的题录信息,并进行人工筛选,删除非研究性成果(如会议通知和投稿指南等)和国外研究成果的翻译等文献后,最终获得2 225篇论文作为研究对象。以时间为依据组织论文,对它们进行主题和研究内容的分析,并以情报学研究对象、学科性质和研究范畴等为基本分析框架,总结、提炼、抽象学术命题、学术思想、学术观点、学术贡献,调

---

① 杨沛霆,王松益,赵宗仁.我国情报学研究的进展[J].情报学报,1986,5(Z1):273-283.

研和概括情报学研究的内容和基本理论等。表1-1列出了期刊论文的分布情况。

表1-1 情报学研究的期刊论文分布　　　　　　　　　　　　　　　篇

1980—1989年		1990—1999年		2000—2009年		2010—2022年	
数量	焦点问题	数量	焦点问题	数量	焦点问题	数量	焦点问题
413	情报学的产生、基本概念、对象、性质、范畴、理论体系	359	情报学发展的反思和展望	621	知识经济和网络环境下的情报学发展	832	信息技术和方法的应用

② 专著。在读秀、国家图书馆电子书目库、超星数字图书馆等数据库中检索"情报学""情报科学""情报理论"相关专著,结合《国家图书馆出版社图书馆学情报学著作提要(1979—2009)》《图书馆学情报学档案学论著目录(1949—1980)》《馆藏图书馆学情报学著作提要 1951—1987》,去除专指性很强(如情报检索等)的著作和国外译著,最终确定了46部专著作为研究对象(见表1-2)。通过前面的"内容简介""前言""目录"等对这些专著进行总体认识,并有针对性地对各专著相关度较高的章节内容进行精读。此外,结合著者的权威性和专著内容的代表性,甄选出每个时期代表性专著进行全文精读。

表1-2 情报学专著的数量分布及代表作　　　　　　　　　　　　　　部

1980—1989年		1990—1999年		2000—2009年		2010—2022年	
数量	代表作及研究重点	数量	代表作及研究重点	数量	代表作及研究重点	数量	代表作及研究重点
16	《情报学概论》(严怡民,1983):科学情报基本理论研究;《情报学基础》(严怡民、马费成,1987):情报的构成、特性、分布和社会情报交流全过程规律;《情报学基础》(邹志仁,1987):文献情报的基本理论与服务	11	《情报科学导论》(华勋基,1990):社会科学与经济领域情报的活动规律;《情报学理论流派研究纲要》(张新华,1992):情报学各流派的特征、代表人物等;《情报学引论》(王崇德,1994):社会情报的行为与活动	7	《数字时代情报学理论与实践》(贺德方,2006):信息与知识服务下的情报学理论基础与学科建设;《IRM-KM范式与情报学发展研究》(马费成、宋恩梅,2008):从IRM及KM范式的角度研究情报学;《情报科学理论》(靖继鹏、马费成、张向先,2009):情报科学的理论基础	12	《组织情报学》(吕斌、李国秋,2013):组织情报学的发展路径;《情报工程学概论》(马费成、赵志耘,2019):大数据背景下情报工程学的发展;《情报学理论:哲学基础与应用发展》(王芳,2021):情报学研究的哲学基础、元理论、研究范式、学派流变等

1.1.2 确立研究框架

本研究围绕"学术传统""理论追求""范式转换"和"未来展望"四个方面,分析情报学发展的中国范式。其中,"学术传统"反映的是情报学范式中的信念、观念等形而上和方法论等部分,"理论追求"是学术传统引导下形成的情报学范式中的概念、原理、规律等理论部分,"范式转换"是理论追求及其变化的必然结果,"未来展望"是对历史发展脉络当代发展的推理和感悟。研究中采取"既存性考察"和"建构性分析"两种思路的结合,前者采用研究命题和内容的历史归纳,基本概念、理论等的比较和提炼,以及每一时期权威专家思想和观点的刻画等三种路径;后者采用学界共识分析、理论知识抽象分析、外部驱动力分析等三种路径。本文的基本研究框架如图1-1所示。

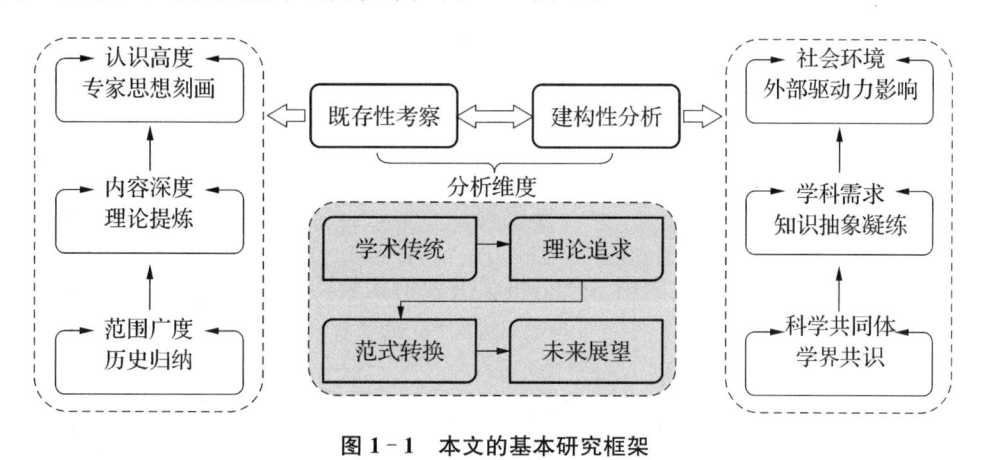

图1-1 本文的基本研究框架

1.2 学术传统

学术传统是学术团体或研究机构的共同体成员在长期持续的学术探索活动中,培育、形成并延传下来的世界观、价值观、方法论等共有的思想观念和精神气质。[①] 情报学的学术传统是基于情报学思想体系内部的共识性和统一性,来把握情报学人进行理论探索的基本品格、方法论,以及情报学理论的基本特征。总结起来看,情报学的学术传统包括增强学科意识、坚持问题导向、倡导学术争鸣、开放学科场景和修正技术传统(见表1-3)。

表1-3 情报学发展的学术传统

学术传统	形成的动力	当代继承	当代面对的问题
增强学科意识	情报工作需要更丰富的理论指导;提升学科地位	学科建设源于情报工作、高于情报工作;坚持独特对象,建设中国特色情报学	学科整合的压力
坚持问题导向	面向中国实际的情报学发展	淡化范畴差异,服务、服从于社会需要	研究对象和研究内容的混淆

---

① 尚智丛,谈冉. 自然科学基础研究中的学术传统及其培植路径[J]. 河南师范大学学报(哲学社会科学版),2021,48(05):128-133.

续表

学术传统	形成的动力	当代继承	当代面对的问题
倡导学术争鸣	确立学科的独特定位	形成批判和反思的学术氛围;创建开放包容的学术环境和传播载体	不同行业科学共同体情报观差异的弥合
开放学科场景	行业需求;学科自身发展规律的需要	领域情报学的建设	学科场景的简单扩大
修正技术传统	维护学科特色;信息科学的竞争	建立复杂思维;将技术作为手段而不是对象或内容	技术引入的低水平;技术在学科和教育中的不合理定位

1.2.1 增强学科意识

早在 20 世纪 50 年代,我国第一代情报学者就迫切希望情报学能够发展成为一门科学,并在 1957 创办的《科学情报工作》的发刊词中表达了这种愿望:(情报学)虽然作为一门科学还在胚胎期,但这个发展方向是值得肯定的。[①] 为此,情报学者不懈努力:1978 年,科技情报学会成立(复建),并出版了多部学术论文集,特别是其组织编撰了《中国大百科全书》中的情报学部分,对于学科独立性的身份认同具有里程碑意义;《情报科学》(1980)、《情报学刊》(1980)、《情报学报》(1982)等学术刊物,以及大量以"情报学"冠名的专著相继出版,它们从对国外情报学理论的引荐和借鉴,转向对本土特色理论的探索;形成了包括大学本科、硕士、博士及继续教育在内的多层次的情报学教育体系,极大地推动了情报学理论研究。学术、学校、学位全面发展,从学科高度将情报学作为一门学问的研究蓬勃发展。面对我国情报学学理性基础理论单薄的状况,情报学者在强烈的学科意识驱动下,积极引进国外情报学理论和移植嫁接其他学科知识体系,充分体现了开放和借鉴思想。

情报学的母体是情报工作,情报学研究最初将情报工作亟待解决的问题放在首位。为了解决"情报爆炸"与情报需求之间的矛盾,情报学引进了西方适用性情报技术,主要以情报检索系统为主,如 RECON 情报检索系统、MEDLARS 医学文献分析与检索系统、DIALOG 联机检索系统等,有些系统至今仍在使用,它们为我国信息资源的建设奠定了重要基础。随着国家对经济建设和社会发展的情报需求日益迫切,情报机构作为信息库和思想库双重社会责任的定位日益凸显。相应地,情报学研究也从对情报工作经验的总结向更深入的理论指导和规律探索方向发展,情报学开始探讨一些理论问题。国外相关理论的引进很大程度上促进了当时基本空白的情报学发展。1979 年,刘昭东翻译出版了贝克的《情报学浅说》,成为首部公开出版的译著,但由于该书的核心内容是介绍"技术",对我国情报学理论研究影响并不大。1980 年,徐新民翻译出版了米哈伊洛夫的《科学交流与情报学》,其影响深远,加之萨拉塞维奇情报社会传播理论,它们一起构成了"科技—交流"情报学理论体系,为情报在科技发展中地位的确立和情报学理论的发展奠定了重要基础,也对我国情报学者产生了重要影响。那时的很多论文和专著都是以科学情报为研

---

① 杨沛霆,等. 我国情报学研究的进展[J]. 情报学报,1996,5(3-4):273-283.

究对象,以揭示科学交流规律为目的。例如,严怡民在1983年出版的《情报学概论》中阐述道,情报学是专门研究科学情报的构成和特性,以及科学交流全过程的规律性科学学科。又如,波普尔的"世界3"理论、布鲁克斯的知识方程理论和知识地图构想、约维兹的广义情报系统理论、萨尔顿和北川敏南的技术层面的情报系统和情报网络理论、德本斯的知识系统理论、谢拉的社会认识论等,均对我国情报学理论探索产生了广泛而深远的影响,也造就了我国情报学多范式并存的局面。正是对国外经典理论的引进、借鉴、消化、反思、修正,滋养了不同代际的情报学者,形塑了他们对情报学的认识,对中国特色的情报学理论建设起到了重要的推动作用。

情报学是一门具有跨学科属性的交叉学科,其必然会经历从单纯地对本领域的研究到跨领域的综合研究,并借助其他学科理论方法来丰富完善本学科的内容,最后升华到具有情报学独特理论方法的过程。[①] 因此,情报学在发展过程中移植了很多其他学科的理论和方法来解决自身的问题,如系统论、控制论、信息论、统计学、预测学、科学学、心理学、经济学、数学、哲学[②]等都曾被情报学移植过来解决具体问题。例如,将统计学和数学等方法应用于文献集中和分散规律的探索,将心理学方法应用于情报服务和管理研究中;将系统工程理论应用于分析情报的定义和功能,形成了要素—系统—结构的综合分析模型;将运筹学应用于文献管理、评价和文献链等问题;将哲学应用于探讨情报的本质、学科性质、情报与社会的关系、情报供需矛盾等问题。对其他学科理论与方法的移植成功地解决了情报学面临的很多具体问题,有效地处理了情报与人、情报与社会、情报与信息、情报与载体等之间的关系。此外,通过嫁接其他学科的知识体系,情报学也开拓了丰富的学科前沿领域,由此产生了信息经济学、信息法学、信息管理学、情报心理学、情报工程学、金融情报学等多个领域的情报学。在众多学科中,图书馆学和信息科学对情报学理论体系影响最为深刻,例如,情报学的核心问题——知识序化,需要系统论、耗散结构理论、协同论等信息科学的观点和图书馆文献组织方法论的思想。自学科诞生之日起,学界就热衷于借鉴其他学科知识来寻求自身的理论来源。刘植惠认为,情报学的理论基础有四个,即哲学、数学、语言学和工程技术[③],其在20世纪80年代情报学理论探索期具有较强的代表性;王知津团队从2010年开始对情报学理论思潮进行了大规模和系统的梳理与思考,主要包括阐释学、后结构主义、经验主义、理性主义、实证主义、实用主义、现象学、简化论、历史主义、信息哲学、社会认识论、实在论与反实在论等。此外,以"去粗取精,去伪存真,由此及彼,由表及里"等为代表的辩证唯物主义认识论、以"知己知彼,百战不殆"和"先知"等为代表的竞争论,以及战略分析工具、信息激活理论、钱学森大成智慧学等均为情报分析理论的建设提供了重要基础。

1.2.2 坚持问题导向

老一辈情报学者最初引进国外情报学理论时就深刻认识到,情报学的发展唯有面对

---

① 杨国立. 因时而变 因势而新——评《新时代情报学与情报工作论丛》[J]. 图书情报工作,2021,65(21):6-10.
② 杨沛霆,卢太宏. 近几年来我国情报科学研究的进展[J]. 情报学报,1984,3(02):97-110.
③ 刘植惠. 关于情报学学科建设的思考[J]. 情报学报,1987,6(01):13-18.

本土实际问题时才能焕发生机和活力,再加上情报工作的组织体系与各国家的社会结构关系密切,情报学研究深受研究者所处的社会因素影响,因此在理论引进的过程中也有针对性地去分析国外理论的特点和局限。学界认识到,中国的情报学学科范畴不能照搬国外,需要从本土实际问题出发加以界定。

面对"苏联模式"下的科学情报和科学交流的情报学研究局限,严怡民指出,这样的研究对象既阻碍了情报学的横向发展,也不符合实际情况,为此,他提出了情报学四个环节的研究范畴,即情报的产生、情报的组织、情报的传递以及情报吸收与利用的特点和规律。① 这与卢泰宏早两年提出的"大情报观"思想十分类似:情报学的范畴应从科技情报延拓到各类社会需求的情报,从单一领域的情报系统演变为综合的社会情报系统。② 这引发了持续10余年的"大、小情报观"之争,严怡民、张新华等学者是积极的支持者,而反对者认为这模糊了情报学的研究对象。今天看来,如果从研究范畴上看,"大情报观"回应了社会对情报的需求,也符合情报学学科的发展规律。面对20世纪90年代情报改信息带来的情报学与信息科学、信息管理关系的问题,刘植惠认为,情报学是信息科学的一个下位类学科,其研究的是信息的获取、管理、传递和激活利用,而不是信息科学所侧重的信息及其运动规律的揭示等。③ 岳剑波认为,情报学关心的是信息管理的高层次问题,即知识管理和智能管理。④ 赖茂生认为,信息管理学的广度超过情报学、深度逊于情报学,两者是衔接关系。⑤ 马费成分析认为,我国扩大和缩小情报学范畴的倾向都存在,对前者的倾向更突出。⑥ 其主张将情报学的目标和任务定位为解决由"情报爆炸"所带来的情报积累与利用之间的矛盾。这样的观点,在很长一段时间内得到了大多数情报学者的认同。从提供横断性方法论的角度出发,刘植惠认为,情报学研究的是物质共有的属性——情报现象,探讨的是物质普遍的运动方式——情报过程,其不涉及具体专业内容,而是向人们提供情报的搜集、整理、传递和使用情报的方法。⑦ 严怡民持类似观点,他认为,情报学是研究普遍存在着的社会现象的情报搜集、整理、存贮、检索、报道服务、利用和分析研究的原理原则与方式方法的科学。⑧ 从情报对组织战略和安全的支撑及其实现途径出发,包昌火等将信息的序化和转化视为我国情报学研究的两大基本范畴。⑨ 沈固朝也认为,情报学研究需要探究信息查寻和利用中的智能行为问题,担负起从单纯的信息处理走向研究发现知识和运用知识的任务。⑩

近年来,情报学研究范畴的趋向已十分明朗。在微观上,学界越来越倾向于沿着马费

---

① 严怡民,文岳雄,刘天文. 关于情报学若干基本问题的重新认识[J]. 情报学刊,1989(04):2-6.
② 卢泰宏,杨联纲. 变革中的情报工作新观念与新方式[J]. 科技情报工作,1987(03):15-17.
③ 刘植惠. 知识经济中知识的界定和分类及其对情报科学的影响[J]. 情报学报,2000(02):104-109.
④ 岳剑波. 情报学的学科地位问题[J]. 情报理论与实践,2000(01):5-7,38.
⑤ 赖茂生. 情报学的发展观[J]. 图书情报知识,2000(04):2-4,9.
⑥ 马费成. 情报学的进展与深化[J]. 情报学报,1996(05):22-28.
⑦ 刘植惠. 关于情报学学科建设的思考[J]. 情报学报,1987,6(01):13-18.
⑧ 严怡民主编. 情报学概论[M]. 武汉:武汉大学出版社,1984.
⑨ 包昌火,谢新洲. 关于我国情报学研究中若干问题的思考——写于《信息分析丛书》前言[J]. 情报理论与实践,2006(05):513-515.
⑩ 沈固朝. 为情报学研究注入Intelligence的理论与实践[J]. 图书情报工作,2005(09):10.

成早在1996年就提出的观点前行:知识信息的表达和组织必须从物理层次的文献单元向认识层次的知识单元或情报单元转移,知识信息的计量必须从语法层次向语义和语用层次发展。[1] 在中观上,学界越来越认识到,情报学范畴应该是社会情报现象、人类对其认识以及将这种认识转化为情报实践三者的综合,情报学研究的客体既具有客观性又具有主观性,同时具有动态发展性。在宏观上,大数据环境不仅使情报学逐渐淡化直接研究对象的差异,而且以目的和问题的解决为导向。[2]

1.2.3 倡导学术争鸣

开放的学术氛围一直是情报学的优良传统,自情报学诞生之日起,科学共同体内的学术争鸣就几乎没有间断过,这在很大程度上提高了情报学研究的收敛性、严谨性和准确性。其中,规模较大、持续时间较长和影响范围较广的两次学术争鸣分别是20世纪90年代的情报改信息和2017年左右开始的情报学一级学科的讨论。

情报改信息并非仅仅是术语上的改变,更深刻的影响体现在情报学科、情报学教育和情报管理体制上。因此,许多学者坚持认为,情报改信息过程中情报学的研究对象不能变。例如,严怡民强调,情报学是以情报和整个情报交流过程为研究对象的;[3]孟广均等认为,情报学研究对象的价值应该远高于"信息"。[4] 这样的认识至今仍然被广泛认同,这是出于对确立和巩固独特学科地位的考虑,因为面临庞大的信息科学群,必须强调情报和信息的严格区别。又如,孟荫龙认为,信息是情报的基础,情报是信息的升华。[5] 这样的观点到现在仍被很多学者推崇。再如,沈固朝、包昌火等学者在多篇研究成果中均持基本相似的观点;陈峰更是以具体案例来证明两者的这种关系[6]。本质上,信息需在特定目标驱动下,经过分析和研究增值后才能成为情报,其价值在广泛共享和多向传播中体现得更为深刻,而情报具有非共享性和定点传播性。对两个术语内涵的区分应深刻地体现在情报学研究对象中,但并不会限制对情报学研究范畴的拓展。严怡民指出,应克服社会信息繁杂和用户信息需求针对性之间的矛盾,并规定情报学的研究范围。[7] 情报学虽不直接研究自然信息,但其研究内容涉及各类社会信息。

时至今日,对情报和信息含义的争论仍时有出现。学者向国外发表的论文,国内论文的大部分英文题名、关键词和摘要,以及大部分情报学期刊名称和相应栏目,仍然用"Information"指代"情报"。但是很明显的趋势是,学界不再过多地强调信息和情报的差异,而是更趋向于将两者融合;学界也不再过多地纠缠于情报的精确定义,而是以概念化的描述取代之。苏新宁指出,情报和信息并不是对立关系,而是一种相通、承继,有时甚至

---

[1] 马费成. 情报学的进展与深化[J]. 情报学报,1996(05):22-28.
[2] 董克,邱均平. 论大数据环境对情报学发展的影响[J]. 情报学报,2017,36(09):886-893.
[3] 严怡民. 情报学概论(修订版)[M]. 武汉:武汉大学出版社,2000:42-44.
[4] 孟广均,徐引篪. 国外图书馆学情报学研究进展[M]. 北京:北京图书馆出版社,1999.
[5] 孟荫龙. 维护情报学科地位 加快情报学科建设[J]. 情报理论与实践,1996(04):2-4.
[6] 陈峰."情报"与"信息"关系辨析——基于国外机构做空中国海外上市公司案例[J]. 情报杂志,2015,34(11):1-6.
[7] 严怡民. 走向21世纪的情报学研究[J]. 图书与情报,1999(01):2-8.

可以相互转换的关系。① 第二次较大规模的学术争鸣发生在 2017 年左右。2017 年被认为是中国情报学的大年。② 这一年,苏新宁团队借助国家社科基金重大项目组织了军民百余位情报学者共同开展情报学学科建设研究,首部《中华人民共和国国家情报法》颁布并实施、《情报学与情报工作发展南京共识》发布,以及情报学一级学科建设的讨论密集呈现。特别是,情报学学科建设的讨论更是打破了情报学理论大规模探索的多年沉寂。2017年,《情报杂志》将"情报学一级学科设立"建设作为焦点话题进行专题讨论。③

1.2.4 开放学科场景

学科场景是指情报学研究成果的应用领域。李纲认为,情报学是一个十分开放的学科,学科的外延难以精确界定。④ 这就使得情报学的应用场景十分广泛。李纲在接受采访时指出,他们团队关注的场景是科学的创新活动、科学与技术的关联、科技与产业创新之间的关联。⑤ 一直以来,科技服务始终是情报学的主要应用场景。苏新宁、杨国立调查了我国十数个科技情报领域研究团队后发现,他们关注的场景集中于科技创新、产业发展、知识服务、大数据管理与分析、科学评价、社会计算等。⑥ 纵观情报学的发展历史,1958年,为了响应国务院批准实施的《关于开展科学技术情报工作的方案》,第一次全国科技情报工作就确定了科技情报服务的"广、快、精、准"的理论原则;1983 年,聂荣臻元帅将科技情报工作定位为科技工作的耳目、尖兵;同年,张爱萍上将又指出,科技情报工作要参与决策,当好参谋;1990 年,时任国家科委副主任的周平强调情报研究工作要当好"四化"建设的耳目、尖兵和参谋。⑦ 此后,"耳目、尖兵、参谋"的情报工作定位被确定下来,也确立了情报学面向高端科技服务这一场景。总结起来看,我国情报学在科技领域的场景主要经历了三个时期。科技封锁时期,情报学的任务在于解决情报资料难以获取、资料太多看不完、情报不准难以利用、语言障碍和决策缺乏情报支持等实际困难⑧,其研究成果主要体现在"编辑报道(20 世纪 50 年代,创办了动态报道性刊物)—专业研究(20 世纪 60—70 年代,研究科学技术的现状与发展)—综合研究和决策研究(20 世纪 80 年代,为科学决策提供依据和对策)"。⑨ 科技强起来时期,情报学研究成果主要应用于支持情报工作在"识变、应变、求变"中的"耳目、尖兵、参谋"功能。科技竞争与对抗时期,如何预见未来新兴技术,如何取得竞争优势,如何保护科技发展的安全性,如何超前部署科技发展战略等问题,成为摆在情报学研究者面前的重要课题。不仅如此,还需要将场景从"纯"科技领域扩大到以科技为基础的经济、

---

① 苏新宁. 大数据时代情报学与情报工作的回归[J]. 情报学报,2017,36(4):331-337.
② 周晓英,陈燕方. 中国情报学研究范式的冲突与思考[J]. 公安研究,2019,2(02):27-44,123.
③ 薇子. 推动中国情报学学科建设创新发展培养新形势下的情报人才[J]. 情报杂志,2017,36(2):287.
④ 李纲. 情报学学科发展与展望[J]. 图书情报工作,1997,(2):5-6.
⑤ 中国信息经济学会秘书处. 访谈中国信息经济学会副理事长兼学术委员会委员李纲教授[EB/OL]. [2022-07-02]. http://www.cies.org.cn/nd.jsp?id=644#_np=2_655.
⑥ 苏新宁,杨国立. 我国情报学学科建设研究进展[J]. 情报学进展,2020,13(00):1-38.
⑦ 赖茂生. 新环境、新范式、新方法、新能力——新时代情报学发展的思考[J]. 情报理论与实践,2017,40(12):1-5.
⑧ 林守一. 论科技情报工作的社会功能[J]. 情报学报,1982,1(01):98-100.
⑨ 包昌火,刘诗章. 我国情报研究工作的回顾与展望[J]. 情报学报,1996(05):29-34.

政治、军事等各个领域。

情报学的场景是开放的,随着国家战略和社会需求的多样化,情报学场景延伸的领域不断丰富。情报学的场景除了不断深入科技领域的各个具体方面(如科技安全、科技创新、科技竞争、科技管理等)外,还广泛地分布于经济、社会、政治、外交、安全等多个领域。从总体上来看,情报学研究主要是围绕安全和发展两大场景,无论是面向发展还是面向安全,情报学研究归根到底都是服务于利益。宏观上,它就是要关注涉及国家利益的重大问题;中观和微观上,它就是要关注行业和组织利益的重大问题。因此,情报学的场景横跨国家、社会、行业、组织利益的各个领域,在场景内也不断进行着纵深发展。例如,在竞争情报领域,情报学的场景从企业竞争情报延伸至技术竞争情报、产业竞争情报乃至国家竞争情报等。

1.2.5 修正技术传统

情报学源于文献和技术两大传统,这几乎是学界的普遍共识。特别是,20世纪80年代开始全盘接受美国模式后,情报学的研究内容日益技术化。[①] 人们对技术需求的迫切程度远高于理论,情报技术也显著提升了情报学的社会地位。因此,"技术传统"在情报学中至少保持了30年的绝对主流地位。[②] 随着信息技术的广泛渗透,情报学如何与其他采用技术处理信息的学科区别开来呢?显然技术传统支撑情报学学科地位的力度很不够。此外,应用计算机技术后,情报学研究开发了情报检索系统、管理信息系统进行情报计量研究。实际上,它们对情报学理论的贡献并不那么明显,也不符合情报活动的基本规律。自20世纪70年代开始,问题开始暴露,不考虑用户行为、心理和信息质量的检索系统及管理系统很难成功;不进行语法、语义、语用三方面的全面情报计量研究,很难实现更有深度的发现,而语义和语用必然融入了人的因素。因此,完全依赖技术传统的情报研究,忽视了人与情报之间的相互作用。

学界逐渐认识到了技术传统对情报学发展的制约,进而将以往的以信息处理为起点、以用户和服务为终点的思维模式倒转过来,将用户和服务放在首位,强调信息系统与用户认知层面的交互,而非仅仅局限于物理层面上。继而从情报学的人文性质和情报活动中用户的重要地位角度,来反思技术传统的缺陷。马费成指出,情报结构是一种社会人文结构,涉及众多"人"的认知因素,这使得情报客体呈现出复杂性,而信息技术只能解决物理层次的问题。[③] 情报学必须研究物,但其不仅仅是以物为研究对象的科学,单纯地研究信息技术有可能会拖慢情报学的发展进程。秦季章认为,技术传统从实用主义等方面给情报学研究观念带来了消极影响。[④] 卢泰宏也指出,情报学具有人文性质,不能企望其能够成为像物理学那样的"精密学科"。[⑤] 只研究技术、只凭借定量方法并不能解决情报学的全部问题,也并非该学科的全部价值。认知观的引入是对技术传统情报学研究的最早修正,其通过站在用户知识状态和结构的角度,去观察信息行为和系统的建设等情报学的基

---

① 吕斌,李国秋. 组织情报学[M]. 上海:上海世界图书出版公司,2013:16.
② 王琳. 情报学研究范式与主流理论的演化历程(1987—2017)[J]. 情报学报,2018,37(09):956-970.
③ 马费成. 情报学的进展与深化[J]. 情报学报,1996(05):22-28.
④ 秦季章. 论情报科学的技术传统[J]. 情报学报,1992,11(04):253-260.
⑤ 卢泰宏. 情报科学的人文性质——关于情报科学学科性质的反思[J]. 图书情报工作,1989(06):1-7.

本问题。后来陆续出现的意义建构范式、知识非常态范式、诠释学范式等多种范式，都起到了修正技术传统的作用。随着对情报活动规律认识的逐渐深刻，学界越来越认同"多样性""多因素"在情报学研究中的重要性，越来越倾向于从探寻"唯一方案""最佳解决方式"转向认可"复杂系统"。可见，情报学研究从"简单思维"走向了"复杂思维"。技术传统仍然也必将在情报学发展中扮演着重要角色，但将其放在合理位置并进行合理应用也许是学界应该重点考虑的问题。

1.3 理论追求

理论追求是科学共同体对情报学理论创新和发展的积极探索，其对情报学范式的确立和转换形成直接影响。总体来看，情报学理论追求主要包括确立独特定位、立足社会现实、推进理论整合和探索本土道路（见表1-4）。

表1-4 情报学发展的理论追求

理论追求	主要成就	发展趋势
确立独特定位	确立了理论解释和理论发展的线索	情报学研究对象的共识水平升高，Intelligence和Information之间的界限越发模糊
立足社会现实	建立起各个领域情报现象的联系	重视国家战略需求下的研究议题
推进理论整合	建构理论整合的过程观	加强理论的纵深整合，淡化理论的横向集成整合
探索本土道路	初步形成中国特色情报学发展模式	探索中国特色情报学学科体系、学术体系、话语体系

1.3.1 确立独特定位

信息革命前，情报与信息的差别对学科发展的影响并不大，毕竟两者关系紧密，两者处理的对象、方法、手段等也没有太大差别。当时学界主要从学科自身发展规律的角度出发，围绕学科研究对象和学科性质等方面单纯地探讨学科定位问题。信息革命的到来，信息科学群发展迅猛，"情报"一词很难囊括其中的很多有关信息的学科领域，对信息的处理也成为信息科学群中许多学科的重要工作。学科的独特性受到冲击，学界对此开始担忧：一方面，当情报学进入"信息"领域后，其研究热点开始集中于信息系统、数据与数据库、数字图书馆、电子商务、元数据、数据挖掘、信息构建、网络舆情、本体和语义网、社会化媒体等，从"情报"与"信息"的差异来看，这些研究内容归于"情报学"显得有些牵强。由于对上述内容的关注，情报学研究的技术主导走向极端、技术引入陷入低水平，使情报学的专门研究内容和传统优势逐渐被忽视，情报学的学科边界开始泛化，核心研究领域开始淡化。另一方面，学科的研究对象、研究深度、成果的影响范围等都没有达到应有的学术地位的要求[1]，

---

[1] 苏新宁. 提升图书情报学学科地位的思考——基于CSSCI的实证分析[J]. 中国图书馆学报，2010，36(04)：47-53.

再加之数据科学与计算机科学等学科领域对知识组织和知识发现等情报学传统优势领域的关注,各类智库对情报学核心功能和能力的替代,使得情报学独特的社会价值式微。

为了彰显情报学的独特定位,学界付出了积极努力。从信息与情报内涵的差异和关系出发,梁战平等认为,情报学的主要功能之一是为决策者提供智能服务,是实践性和艺术性很强的交叉学科。[①] 立足于信息活动与情报活动的本质,沈固朝认为,情报学必须阐述信息现象并回答有关信息查询和使用过程中的智能行为问题。[②] 这与钱学森的"情报是激活了的知识"思想一脉相承,情报活动不仅仅起到信源和信宿之间的桥梁作用,更重要的作用是捕获信息中有用的知识,支持决策,起到"思想库"的作用。从目标和任务出发,周晓英认为,情报学的目标是解决人类的知识困境[③],其是知识观的集中体现。20 世纪 90 年代末,受经济合作与发展组织发布的《1996 年科学技术和产业展望》影响,人们认识到,社会经济发展和进步的推动因素并非是未加工的信息,而是知识及其创新,自此,我国情报学发展从科技情报观、信息观进一步拓展到知识观。当时很多学者将知识序化视为情报学的核心问题,周晓英的知识观更多地体现为知识应用及其与用户的互动。从情报学与其他学科关系的角度来看,杨国立、苏新宁提出,情报学应成为统领信息科学和数据科学价值建构的智慧型学科、成为"指路人"和"智囊"角色的横断型学科、成为惠及上至政府下至普通民众的大众型学科。[④] 总体来看,情报学的学科定位难以避免"信息"与"情报"的差异问题,难以忽视"情报学"与"信息科学(群)"之间的关系问题,情报学的独特性也恰恰体现在它们的差别当中。失去学科的独特性,没有一个明确的学科定位,学科地位自然堪忧,正如苏新宁在反思情报人才社会认知不清、认同度不高后所进行的发问:没有准确定位的学科如何能够迅速发展。[⑤] 杨建林等学者指出,要对情报学的根基进行改造,使得其内核(即基础理论)更科学[⑥];张云、杨建林也指出,要以国家层面需求为导向发展情报技术,以情报学学科为主导开展跨学科研究[⑦],如此才能确立和彰显情报学的独特性,才能提升其地位。

1.3.2　立足社会现实

"情报"一词在我国具有源远历史和严格且明确的定义。20 世纪 50 年代,被封锁的国际形势、长期的封闭状态和警觉意识,使我们把本不是"情报"而是公开的各种专业信息视为"情报",自然就将"Information"翻译为"情报"。[⑧] 从这个意义上说,从诞生之日起,我国情报学就立足于中国社会现实。新中国成立之初,迫于西方国家的封锁以及国内战后重建的需要,我国情报工作由传统的军事、国防等安全情报向科技情报领域拓展;又由

---

① 梁战平,梁建. 新世纪情报学学科发展趋势探析[J]. 情报理论与实践,2005(03):225-229.
② 沈固朝. 两种情报观:Information 还是 Intelligence?——在情报学和情报工作中引入"Intelligence"的思考[J]. 术语标准化与信息技术,2009(01):22-30.
③ 周晓英. 数字时代情报学学科发展动向[J]. 数字图书馆论坛,2006(10):32-37,71.
④ 杨国立,苏新宁. 迈向 Intelligence 导向的现代情报学[J]. 情报学报,2018,37(05):460-466.
⑤ 苏新宁. 大数据时代情报学学科崛起之思考[J]. 情报学报,2018,37(05):451-459.
⑥ 杨建林,苗蕾. 情报学学科建设面临的主要问题与发展方向[J]. 科技情报研究,2019,1(01):29-50.
⑦ 张云,杨建林. 从学科交叉视角看国内情报学的学科地位与发展思考[J]. 情报理论与实践,2019,42(04):18-23.
⑧ 贺德方编著. 数字时代情报学理论与实践[M]. 北京:科学技术文献出版社,2006:65-66.

于党的十一届三中全会后,我国进入全面改革的新阶段,情报学理论研究开始注重为科技、经济、社会三位一体的协调发展战略服务。长期以来,我国情报学形成了很强的行业特点,安全背景的情报通常以"Intelligence"作为术语,主要面向国家和社会安全,其科学共同体以军事、国防、公安、反恐等高校和相关科研院所为主体;发展背景的情报大多以"Information"作为术语,主要面向的是国家和社会的发展,其科学共同体以地方高校和科技情报(信息)研究所为主体。两者在国家学科目录中分别具有相应的位置,在国家和社会发展中分别承担着不同的任务。以往的国家安全和发展的态势,以及国家管理体制,构成了情报学"两条腿走路"的客观现实。

随着社会现实需求的变化,两种范式并行的发展局面逐渐被打破。考察国外"情报与安全信息学"(Intelligence & Security Informatics)研究动态不难看出[1],安全情报面临着信息超载、数字化和网络化问题,这是单一的"Intelligence"范式研究所无法覆盖的。此外,经济合作与发展组织发展中心负责人 Nicolas Jequier 于 1980 年发表了一篇标题为"Intelligence as an Instrument of Development"的文章,很贴切地指出了"情报"不仅仅与安全相关,也与发展密切相关。马费成等敏锐地洞察到了这一问题,其分析认为,安全问题并非"Intelligence"独有,"Information"也不是与安全毫不相干,为了应对新形势下国家安全与发展的新挑战、强化市场竞争中情报服务于决策、应对新时期科技创新过程中的困境和压力,中国情报学界开始重视"Intelligence"范式的情报学研究。[2] 科技情报学界所主导的,面向企业竞争和价值创造的竞争情报、面向突发事件的应急情报、面向智能化情报服务的智慧情报等不断发展的情报学研究领域,很难说是属于"Information Science"还是属于"Intelligence Studies"。正是立足于不断变化的社会现实需求,才使得学界积极探索情报学发展模式和理论体系的创新。

1.3.3 推进理论整合

自情报工作和情报学诞生以来,业界和学界积累了丰富的工作经验,提出了诸多思想和观点,也形成了多样而丰富的理论认知体系。在强烈的学科意识下,学界一直致力于将这些理论进行整合,以期为构建稳定的学科体系结构奠定基础。以体系化为目的进行的理论整合无外乎两种类型:一是以钱学森的三个台阶理论(从技术科学到基础科学,从基础科学到哲学)为指导,参照萨拉塞维克理论情报学和应用情报学的体系划分,围绕基础理论—技术—应用这一主线的静态化框架型体系结构。二是参照布鲁克斯"知识学派"和米哈依洛夫"情报交流学派"的思想和理念,围绕"情报源—情报流—情报宿"这一主线,以情报动态过程为着眼点形成体系结构。国内学者对"理论—技术—应用"的理论体系结构给予了更多的认同和倡导,但其在反映情报活动本质和展现情报学科特色上尚不够突出。马费成等指出,可以尝试从情报流程出发,构建情报学的理论体系。[3] 杨建林也认为,可

---

[1] IEEE Intelligence and Security Informatics (ISI)[EB/OL]. [2021-03-06]. https://www.ieee-itss.org/isi
[2] 马费成,李志元. 中国当代情报学的起源及发展[J]. 情报学报,2021,40(05):547-554.
[3] 马费成,宋恩梅. 我国情报学研究的历史回顾(Ⅰ)[J]. 情报学报,2005(4):387-397.

以以情报过程为着眼点提出一组基本原理。① 学界日益趋向于将情报学理论体系的基点与核心,由静态的客观知识和单纯的交流转向事实—数据—信息—知识—智能(情报)之间的相互关系和情报过程。概言之,以纵深整合取代集成整合成为学界越来越倡导的一种理论整合模式。

2003年,梁战平在我国首提信息链理论,其由事实、数据、信息、知识、智能(情报)五个环节构成。② 其将数据、信息和情报统一于一根链条中,更加强调了信息与情报的层次关系和转化关系。基于此,信息序化和信息转化以及两者的融合成为情报学的重要研究领域。例如,化柏林以过程处理为重点探讨了序化论、转化论、融合论。③ 以信息(知识)描述和组织为代表的信息序化,专注于信息技术和定量方法研究;以 Information 的 Intelligence 化为代表的信息转化,专注于安全、决策等思想库研究。除了信息链外,学界也十分重视基于情报价值链的理论研究,这使得情报学的研究重心逐渐转移到情报客体和情报用户之间的交融过程中。1987年,卢泰宏提出了情报学的 STU 三个研究规范,即面向情报源、面向情报传递、面向情报用户④,这三个规范在情报学发展的不同阶段存在重心转移和多元互补趋势。据此,再深入情报活动内部并进行具体化,马费成指出,研究和揭示空间与时间维度上的序性结构是情报学理论建设的核心课题之一。⑤ 基于此认识,结合 Brain C. Vickery 和 Alina Vickery 的 S-C-R 模式(即信息源-交流渠道-信息接收方),马费成提出了情报空间的概念,即将 S、C、R 视为空间的三个维度,并将其具体化为信息(知识)的组织、传递和利用,三个维度分别用未组织-组织、未传递-传递、未利用-利用的知识形态不断进行转化。⑥ 与之类似,叶鹰以概念序列"信息(I)、情报(J)、知识(K)"和信息传递环节"信源(S)、传递(C)、信宿(R)"作为框架,构建了一个由上述各要素矩阵模型构成的情报体系结构,如(K,S)代表知识传递研究等。⑦ 刘植惠也将建立数据—信息—知识—情报—智能转换与统一理论作为情报学三大发展目标之一。⑧

1.3.4 探索本土道路

多年来,学界围绕发展路径、基本思想和基本原理等方面,积极探索本土发展道路,并建立中国特色的学科、学术和话语的发展路径。学科上,中国情报学存在面向文献内容、面向科学交流、面向信息技术和面向社会需求的四大发展路径;⑨学术上,中国情报学经历了以信息为导向的研究路径,以知识为导向的研究路径,以智能为导向的研究路径;⑩话语上,中国情报学正面临着面向高层管理和战略决策、服务于国家和企业战略需求的

---

① 杨建林. 关于重构情报学基础理论体系的思考[J]. 情报学报,2020,39(02):125-134.
② 梁战平. 情报学若干问题辨析[J]. 情报理论与实践,2003(03):193-198.
③ 化柏林. 情报学三动论探析:序化论、转化论与融合论[J]. 情报理论与实践,2009,32(11):21-24,41.
④ 卢泰宏. 情报科学的三个研究规范[J]. 情报学报,1987(1):19-22.
⑤ 马费成. 导言:情报学中的序[J]. 图书情报知识,2008(03):5-7.
⑥ 马费成. IRM-KM 范式与情报学发展研究[M]. 武汉:武汉大学出版社,2008:326-332.
⑦ 叶鹰主编. 情报学教程(第3版)[M]. 北京:科学出版社,2018:34-35.
⑧ 刘植惠. 情报学发展目标及其实现策略[J]. 情报科学,2006(06):801-805.
⑨ 马费成,张帅. 中国当代情报学的发展路径与本土特色[J]. 情报理论与实践,2021,44(07):15-21.
⑩ 梁战平. 开创情报学的未来——争论的焦点问题研究[J]. 情报学报,2007(1):14-19.

"Information Science"与"Intelligence Studies"相结合的话语议题。[①]

提出中国特色的情报学建设思想:理论融合和情报工程学。包昌火和沈固朝是情报学融合思想的倡导者,两位学者在推进"Information Science"与"Intelligence Studies"融合中做出了重要贡献。在这样的思想指导下,包昌火将我国科技情报机构定位为信息库和思想库的双重身份[②],进而包昌火等提出,中国情报学应建立在"Information"和"Intelligence"两大基石之上,并把Information的Intelligence化作为情报工作和情报学的核心任务[③];沈固朝建议在Information Science中引入Intelligence Studies,建立"一船两夫"的情报学学科体系[④],基于此提出建设"普通情报学"的畅想。而情报工程学更是在学科建立之初就被提出来了。早在20世纪80年代初,吉林工业大学就成立了情报工程系。80年代末,卢绍君提出的情报学三个层次的结构中,表层结构就是以情报工程学为主体。[⑤] 90年代初,武衡在《中国大百科全书(情报学、图书馆学、档案学卷)》中提出情报学理论包括理论情报学、应用情报学以及情报工程技术。过去,情报工程学的提出传承了钱学森的三个台阶理论和情报学作为科学技术的思想。2014年,在认识到大数据环境、科研范式变革、方法工具演进和用户需求变化的背景下,贺德方又一次提出了情报工程学建设的思想[⑥],并在2016年以论文集的形式出版了《情报工程学的探索与践行》专著;2019年,马费成、赵志耘合著的《情报工程学概论》出版,进一步系统地阐述了情报工程学的相关理论问题。大数据时代,情报工程学再次被提出,本质上是情报学向系统化、协同化、集成化趋势发展的回应。当然,中国特色的情报思想远不止于此,古代的孙子兵法,近代的毛泽东情报思想,当代的大情报观(卢泰宏)、大成智慧(钱学森)和平行情报(王飞跃)等,以及军事领域的因敌变化(张晓军)、战略欺骗(高金虎)等,构成了典型代表,也是中国情报学对世界情报学的理论贡献。

通过引进和移植等,创造性地提出情报学原理:马费成提出了情报的离散分布原理、相关性原理、有序性原理以及情报交流获取的省力原理、小世界原理和对数透视原理[⑦];在此基础上,梁战平研究员又增加了转化原理、重组原理、隐藏原理、可视化原理[⑧],两者一道构成了情报学的十大原理。尽管这些原理被直接应用得不够频繁,持续的有效继承和发展还不够,学科专属度也不高,但是应当看到,这些原理对于情报活动和情报学理论具有强大的统领作用,挖掘这些原理的丰富内涵,正确认识它们的特定应用场景并加以有效应用,开展与时俱进的变革,应得到情报学界的重视。

---

① 沈固朝. 情报学的两IS——在Information Science中引入Intelligence Studies的再思考[J]. 情报学进展,2010,8(00):73-110.
② 包昌火. Intelligence和我国的情报学研究[J]. 情报理论与实践,1996(06):7.
③ 包昌火,金学慧,张婧,赵芳,靳晓宏,刘彦君. 论中国情报学学科体系的构建[J]. 情报杂志,2018,37(10):1-11,41.
④ 沈固朝. 情报与信息:一船两夫——读《隐秘与公开:情报服务与信息科学的追忆与联系》[J]. 情报探索,2010(02):3-5.
⑤ 卢绍君. 论情报学表层结构[J]. 情报理论与实践,1988(04):8-13.
⑥ 贺德方. 工程化思维下的科技情报研究范式——情报工程学探析[J]. 情报学报,2014(12):1236-1241.
⑦ 马费成. 论情报学的基本原理及理论体系构建[J]. 情报学报,2007(1):3-13.
⑧ 梁战平. 我国科技情报研究的探索与发展[J]. 情报探索,2007(7):3-7.

1.4 范式转换

当理论得到较大规模科学共同体的认同和应用时，自然就形成了相应的范式。而当理论在解释现实遇到困惑时，必然需要进行有针对性的调适，进而产生了范式转换。表面上，学界对我国情报学范式转换的认识不尽相同。例如，从信息及其利用的角度来看，马费成等指出，情报学范式经历了"机构范式—信息运动范式—认知观—阐释学范式"的转换过程；①从理论基础的角度来看，曾建勋等认为，情报学依次经历了基于 Information 的事实型情报学发展范式、基于 Information management 的综述型情报学发展范式、基于 Intelligence 的智慧型情报学发展范式和基于大数据的情报学发展范式；②从研究内容的角度来看，王琳认为，情报学范式的变迁经历了物理范式—认知范式—领域分析范式；③从情报研究路径创新的角度来看，李阳等认为，情报学经历了以传统科技情报为支撑的事实认知范式、以信息网络为依托的技术分析范式、以大系统融合为方向的情报工程范式。④也有学者进行了概括性描述，如谢晓专认为，情报学范式经历了从"事实描述"向"理论解释"、从"单一范式"向"多元范式"转变。⑤他们对我国情报学范式转换的认识角度不同，导致了对不同发展阶段具体范式的不同程度的强调。本质上，我国情报学范式转换经历了"系统观—用户观—集成观"的过程。从信息组织和利用的角度来看，对历史上的范式进行整合和当代拓展，可以认为，我国情报学范式经历了"机构范式—信息运动范式—认识观范式—阐释学范式—情报工程范式—Information 与 Intelligence 融合范式"（见表1-5）。

表1-5 情报学的范式转换

分析维度 \ 范式转换	机构范式	信息运动范式	认知观范式	阐释学范式	情报工程范式	Information 与 Intelligence 融合范式
基本思想	视情报机构为社会机构	信息运动的可测、可控、可处理	面向用户主体的知识结构	对信息意义的理解受主观认知结构、过往经验、意识形态和社会环境等方面的综合影响	工程化、系统化、协同化、集成化	Information 的 Intelligence 化

---

① 马费成，宋恩梅. 我国情报学研究的历史回顾（Ⅱ）. 情报学报，2005(5)：515-523.
② 曾建勋，魏来. 大数据时代的情报学变革[J]. 情报学报，2015，34(01)：37-44.
③ 王琳. 情报学研究范式与主流理论的演化历程(1987—2017)[J]. 情报学报，2018，37(09)：956-970.
④ 李阳，李纲. 我国情报学变革与发展："侵略"思索、范式演进与体系建设[J]. 图书情报工作，2016，60(22)：5-11.
⑤ 谢晓专. 总体国家安全观视域下我国情报学发展的困境与转向[J]. 公安学研究，2019，2(04)：20-45，123.

续表

范式转换 分析维度	机构范式	信息运动范式	认知观范式	阐释学范式	情报工程范式	Information 与 Intelligence 融合范式
研究重点	知识客体和文献的组织和检索,组织机构和人员的管理	文献记录的知识表达	通过情报的利用和吸收,改变和完善用户的知识结构	情报流动过程中情报客体与情报消费主体的交融	"事实数据＋工具＋专家智慧"的情报研究方法	以"人类的情报活动与其竞争和相应的决策行为"为核心,以"揭示和阐明信息运动客观规律"为基础和前提
相关范式或观念	信息资源管理范式	系统观、技术主导范式	知识主导范式	人文范式	全息观、大成智慧	信息序化与转化
局限	信息化浪潮和大情报观下,狭隘的信息管理与服务不适应用户需求	对用户关注少;关注通信层面的语法信息,忽视知识交流层面的语义和语用信息	过于强调个人的内在世界,忽略人所处的社会环境和历史背景	系统与用户的互补整合不够	存在对技术定位不准的风险	行业间知识资源、教育资源和思想观念整合的基础薄弱

范式转换并非范式之间的相互替代,而是侧重于有异、并存发展。目前来看,没有哪一种范式可以解释所有情报活动是成功的,也没有哪一种范式对于解释特定情报活动是失败的,很难找到一种范式能够解释现实世界中的大多数情报现象和情报活动。学界曾为找到一种统领力强的范式做出了不懈努力,如王芳建议,将过程范式作为情报学不同子学科共同体所公认的"专业母体"。[1] 但是,到目前为止还没有形成一个能将绝大多数研究领域接纳进来的公认的情报学范式。我们不得不承认,情报学很难改变多范式并存的现状,不同范式指导着情报学范围内不同的领域或子学科的研究和实践。多范式的平行发展,不免会造成情报学范畴甚至研究对象界定的不一致,科学共同体的凝聚性不够强,理论纵深发展的自我完善不深入,研究方位的约束和定向不坚挺,各范式的有序竞争受威胁。当我们无法找到一种可以解释大量事实、具有较强统领力的范式时,也许推动范式融合是一种不错的选择。随着学界逐渐对情报学目标和任务认识的统一,对情报学特定研究对象的共识和坚定,对情报学概念系统建设的规范化和标准化,情报学范式融合将成为一个重要趋势。马费成等建议,推进 Intelligence 范式和 Information 范式协同发展;[2] 吕斌等持相似观点;[3] 周晓英等认为,信息范式和情报范式共同构成了情报学学科的范式体

---

[1] 王芳. 情报学的范式变迁及元理论研究[J]. 情报学报,2007,26(5):764-773.
[2] 马费成,李志元. 中国当代情报学的起源及发展[J]. 情报学报,2021,40(05):547-554.
[3] 吕斌,李国秋. 整合 Information 和 Intelligence 研究,实现情报学的可持续发展[J]. 图书情报工作,2006,50(8):82-86,133.

系,两者相辅相成,应该相互拥抱与融合;① 肖勇提出,以基于 Intelligence 的软科学研究范式、基于 Information 的图书信息学研究范式、基于信息管理框架及知识管理框架的管理科学研究范式三者的良性互动,确立情报学新型发展观。② 无论以什么方式、融合哪些范式,其基点应是"物、事、人"的协调和统和,基线应是"事实—数据—信息—知识—智能(情报)"信息链。

1.5 未来展望

作为哲学社会科学体系的重要分支和中国特色哲学社会科学建设的重要组成部分,情报学主要以人类的情报现象和情报过程为基本研究对象,在国家和社会的安全与发展进程中具有无可替代的重要作用。百年未有之大变局,必将给情报学理论创新、学术繁荣提供强大动力和广阔发展空间。未来情报学的中国范式必将坚定中国特色,为此也必然需要融合 Information 和 Intelligence 两种范式,统筹"支持发展""保障安全"和"维护竞争"三大场景。

1.5.1 坚定中国特色

以史为鉴,可以知兴替、可以创未来,对情报学发展历史的考察分析,不仅是对情报学学术成果的钩沉,更是对已有学术成果的历史意义、学术意义以及现代继承发展价值的历史哲学反思。正因如此,学界不乏情报学发展历史分析的成果。例如,马费成等回顾了中国当代情报学的发展历程③,王琳等从情报理论视角对科技情报事业的发展进行了回顾④,谢晓专等回顾了我国国家安全情报理论研究的进展、成就、特征等⑤。随着中国特色哲学社会科学建设的推进,学界已不满足于单纯地以时间和主题为线索的学科发展史梳理,而是进一步从历史维度探寻学科发展的特色。例如,安璐等归纳出情报学的四个基本范畴及相关的 16 个核心命题。⑥ 对中国特色情报学的探索不仅仅停留在历史分析上,学界更是提出了深刻认知和见解。例如,苏新宁指出,中国特色情报学要发情报思想之声、在国家战略中展现情报之魂、落实情报决策支持之力。⑦ 此外,有些研究成果虽未冠以"特色"之名,却在探索"特色"之实。例如,包昌火等关于"中国情报学"发展的论述⑧,沈

---

① 周晓英,陈燕方. 中国情报学研究范式的冲突与思考[J]. 公安学研究,2019,2(02):27-44,123.
② 肖勇. 论新世纪中国情报学的三大研究范式:成因、内容与影响[J]. 2007(5):780-789.
③ 马费成,李志元. 中国当代情报学的起源及发展[J]. 情报学报,2021,40(05):547-554.
④ 王琳,赖茂生. 中国科技情报事业回顾与展望:基于情报学理论的视角[J]. 中国图书馆学报,2021,47(04):28-47.
⑤ 谢晓专,周晓英. 国家安全情报理论的本土探索(1999—2019):功能范式主导的情报学[J]. 中国图书馆学报,2021,47(03):67-83.
⑥ 安璐,陈苗苗,沈燕,李纲. 中国特色情报学的基本范畴与核心命题[J]. 中国图书馆学报,2021,47(06):18-35.
⑦ 苏新宁. 中国特色情报学学科体系、学术体系、话语体系论纲[J]. 中国图书馆学报,2021,47(04):16-27.
⑧ 包昌火,刘彦君,张婧,靳晓宏,赵芳,吴晨生. 中国情报学论纲[J]. 情报杂志,2018,37(01):1-8.

固朝关于在情报学中引入"Intelligence Studies"的思考等[①]。

伴随着习近平总书记关于中国特色哲学社会科学思想和论断的提出,中国特色情报学学科体系、学术体系、话语体系必将成为情报学的重要发展趋势,对其探索势必需要解决三个问题:特色源于何处？特色如何体现？有哪些短板？坚定中国特色就是要扎根于中国本土,以"中国利益"为旨归,以"中国情报活动实践"为出发点,以"中国情报概念系统和思想体系"为分析工具,以"中国情报历史经验的摒弃与继承"为路径遵循,以"中国情报话语"影响世界,形成中国特色的理论风格和追求。老一辈情报学者用实践告诉我们,情报学理论要通过立足中国实际、解决中国问题,来坚定方向、约束规范,拓展成长空间,提高理论把握现实的能力;学科发展的动力机制启示我们,情报学要在批判语境中形成历史传承,在当代诉求下创新学术思想和理论,在融合基础上谋求发展;中国特色哲学社会科学发展要求我们,情报学要形成自己的学术命题、学术范畴、学术观点、学术思想。中国特色情报学体现在学术原创性上,体现在对中国重大理论和现实问题的解决上,体现在解读"中国故事"的学理上,体现在易于被世界接受的情报学新概念、新学说、新范畴上。我们也应清醒地认识到,长期的扩展型渗透融合的发展道路,使得情报学中本土特色的理论不多,"拿来主义"理论面向本土实际的消化、吸收、改造还不够,很多理论尚不能很好地解决实际问题,对西学东渐的依赖习惯还没有完全克服,理论的高度和基础性还不足。

1.5.2　融合两种范式

国内外不下 20 种情报学研究范式以不同命名被提出,这些范式局限于方法论或特定问题域的应用,大多通用性和统领力不足,尚未形成较大规模的科学共同体。无论是国内还是国外,Information 范式和 Intelligence 范式标准化程度最高,持有范围最广,解释力和统领力最强。Information 范式侧重于信息有效查询与获取问题,而 Intelligence 范式侧重于 Information 的 Intelligence 化理论和方法。随着对情报学理论认识和应用感悟的逐渐深刻,信息文化在情报学界发生了悄然变化:信息价值既是中立性的,又具有竞争和对抗性;信息研究既关注信息的序化,又关注信息的转化;信息活动既需要强调信息的共享,又需要强调信息的保密。学界逐渐达成共识:通过 Information 和 Intelligence 两大主导范式共通共享共建,共同引领学科发展,应成为安全和发展两大背景下情报学发展的当代选择。实际上,近年来学界提出的多种理论和思想都是以二者的融合为出发点,如情报学重新定位的思考、大数据和战略情报学思想、情报学智慧和特色发展的倡导、军民情报融合等。

两个范式融合已成为情报学未来发展的重要趋势。两个范式融合的关键路径在于,将中立性和竞争性与对抗性的知识价值导向复合,物理空间和认知空间中的知识融为一体,信息加工和知识激活相互贯通。其需要重点解决两个问题:一是识别并处理不同范式之间的局部不可通约性。围绕思维理念、学术规则、学术传统、研究方法,以及问题域、研究模式等基本分析框架,对两个范式的情报学研究成果和学者思想进行归纳、提炼和抽象,从产生背景、产生动力等方面来识别两个范式的不可通约性。在尊重不可通约性的基

---

① 沈固朝. 为情报学研究注入 Intelligence 的理论与实践[J]. 图书情报工作,2005(09):10.

础上，以现实问题和实际应用场景的需求为驱动，对两个范式的知识体系进行概念化处理和面向应用的连接，并从先解构再建构中获得知识的增量。二是避免因两个范式融合而带来的知识边界不合理。知识体系是情报学学科发展的理论基础，以两个范式的融合来建构知识体系，需遵循知识整合、生产和创新的逻辑。在增强知识张力过程中，需避免知识边界的移位、收缩、过度扩张和消失。

1.5.3 统筹三类场景

由于历史不同时期对情报需求的迫切性和针对性的差异，我国情报学的整体体系结构主要包括三个部分：一是最初以"科技情报"命名，如今主要由图书情报学领域主导的科技情报学，其主要场景是促进科技发展、管理和开发信息资源、提高用户信息利用效率；二是起源于军事情报，后又拓展到公安、国防、反恐等领域的安全情报，其主要场景是维护国家和社会安全；三是具有两者共同属性的竞争情报，其主要场景是竞争。前两者以特定行业情报活动为研究对象，竞争情报主要以组织情报活动为研究对象。考察已有研究成果，作为一个研究对象进行系统研究（有专题论文或专著出版）的情报学（领域）主要包括：科技情报、社科情报、军事情报、公安情报、安全情报、国防情报、犯罪情报、边防情报、医学情报、体育情报、竞争情报。其中，科技情报、社科情报、军事情报、公安情报、安全情报、边防情报、竞争情报均有专著出版。可见，不同行业的情报学自成体系，各行业情报学以及行业情报学与组织情报学之间长期处于分离状态，从历史到现在，概莫能外。

总体国家安全观和复杂国际形势下，国家安全与发展前所未有地被放在一起，这就要求情报学应统筹"支持发展""保障安全"和"维护竞争"三大场景。这对科技情报学提出了挑战。为此，科技情报学需要重点解决两个问题：一是科技情报问题域的延伸及方法跟进。科技情报研究与工作除了延续以往以中立性价值为取向的"发展问题域"外，还应向具有竞争和对抗性价值取向的"安全问题域"延伸，针对当前短板确立新重点，针对当前盲点提出新问题。以往面向"发展问题域"的科技情报研究方法主要以计算技术、数学和统计学等为主，着眼于文本信息的组织与分析。在"安全问题域"中，由于拒止、欺骗和信息迷雾等广泛存在，开展安全情报的搜集、加工、分析、传递和应用等情报研究仅靠文本信息的定量分析还远远不够，需要将其与全源情报搜集与分析、思维性和结构化的方法等相结合，才能有效匹配安全问题对情报的需求。二是重新认识和建构情报分析理论。由于与安全相关的活动很多时候具有很强的隐蔽性，面向于此的情报分析不仅应突破以往的线性过程，而且需要洞察情报目标的意图、动向和行为活动的真伪，揭示隐藏在大量和不相关信息或事件背后的信息关联性，实现情报的"涌现"。此外，还需要重新认识和建构相关的概念系统，例如，使用科技情报领域中的"检索"理论与方法，在安全领域研究中显然是不够用的，应借鉴"侦察""监视""监测"等概念，重新认识以往的"信息检索"，以及建构情报获取相关的概念系统。

第 2 章　Intelligence 和 Information 范式情报学的发展回顾

经过 60 余年的发展，情报学产生了多种范式，它们从不同的维度为情报学的研究与发展提供了方法论。在这些范式中，Intelligence 范式和 Information 范式的认可度和接受度最广，它们构成了中国情报学发展的主流范式。本章分别追溯了 Intelligence 范式和 Information 范式下学科发展的历程，探讨了两种范式下情报学学科的建设与理论研究，以国内外图书情报学研究为例，调研了 Information 范式的情报学研究现状。

2.1　Intelligence 范式下的学科发展

Intelligence 范式下的情报学科学共同体主要存在于国家和社会安全领域，包括军事情报学、公安情报学、国防情报学、反恐情报学等，其中以军事情报学为代表。

2.1.1　发展历程

军事情报学是一门古老而又年轻的学科，说其古老是因为军事情报活动在阶级和战争产生之时便出现了，说其年轻是因为其作为一门学科而言还尚待完善。《孙子兵法》和《战争论》被认为是军事情报学的学科源头，从学科的高度来看，军事情报学学科的形成不足百年。情报始于战争，最早的情报活动源于间谍和侦察兵，早期的情报史实际上是间谍活动史，间谍被称为"世界上第二种最古老的职业"。[1] 第一次世界大战形成了战略情报的雏形，第二次世界大战推动了战略情报的形成，冷战后情报工作越来越重视信息共享的重要性。随着信息技术的发展，情报搜集技术越来越系统、专业，但与高超的搜集技术相比，情报处理技术却没有得到相应的提高，正如美国学者帕特里克·麦克加维指出："我们几乎拥有不受限制的信息搜集能力，但只有很少人对这些信息的效用提出质疑。"[2]

在冷战时期，政治和军事情报是美国情报活动的核心内容；冷战后，由于对经济和科技发展的重视，科技和经济情报成为美国情报活动的重点。时至 21 世纪，非战争行为和

---

[1] Phillip Knightley. The Second Oldest Profession: Spies and Spying in the Twentieth Century[M]. London: Pimlico, 2003.
[2] Patrick J McGarvey. CIA: The Myth and the Madness[M]. New York: Penguin Books, 1972: 94-95.

非传统安全成为国家安全的核心,无论是社会主义制度的国家还是资本主义社会的国家,这些都是他们面临的主要安全问题。再加之这样的安全问题空间范围的无界、时间出现的突发,十分需要情报能够在这样的安全问题治理中发挥支撑作用,并需要借助情报学的理论指导和人才培养。

总体上,在作战的"体能—热能—智能"三个时代中,军事情报活动也依次发生了显著变化。在冷兵器时代,人员规模是战争胜利的主要保障,"体能"是这一时期作战胜利的保障,此时的军事情报活动以人力情报为主;在热兵器时代,电子技术被广泛地应用于情报活动;在信息化作战时代,情报活动主要表现为智能型,例如,C^3I 系统等。

战争时期,军事情报工作围绕如何赢得战争胜利而展开。和平时期,军事情报工作主要体现在为维护国家主权和领土完整等涉及的国家安全(包括传统安全和非传统安全)方面提供远期预警情报和决策依据,提供现实和潜在敌手以及一切与本国安全利益相关国家的军事领域原有价值信息,目的是为预防或发动战争提供决策依据。不像战时的军事情报工作是情报工作的主体,此时的军事情报工作只是国家情报体系中的一个分支,需要配合其他情报(如经济、政治和外交等情报)系统为提高国家总体竞争能力提供情报保障。[1]

2.1.2 学科建设与理论研究

高金虎认为,军事情报学研究的是军事情报本身的特性,以及军事情报工作产生、发展和指导规律的学科,它指导军事情报工作的开展。[2] 就功能而言,军事情报能够起到军事威慑的作用,并能够保障战争的胜利[3],在战争中的作战计划安排、行动部署等方面均起到了重要作用,甚至对战争胜负起到决定性作用,在保护人们安全和领土完整中也能够发挥关键作用[4]。随着情报活动数量的增多,人们对军事情报工作的认识逐渐深入,军事情报学开始形成。其中,中国古代对军事情报的理性思考相较于其他国家更为丰富,以《孙子兵法》为代表的中国古代兵家高度重视情报,认为情报是决策的先导,十分重视剖析情报现象与本质之间的联系,对战略要素的认识相当完备,对情报评估、秘密人力情报工作、反情报有深刻的认识。[5]

2 500 年前的《孙子兵法》被称为世界上第一部微型情报学专著。中国现代军事情报理论始于 20 世纪 30 年代后一批培训教材,如《空中侦察教程》等。长期的革命斗争形成了毛泽东的"知己知彼、百战百胜"思想、周恩来的白区情报斗争理论、朱德和刘伯承的军事侦察理论。20 世纪 40 年代,军统特工郑介民出版了第一本著作——《军事情报学》。新中国成立后,《合成军队侦察概则》等一批理论著作诞生,80 年代后,多种版本的《军事

---

[1] 刘强. 战略预警视野下的战略情报工作[M]. 北京:时事出版社,2014:299-300.
[2] 高金虎. 军口情报学[M]. 南京:江苏人民出版社,2017:1.
[3] Eyal Pecht, Asher Tishler. The Value of Military Intelligence[M]. Defence and Peace Economics, 2015, 26(2):179-211.
[4] Wolfgang Krieger. German Intelligence History: A Field in Search of Scholars[J]. Intelligence and National Security, 2004, 19(2):185-198.
[5] 高金虎. 军口情报学[M]. 南京:江苏人民出版社,2016:17-21.

情报学》著作出版,其中,1988年许果复撰写的版本影响最深。

多年来,军事情报理论研究的主题包括基础理论、分析理论、失误理论、控制理论和联合作战情报支援理论等;宏观上的基本类别包括军事情报基础理论、历史和应用理论。其中,分析理论与科技情报的知识管理、信息检索存在交集。解放军国际关系学院(现合并为国防科技大学)和外国语学院的研究者构成了我国军事情报研究的主力。2002年4月,军事情报学学术研讨会上,与会专家认为,作为一个二级学科,情报学学科体系应涵盖军口情报历史、理论、方法研究和相关知识的研究。[1] 2011年后,军口情报的工作改革和任务转型刺激了军事情报理论的发展,这其中张晓军、高金虎、李景龙、任国军等专家及其团队出版了大量军事情报理论著作。中国军事情报学还没有形成特别系统的理论体系,其中张晓军的因敌变化思想、高金虎的战略欺骗理论影响颇深。

1988年至2010年前后,一系列的军事情报学著作出版,不同版本的《军事情报学》先后出版。[2] 2011年以后,军事情报学研究开始细化到具体领域中,例如,一批关于军事情报理论、军事情报分析和军事情报历史等方面的著作相继问世。[3] 在教育方面,1989年,军事情报学以二级学科的身份进入军队指挥学中。

美国的军事情报理论研究发轫于20世纪40年代,发展于60—70年代,兴盛于80年代,成熟于90年代,变革转型于世纪之交,至今保持着蓬勃的发展势头。[4] 1949年,肯特的 Strategic Intelligence for American World Policy 出版,开启了军事情报理论研究的先河。1967年,美国政治学家威兰斯基出版的《组织情报》也是情报理论研究中的典型代表,书中作者给出的情报定义是,收集、处理、解释和传播决策过程所需要的技术性和政治性信息。[5] 70年来,国外军事情报学主要从基础理论和应用理论两个方面开展理论研究,前者主要关注相关的概念、性质、类别、功能以及包含的基本要素、工作流程和反情报等;后者侧重于情报工作的组织与实施,如情报体制、情报人才、各种类型的军事侦察学等,以及情报分析的原则与方法、情报与决策关系等。

在英、美等国,历史学与国际关系学者推动了战略情报学术的学科化,许多当代历史学家讨论了"9·11"恐怖袭击事件和2003年美国入侵伊拉克的问题。[6] 情报学学科作为一个整体受益于越来越多的历史学家参与情报和安全服务的研究。[7] 如果不同背景的历史学家投身于情报和安全领域,则对情报史学科将是具有建设性意义的[8],这是因为,历

---

[1] 李耐国. 军口情报学研讨会述评[J]. 军口历史研究,2002(02):184-188.
[2] 申华. 军事情报学视野下的中国情报学融合发展[J/OL]. 情报杂志:1-6[2019-08-17]. http://kns.cnki.net/kcms/detail/61.1167.G3.20190606.1645.006.html.
[3] 高金虎. 军口情报学研究现状与发展前瞻[J]. 情报学报,2018,37(05):477-485.
[4] 张晓军. 美国军口情报理论研究[M]. 北京:军事科学出版社,2007:3.
[5] Harold L Wilensky. Organizational Intelligence:Knowledge and Policy in Government and Industry[M]. London:Basic Books, Inc.,1967:3.
[6] L K Johnson, A M Shelton. Thoughts on the State of the Intelligence Studies:A Survey Report[J]. Intelligence and National Security,2013,28(1):109-120.
[7] R G Hughes, P Jackson,en L Scott ed. Exploring Intelligence Archives:Enquiries into the Secret State[M]. New York:NY,2008:1-10.
[8] Daniela Baches-Torres, Efren R Torres-Baches. Cross-domain Approach and Intelligence Analysis[J]. Journal of Mediterranan and Balkan Intelligence,2017,10(2):121.

史学家受过良好的训练,能够提出启发式和认识论问题,在一个历史研究领域中,知道在哪里可以找到文件,知道你应该依据哪些文献进行情报分析,因为在情报领域中,操纵和欺骗是常见的。[1] 同时,历史学领域在情报文件的解释方面也具有优势。[2] 另外,具有历史思维的情报分析员可以写更好的分析,历史学家所培养的专业技能对情报分析员也有帮助。[3]

此外,带有"Intelligence"字样的期刊相继在英、美等国创刊,主要包括:*Studies in Intelligence*、*Intelligence and National Security*、*International Journal of Intelligence and Counterintelligence*、*American Intelligence Journal*、*Defense Intelligence Journal*、*Military Intelligence*、*Naval Intelligence Professionals Quarterly*、*Intelligence Quarterly*、*Journal of Economic and Social Intelligence* 等。

多年来,美国形成了 Kent 的战略情报理论、Codevilla 的国家情报观、Steele 的公开来源情报理论、Handel 的三重噪音理论、Wohlstetter 的信号与噪音理论、Betts 的情报预警理论、Heuer 的情报分析心理学理论等具有广泛影响力的情报学理论。从分析角度来看,J Cooper 的三维坐标轴获得国际广泛认可(见图 2-1)。这个坐标轴从四个方面(情报、领域、功能、产品)对情报分析做了分类:第一条轴包含各类情报(或"信息源"),第二条轴线列出了情报分析的各个"主题",第三条轴线则列出了各类情报"产品"。从功能视角来看,所有的情报(或"信息源")可以分成以下几大类:

① 人际源情报(Humint),主要包括区域内代理、线人、观察者(附属部分);
② 图像情报(Imint),包括直观形式的各类图像,以及可以进行图像扫描处理的技术等;
③ 信号情报(Sigint),包括来自通信系统、电子设备和遥感技术等的各类情报;
④ 测量和电子签章情报(Masint),包括声学和放射信号等;
⑤ 公开源情报(Osint),包括各种载体和形式公开出版与呈现的文字类、音视频类和超文本类的情报;
⑥ 全源情报(All-source Intelligence),包括以上各方面的综合情报或信息源。

图中领域(或专题)主要强调恐怖主义、军口、政治、科技(S&T)及经济学等。而产品种类范围则从原始数据一直到经过大量分析后的国家级别的预算与估价统计信息等。

情报在不同领域其功能不尽相同,但一般至少包含四个方面,即避免战略突袭提供长期的专家意见,支持政策制定过程,维持机密性,确保相对优势。[4] 而 Rand 公司的专家们则认为以下五个方面的情报功能认同度更高:确定介入事态变化的关键点,特别是在冲突发生之前尤为重要,因为一旦寻求一定规模的军事行动作为解决方案,则意味着存在情报失察;帮助国家在决策时获得相对优势,即激活的情报(Actionable Intelligence);确保国

---

[1] R G Hughes, P Jackson, en L Scott ed. Exploring Intelligence Archives: Enquiries into the Secret State [M]. New York: NY 2008:3.
[2] E g P Tosh. The Pursuit of History [M]. Harlow, 2000:58-69.
[3] R G Hughes, P Jackson, en L Scott ed. Exploring Intelligence Archives: Enquiries into the Secret State[M]. New York: NY, 2008:5-6.
[4] M M Lowenthal. Intelligence: From Secrets to Policy[M]. Washington, D. C: CQ Press, 2000.

家和人民安全;优化资源配置;整合信息以增强认知和判断力。[1] 情报的功能几乎在所有情报定义中均具有相应的体现,表2-1中列出了具有代表性的情报定义。为了更清晰地描述学界提出的情报定义,我们根据定义内容的侧重点将情报定义分为功能说、要素说、过程说和综合说。实际上,每一种情报定义中都十分强调情报的功能和分析研判在情报中的作用。

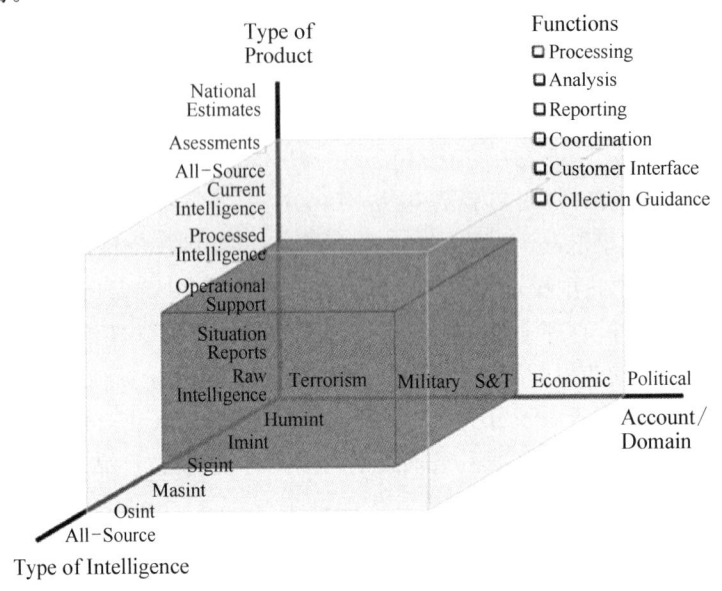

图2-1 J Cooper 的三维坐标轴[2]

表2-1 情报定义列举

分类	出处	定义的内容
功能说	《辞海》(1915)	军中集种种之报告,并预见至机兆,定敌情如何,而报于上官者
	《辞海》(1939)	战时关于敌情之报告,曰情报
	《辞海》(1965)	对敌情和其他有关对敌斗争情况进行分析研究的结果,是军口行动的重要依据
	Carl Maria Von Clausewitz (1780)[3]	情报是指我们对敌人和敌国所了解的全部材料,是我们一切想法和行动的基础
过程说	Harry Howe Ransom (1984)[4]	情报是一个动态观念,是一项没有明显起点或终点的过程,是包括从搜集、处理到分发使用,周而复始的过程

---

[1] Gregory F Treverton, Seth G Jones, Steven Boraz, Phillip Lipscy. Toward a Theory of Intelligence[M]. Rand Workshop Report, 2006:8.

[2] Peter P. Assisting People to Become Independent Learners in the Analysis of Intelligence[EB/OL]. [2019-06-20]. https://fas.org/irp/eprint/pirolli.pdf.

[3] 克劳塞维茨. 战争论[M]. 北京:解放军出版社,2008:78-79.

[4] Ransom, Harry Howe. The Presidency and National Security Policy [C]// . The Intelligence Establishment Quoted in R. Cordon Hoxie (eds), Center of the Study of Presidency, Proceedings, 1984,(2):65.

续表

分 类	出 处	定义的内容
	Jan Goldman(2006)①	总体上意指整个情报流程,即规划、搜集和分析那些对于决策者和情报产品有着潜在价值的信息的过程,同时也包括在这个过程中的情报职能、情报活动或情报组织。情报产品是对所有可搜集的信息进行采集、整理、评估、分析、整合和解释的结果
	JP1-02②、JP2-0(2007)③	对国外和敌对方力量以及作战范围的信息进行采集、组织、处理、分析、评估等一系列活动后所获得的产品
要素说	Sherman Kent(1949)④	情报是一种决定国家安全的知识、活动和组织
	Ladislas Farager(1955)⑤	情报是可靠性、意义及重要性都经过判断的信息
	《美国军事术语共用词典》⑥	凡与国外或行动领域有着密切相关的信息,且对于政策或行动规划具有迫切或潜在重大意义的所有可利用的信息,并加以搜集、评估、分析、整合及诠释的产物
	Roy Godson(1986)⑦	情报包括四个相互密切关联的要素,即暗中搜集、分析与评估、隐秘行动、反情报
	Thomas F. Troy(1991)⑧	有关敌人的知识,此知识来源于敌人或对手,情报本身具有相当的主观性,它不是事实或现象的陈述,而是观察与分析该事实、现象的方式和运用
	《简明不列颠百科全书》⑨	情报本质上是指经过评价的信息
综合说	Stafford T. Thomas(1987)	"情报"一词主要有三种解释:第一种是指由情报界所生产的"产品",虽然这些产品种类繁多,但有着共同的目标,就是提供有助于制定与执行政策的信息;第二种是指情报界所发挥的功能"过程",这个过程从情报资料的搜集开始,到分发情报给有关的使用者结束,其作用是将点滴数据转变为产品,以帮助决策者从多项可供选择的政策中做出最为合理的选择;第三种是指"秘密作业",基本方式包括谍报、反情报、秘密行动等

---

① Goldman Jan. Words of Intelligence: A Dictionary [M]. UK, Oxford: The Rowman & Littlefield Publishing Group, Inc, 2006: 78-79.

② U S Joint Chiefs of Staff, Joint Publication 1-02, Department of Defense Dictionary of Military and Associated Terms[R]. Washington, D.C.: GPO, 2001 (Amended 2008): 268.

③ U S Joint Chiefs of Staff, Joint Publication 2-0, Joint Intelligence[R]. Washington, D.C.: GPO, 2007: Ⅲ.

④ Kent Sherman. Strategic Intelligence for American World Policy [M]. New Jersey: Princeton University Press, 1949: 3-4.

⑤ Farager Ladislas. War of Wits (reprint) [M]. Connecticut: Greenwood Press, 1976: 3.

⑥ Dictionary of United State Military Terms for Joint Usage[Z]. Washington, D.C.: Department of the Army, Navy, and Air Force, May 1955: 53.

⑦ Godson Roy. Intelligence Requirements for the 1980's: Intelligence and Policy [M]. Lexington: Lexington Books, 1986.

⑧ Troy Thomas F. The "correct" Definition of Intelligence[J]. International Journal of Intelligence and CounterIntelligence, 1991, 5(4): 433-454.

⑨ 佚名. 简明不列颠百科全书[M]. 北京:中国大百科全书出版社, 1986(6): 682.

2.2 Information 范式下的学科发展

Information 范式下的情报学科学共同体主要存在于国家和社会发展领域,通常包括科技情报学、社科情报学等,它们基本上集中于图书情报学领域。

2.2.1 发展历程

1984 年,*JASIS* 上一篇名为"情报学简史"的文章提出,情报学是由图书馆学、文献学、行为学等多个学科整合而成。[1] 马费成教授曾经对情报学的四大背景进行了系统梳理并认为,情报学产生于文献学、图书馆学、现代科学的情报危机和第二次世界大战四个背景。[2] Michael Buckland 提出,情报学具有文献和计算机两个基本的传统。文献传统关注的是对文献的描述和使用,而计算机传统则侧重于采用计算机算法、技术和数学的方法对信息进行管理。[3]

一般认为,1945 年,美国学者 V. 布什的 *As We May Think* 被认为是科技情报工作的源头,这一著作首次提出情报在大规模科学研究发展中的重要作用和情报检索机械化的问题。1948 年,布拉德福在《文献工作内容的改进和扩展》中提出了文献工作需要革新,反映了文献工作的情报学发展趋势。[4] 同年,英国皇家学会的科学情报会议上形成了情报搜集、处理和服务相关的行业。1953 年,"情报学家"这个名称由荷兰学者 J. F. Farrandance 首次提出,1955 年,在该学者倡导下,"情报学"首次被使用。[5] 1967 年,考琴(Manfred Kochen)在 IBM 完成了一个计算机文献检索试验,后以"信息科学"试验著称,这引起了美国图书馆学界的兴趣。1968 年,美国文献学会的名称更换成"美国信息科学学会",即现在的信息科学与技术学会。1965 年,苏联情报学家米哈伊诺夫等人完成了世界上第一部基于文献学基础的"信息学"研究专著《信息学原理》,在此基础上,1976 年又出版了《科学交流与信息学》专著。1970 年,萨尔切维奇(Tefko Saracevic)完成了美国第一部专著《信息科学导论》。之后,信息科学专业在美国历经更名、撤销等变革。时至今日,美国的科技情报学基本上沿着图书馆学和计算机技术两个传统发展。日文中"情报"一词产生于 19 世纪末,直至今日,日本的"情报"仍同时具有英文中的 Information 和 Intelligence 的双重含义。日本的科技情报工作不仅负责文献服务,还负责开展科技政策、技术动向和全球性经济问题等研究。

总体上看,在国际情报学研究领域,从 20 世纪 60 年代开始是情报学理论的迅速发展期。当西方学者从通讯及计算机信息处理的角度把情报概念呈现出来时,苏联情报学界

---

[1] Herner S. Brief-history of Information Science[J]. Journal of the American Society for Information Science, 1984, 35(3): 1984.

[2] 马费成. 情报学发展的历史回顾及前沿课题[J]. 图书情报知识, 2013(02): 4-12.

[3] M Buckland. The Landscape of Information Science: The American Society for Information Science at 62[EB/OL]. [2019-06-08]. http://www.sims.berkeley.edu/~buckland/asis 62.html.

[4] 武衡. 情报学. 中国大百科全书·图书馆学情报学档案学卷[M]. 北京: 中国大百科全书出版社, 1993: 13-20.

[5] 贺德方, 等编著. 数字时代情报学理论与实践——从信息服务走向知识服务[M]. 北京: 科学技术文献出版社, 2006: 68.

对这种现象给予了极大关注,他们从词义的知识角度去研究这种现象,极大地丰富了情报学理论,这其中以米哈依诺夫为代表。60 年代中期,高夫曼(Goffman)的广义交流理论从总的交流过程出发,试图对情报交流的全过程模式化进行研究。60 年代末期,美国情报学家约维茨(M. C. Yovites)从决策论角度,研究了一系列的情报理论问题。这一时期的学者开始讨论情报科学定义问题[①],其中影响力最大的是前 ASIS 主席 Harold Borko 在 1968 年给情报科学下的定义,在这一定义中,他主要强调情报学研究的三个方面,即人们的情报行为、情报的属性和信息处理[②]。70 年代初期,情报作为情报学的核心概念的讨论步步深入,情报概念突破的重要性直接影响着情报学的发展。英国情报学家贝尔金(N J Belkin)自 1975 年以来连续发表了多篇关于情报概念的论文,其情报思想可以概括为:情报学中的情报概念应具有三个方面的八个必要条件,其中三个方面是指定义方面、行为方面和方法论方面。70 年代中期后,布鲁克斯在波普尔哲学思想指导下,将情报与知识的增长联系起来,把"世界 3"理论与情报学的研究领域联系起来。80 年代初后,波普尔的"世界 3"理论开始被广泛引入情报学理论研究中。[③]

中国的情报学肇始于 20 世纪 50 年代发展起来的情报工作,最初的源头是 1950 年成立的中国科技文献情报中心,1955 年周总理提出建立科技情报机构,随后 1956 年中国科学情报所成立,开创了中国科技情报事业。1957 年,第一本情报学期刊《科学情报工作》(《中国信息导报》前身)出版,标志着中国情报学研究的开端。情报学的本科生和研究生招生开始于 1978 年,首个情报学硕士点于 1984 年在中国科技情报研究所和武汉大学设立,首个博士点于 1990 年在武汉大学设立。20 世纪 50 年代,"Library and Information Sciences"传到中国时被译成了"图书馆情报学",那时苏联科技交流学派对中国造成了较大影响。"情报学"这一名词提出之初就与科技文献工作紧密联系,最开始被赋予"耳目、尖兵、参谋"功能的情报工作的主要任务是文献检索与跟踪服务。

从情报研究起步的中国科技情报学,最初关注的主要是发展适用性情报技术,以解决"情报爆炸"导致的文献泛滥与情报需求之间的矛盾,支持国家情报系统的建立。因此,情报学研究与图书馆学研究的分野主要是对计算机技术的学习、研究和使用,以引进、介绍和学习为主,如美国国家航空与航天局(NASA)的 RECON 情报检索系统、美国国立医学图书馆的 MEDLARS 医学文献系统、洛克希德公司的 DIALOG、系统发展公司的 ORBIT 等的联机检索系统相继被我国引进和使用。特别是,以兰卡斯特(Lancaster)为代表的一批学者对联机系统进行了深入的研究,1973 年,他与弗依斯(Fayes)合著的联机检索里程碑式的著作《联机情报检索》一书面世。

经过 60 多年的发展,我国情报学所取得的成就是有目共睹的。在早期的文献服务和后来的遏制与测量信息爆炸、开发信息检索系统等方面,情报学做出了重要贡献。20 世纪 60 至 70 年代,联机检索技术、科学引文索引数据库建立以及文献老化、文献指数增长

---

① D Hawkins. Information Science Abstracts: Tracking the Literature of Information Science. Part 1: Definition and map[J]. Journal of the American Society for Information Science and Technology,2001,52(1):44 - 53.
② Harold Borko. Information Science:What is It? [J]. American Documentation,1968,1:3.
③ 华勋基主编. 情报科学导论[M]. 广州:中山大学出版社,1990:67 - 79.

等文献定律相继产生,此时文献计量学也得到了较快发展。20世纪80至90年代,情报学的研究深度和广度加强,相应的分支学科(如情报经济学、情报计量学等)研究开始活跃。20世纪90年代以前,情报学主要的目的是解决国外科技封锁和后期的科技文献量剧增,此时情报功能是文献检索、组织与服务。20世纪90年代以后,网络技术和信息社会构造了情报学发展的新语境,情报学研究由传统的纸质载体文献拓展到数字形式存储和传递的信息。在信息急剧增长,情报学重点发生了转移,情报学发展进入了转折期后,1992年,中国科技情报研究所将名称中的"情报"二字用"信息"取代,标志着情报工作的转移;1993年,《普通高等学校本科专业目录》中的专业名称"科技情报"也被"科技信息"所代替,情报学教育也开始发生变革。可见,从那时起,情报学与情报工作重点转向了信息处理、信息检索、信息(知识)服务。

2.2.2 学科建设与理论研究

20世纪50年代,我国被赋予"耳目、尖兵、参谋"使命的文献情报工作获得发展;60年代中期至70年代中期左右,由于众所周知的原因,这个领域的研究虽然有所持续和局部的前进,但整体上没有实质性的进展。70年代末至80年代末,该领域处于理论发展期,注重为科技、经济、社会三位一体的发展战略服务,引进与本土化并举,严怡民、卢泰宏贡献突出,后者推动了大情报观的萌芽。从80年代开始,我国情报学界理论研究进入了一个新的阶段。据文献[①][②]对1957—1980年国内情报学文献的统计分析,1980年是一个明显的转折点,从这一年起研究论文的数量开始超过文献总数的一半。这主要缘于1978年成立的由武衡为理事长的中国科学技术情报学会推动了各种学术活动的增加;同时,一批新生力量开始在我国情报界涌现和成长起来,70年代中后期源源不断培养的情报专业研究生从80年代开始发挥出活跃的学术作用。此时情报学理论主要集中于情报的传播、交流与利用理论、文献分布理论、分类检索理论、认知理论、情报经济效益理论、知识地图理论等。[③] 杨沛霆等对1980—1983年的文献调研显示,这一阶段情报学界十分重视情报学的学科建设。[④] 据梁战平分析,20世纪80年代左右,我国情报学掀起两个高潮。一个高潮是引进国外的情报理论,以波普尔的"世界3"理论、布鲁克斯的知识方程式以及"老三论"和"新三论"等为代表,以此来为情报学研究奠定理论基础。此时,产生了一批具有较高影响力的专著,如《情报学概论》《情报数学》等。另一个高潮是将计算机技术和方法应用于情报检索中,例如,应用计算机技术编制主题词表、进行汉字切分和自动标引等,标志着我国情报学研究的侧重点由文献转向技术,由理论转向应用。[⑤] Saracevic指出,情报学与技术的相关性是与生俱来的。[⑥] 据华勋基的调研,1977年之后的10年左右时间中,我国情报

---

① 邵友亮. 国内情报学文献的分析研究[J]. 情报学刊,1982,(3):88-92.
② 张期民等. 从文献量增长看我国情报学研究的发展[J]. 情报学刊,1983,(4):13-16.
③ 曾建勋,魏来. 大数据时代的情报学变革[J]. 情报学报,2015,34(01):37-44.
④ 杨沛霆,卢泰宏. 近几年来我国情报科学研究的进展[J]. 情报学报,1984,3(02):97-110.
⑤ 梁战平. 情报学若干问题辨析[J]. 情报理论与实践,2003(03):193-198.
⑥ Tefko Saracevic. Information science[J]. Journal of the American Society for Information Science,1999,50(12):1051-1063.

学学术论文超过1万篇,正式出版专著和教材120余种,出版情报学刊物30多种。[①]

20世纪60年代初,袁翰青、曹昌等老一辈情报学者与当时年轻的情报学专家杨沛霆、董建生等编写了我国第一部情报学教材《科技情报工作讲义》。当情报工作研究从经验总结和一般问题向需要理论指导和更深入的规律探讨方向发展时,情报学研究开始采用一些跨学科的相关理论和方法对情报学的理论进行深入分析,例如,采用统计学和数学方法对文献集中-分散规律进行探索;采用心理学方法对用户需求进行分析等。任何一门成熟的学科都有其哲学基础或支配其研究的思想基础,情报学的基础理论建设也要求学者们开始进行情报问题的哲学探讨,诸如情报的本质、学科特性、情报对社会发展的影响、情报供需矛盾、情报交流模式等问题。更进一步地,思索情报与"世界3"理论的关系、哲学本体论角度的概念层次、哲学认识论角度的信息中介、社会的信息进化、探寻知识激增和无知激增间的矛盾原理和解决方法等,情报与思维、情报与社会、情报与信息、情报与载体、情报的性质等等受到了情报学研究者的关注。为了更有效地开展研究,情报学开始将跨学科的方法引入进来,例如,将哲学理论与方法、数学与物理学的定量方法等应用于情报学研究中。作为学科理论阵地的刊物也纷纷从工作刊物向理论刊物转向。《国防科技情报工作》于1985年改为《情报科学技术》,《兵工情报工作》于1987年改为《情报理论与实践》。中国科技情报所1982年创刊了《情报学报》,其宗旨是夯实情报理论的基础,通过创新情报方法、改进情报技术来指导和强化情报实践。中国国防科技信息(国防科工委主管)的"中国军转民"专栏下面再设了"理论探索"和"经验交流"的子栏目。

引进技术、方法的同时,在理论上也出现了大量的引进,如美国的E.加菲尔德的引文索引和D.S.普赖斯的文献计量学研究成果,米哈依洛夫等人的《科学情报原理》《情报学基础》《科学交流与情报学》,以及美国T.萨拉塞维克编著的《情报科学导论》,大大促进了基本上处于空白的我国情报学的发展。当然,这一时期的学科发展,其自身的理论建树不多,还脱离不了工作研究的性质。正如有学者当时指出,要把针对目前情报工作上亟待解决的问题的研究放在首要地位,否则,脱离我国情报工作的实际去搞情报学研究,就将失去研究工作的生命力。国外一些情报学者提出了一些情报学方面的概念、观点和理论,这些内容的引进对我们的学术思想,对观察、分析和研究我国情报学问题及情报工作,有着一定的作用和影响。但是,作为从事研究工作的学者用什么观点与方法来归纳、分析和描述所观察到的客观规律,是与其思想方法有关的。情报学是一门跨自然科学与社会科学的新学科,加上情报工作本身的组织体系又与各个国家自身的社会结构关系极为密切,这就使得情报学的研究容易受研究者的社会因素影响。因此,我们引用借鉴国外情报学的理论时,就要慎重考虑。[②] 换言之,基于Intelligence Studies的情报学理论与方法在当时之所以没有被引进和应用,是因为较强的政治和意识形态因素使其不可能进入中国的情报学界。总体来看,国内外较有代表性的情报学理论包括:波普尔的"世界3"理论等,布鲁克斯的知识基础理论,约维茨的决策系统论,米哈依洛夫的科学交流论,钱学森的情报思想及综合集成方法论,卢泰宏的规范论,王崇德的原理论,严怡民等的栈理论,以及后

[①] 华勋基主编.情报科学导论[M].广州:中山大学出版社,1990:446-447.
[②] 殷国瑾.理论联系实际是情报学研究必须坚持的原则[J].科技情报工作,1982(4):27-29.

来的马费成的六大原理和梁战平的十大原理等。

进入20世纪90年代,对信息技术的过分关注,使得情报学开始走向失衡和偏离。学科上,情报学内涵与外延模糊不清,情报事业整体低迷,理论体系不够完善并处于多元化状态,学科空心化、边缘化,情报教育萎缩、异化[1];情报研究与工作上,研究失衡,责任与任务认知偏差[2]。就连美国的ASIS也更名为"ASIST",淡化学科色彩,增加技术成分。泛在"信息研究"在危机中扮演了重要角色,以计量学为例,采用浮于表面的简单统计分析,有"结果"无"结论";知识图谱的应用,并未领会信息可视化"视觉呈现"的真正本质。为重振情报事业、深化情报的"耳目、尖兵、参谋"功能,"Information 的 Intelligence 化"[3]、"两种情报观""一船两夫"[4][5]等观点相继浮现;用户研究多维扩展、技术智能应用、分析过程自动可控[6]、图情学分离、真正情报人才培养体系创建[7]等发展策略也陆续被提出。卓有成效的是,大数据时代,情报学研究与工作的决策属性逐渐凸显,一些情报学的重大课题逐渐面向社会实际问题展开,例如,突发事件应急决策情报体系[8],情报工作在智库中的应用等。

此外,情报学的基本任务和研究范式一直受到学界关注。在研究任务上,布鲁克斯所著的《情报学基础》指出,组织和处理客观知识并将这些知识以知识单元为节点构建知识地图等是情报科学的本质任务。[9] Dcbons A 等人在撰写的 *Information Science: An Integrated View* 的专著中提出,情报学是一门具有跨学科性质的科学,它的主要任务是记录知识的存贮和检索。[10] 马费成教授曾指出,明确情报学的目标和任务十分必要,忽略情报学的基本任务和目标,将会自觉地泛化情报学的研究对象和范围,从而偏离情报学真正的目标。马费成教授认为,情报学的基本任务应该围绕"情报爆炸"背景下情报利用和积累之间的矛盾而展开,为解决这一矛盾,情报学应该加强信息组织和序化的研究,并注重情报成果传递的研究,最终使情报学研究能够在促进科技和经济发展中发挥作用。[11]

综上,60多年的情报学理论研究与工作实践取得了丰硕的研究成果。但在科技情报工作和科技情报学领域,似乎没有摆脱文献信息的束缚,注重对信息本身的研究,忽略了信息的不完全性、欺骗性,它关注信息加工的流程,忽视情报流程中的对抗性。最终表现出"情报"元素淡化,理论高度和视野受限,理论收敛性不够,理论与实践脱节等。产生这种现象的原因是,情报学没有处理好与技术的关系、没有认清根本目标和任务、对新的情

---

① 刘植惠. 关于情报学的客观存在、现状和展望[J]. 情报理论与实践,2012,35(01):10-15.
② 苏新宁. 大数据时代情报学与情报工作的回归[J]. 情报学报,2017,36(04):331-337.
③ 包昌火,马德辉,李艳. Intelligence 视域下的中国情报学研究[J]. 情报杂志,2015,34(12):1-6,47.
④ 沈固朝. 两种情报观:Information 还是 Intelligence?——在情报学和情报工作中引入"Intelligence"的思考[J]. 术语标准化与信息技术,2009(01):22-30.
⑤ 沈固朝. 在情报工作中引入 Intelligence 的理论和实践[J]. 图书情报工作,2005(01):15-16.
⑥ 徐敏,李广建. 第四范式视角下情报研究的展望[J]. 情报理论与实践,2017,40(02):7-11.
⑦ 包昌火. 对当前我国情报工作发展方向的几点建议[J]. 情报杂志,2014,33(05):1-2.
⑧ 李纲,叶光辉. 网络视角下的应急情报体系"智慧"建设主题探讨[J]. 情报理论与实践,2014,37(08):51-55.
⑨ 刘植惠. 情报学基础理论讲座[J]. 情报理论与实践,1987(06):38-42.
⑩ Debons A, Horne E, Cronenweth S. Information Science: An Integrated View[M]. Boston: G. K. Hall & Co., 1988.
⑪ 马费成. 情报学的进展与深化[J]. 情报学报,1996(05):22-28.

报学发展路径探索不足等,其本质问题是社会层面与认知层面的分离。正如 Vakkari 指出的,情报学需要自省学科社会层面和认知层面之间的关系,它们之间应该是相互依存的。[①]

2.3　Information 范式的情报学研究:以图书情报学研究为例

从学术研究上看,Information 范式的情报学研究对象大多集中于对文献和信息的检索、组织和管理上,国内和国外莫不是如此。

2.3.1　国内图书情报学研究

2.3.1.1　研究热点

从文献调研来看,计量学研究与科学评价是情报学领域最大的热点,其次有关竞争情报的相关问题也是学界十分关注的问题,网络用户行为和网络舆情等研究近年来也得到了人们的高度重视。

1. 文献计量学研究

文献计量学研究是情报学研究热度最高的一个主题领域,相关文献占本次调研文献的 40%(2 000 篇左右)。文献计量学研究主要包括三个研究热点,即文献计量学应用研究、文献计量学方法研究和文献计量学理论研究。文献计量学应用研究基本继承了以往的研究范式,只是研究对象分布在不同的学科领域;而文献计量学方法和文献计量学理论研究展现了一定的创新性。总体上,文献计量学的应用范围越来越广,已渗透到许多学科领域的研究态势分析;研究方法逐渐向融合性发展,注重各种方法之间的关系和相互影响,以期得出更加科学、准确的分析结果;研究理论中更加关注挖掘各指标之间的关系和各指标的影响因素,以期对应用和方法进行指导。

(1) 文献计量学应用研究

文献计量学应用研究主要是从量化角度对科学研究的热点、主题演化、前沿、趋势与发展态势等进行分析,也有部分成果将文献计量学方法应用于识别特定学科或研究领域的合作网络和竞争力等。这一研究热点是体现情报学方法在其他学科应用中的典范,将文献计量学方法应用于医学、教育学、管理学、经济学等多个学科研究的发展态势分析。所使用的数据基本上围绕 CSSCI、CNKI、Web of Science 等数据库,所采用的方法大多为传统的文献计量学指标,如发文分布、关键词词频分析、关键词共现分析、文献共被引分析等。绝大部分研究采用了知识图谱方法,对分析结果进行了可视化展示,而知识图谱绘制工具尤以 CiteSpace 最为热门。总体上,这一研究热点的大多数研究成果是延续以往多年的研究方法、研究思路和研究对象。但也有部分研究成果开展了一定的创新性探索,其中关于图书的文献计量学研究方兴未艾,如对学术著作的引文分析研究、图书被引率与利用率之间的关系、人文社会科学学术图书 Altmetrics 评价和图书影响力评价研究。此外,还

---

① P Vakkari. Opening the Horizon of Expectations. P Vakkari, B Cronin(ed). Conceptions of Library and information science: Historical, Empirical and Theoretical Perspective[C]. London: Taylor Graham, 1992:1-4.

有部分研究成果研究文献计量学在科学研究主题识别与测度中的应用,如在跨学科研究测度、产业技术创新测度、科技创新路径识别、主题新颖性识别中的应用。

(2) 文献计量学方法研究

该领域重点在文献计量学的方法上进行了一定创新,总结起来主要包括四个特征。

一是重视传统文献计量学方法改进的研究,以此来克服传统文献计量学指标在综合性考察学术成果方面的不足。其中主要关注的是基于引文分析而提出的计量学方法改进,如 H 指数改进为可以反映高被引论文的 G 指数等;基于词频分析而提出的内容分析法改进,如简单的词频分析改进为考虑语义距离和兼顾中低词频的共词分析等。

二是对引用分析方法研究更为细致深入。这一特征主要表现在,引用分析方法考虑的因素更为丰富,如引用分类、引用时间等;特殊类型文献的分析获得关注,如政策文件、科学数据、"睡美人"文献等;单篇文献的引用分析。此外,还应试图从表层深入内部机理和内容中进行引用分析方法探索,如引用语境、融入原文和引文时间的作者耦合分析、三重耦合、加权被引频次与署名顺序关系等。

三是文献计量学指标得到了拓展,如 Altmetrics 评价指标、百分位数指标改进、特征因子百分位、累计因子与次年因子、基于主题分类的作者影响力评价指标等。

四是基于多源数据融合的引用分析,如专利与论文交叉引用问题等。

(3) 文献计量学理论研究

在文献计量学理论研究中,首先最为集中的是对各种文献计量学指标之间关系进行的分析,通过这种关系分析来探测指标之间的相互影响。为此,研究成果主要是从文献传播利用规律及其与文献内部特征关系两个角度展开研究。文献传播利用主要考察的是文献下载和被引之间的关系,文献传播利用规律与文献内部特征关系主要考察成果跨学科性、成果标题、外文参考文献比等成果本身特征与引文之间的关系。此外,将 Altmetrics 与传统文献计量学指标进行比较研究也受到一定关注。其次是关于文献计量指标的影响因素分析,通过影响因素识别分析各指标数据产生的机理,这些影响因素既包括主观层面的(如引用动机、引用偏好等),也包括客观层面的(如引用时滞、文献相似性、社会化标签等)。

2. 科学评价研究

科学评价研究成果的数量仅次于计量学研究,其相关文献占调研总文献数量的 30%(1 500篇左右)。这一研究热点主要关注的是学术评价(包括科研、学术创新力评价)和期刊评价。

(1) 学术评价研究

学术评价研究与文献计量学具有很强的重复性,很多学术评价研究中采用的是文献计量学方法,这部分研究热点在文献计量学应用中已有所阐述,此处不再赘述。本部分主要论述非文献计量学方法的学术评价研究。

学术评价研究主要关注的是量化评价,新评价指标不断创设(如主题新颖性测度指标、学术影响力排名等)、替代计量学应用、复杂网络算法(如认知计算方法、学术链识别、链路预测等)及可视化技术的引进等,在学术评价研究中占有较大分量。学术评价开始向精细化发展,以往数量论的评价思维也开始向质量方向发展,一些较有效率的质量区分和权重处理算法开始涌现,例如,Word2Vec 算法、TF-IDF 算法和 PageRank 算法等;由引文著录分析转向多维度的引用内容与行为分析,愈加强化了对学术评价对象在内容和语义层面上的挖掘和理解。在评价对象的选取上,出现了微观化和集成化的两极化现象,前者关注的微观化的评价对象,以单篇文献为代表;后者侧重于从宏观视角将不同研究对象之间所表现出来的相互影响和品质关联吸纳进入评价中。评价的数据源也由发文数据、引用数据拓展到使用数据和替代计量数据,评价议题的范围也更加广泛,由过去的只关注高被引论文发展到关注低被引甚至零被引、"睡美人"现象,开放获取论文、撤销论文、新发表论文等影响力的评价。

此外,学术评价的成果在评价指标方面进行了一定探索,其目的主要是挖掘影响科研合作和影响力的多种要素。例如,学术网络社会资本视角下的学科评价指标、跨学科学术评价指标 PR8(被引频次的百分位数位置指标)和 FNII(学科标准化影响力指标)、"创新力—影响力—传承力"科研评价维度等。

(2) 期刊评价研究

与学术评价类似,期刊评价也是文献计量学的重要应用领域。近两年来,研究成果除了重视文献计量学方法的应用外,还通过向其他学科移植并经过一定的适用性改进等提出了学术期刊评价的新方法。例如,针对学术期刊多属性综合评价中指标权重获取以及评价信息集结的问题,提出了基于差异驱动和 GRA-TOPSIS 法的学术期刊评价;针对学术期刊多属性综合评价中指标间相关性较强的问题,提出了基于社会网络分析和密度算子的学术期刊评价、基于 DEMATEL 和 Choquet 积分的学术期刊评价;为识别出被评期刊的"标杆",使期刊能够与其各指标表现接近的期刊进行对比、分析,提出了基于 FDH 模型的学术期刊评价;为发现期刊之间引用的人为操作问题,提出了期刊互引指数;为解决期刊评价指标之间存在多重共线性的问题,提出了基于 PLS 结构方程模型的期刊评价等。

除评价方法外,评价指标也是期刊评价研究的重要内容之一。研究成果从不同角度对期刊评价指标进行了分析与设计,如作者机构作为评价指标的合理性分析、CiteScore、特征因子、分位数指标、基于 JCR 和 SJR 的科技期刊评价指标体系等。此外,期刊评价也开始从期刊的学术应用价值角度展开研究,如一些研究成果对期刊的知识交流效率进行了评价研究等。

3. 竞争情报与专利分析

竞争情报与专利分析是两个相互关联的研究领域,实际上专利分析往往属于竞争情报研究的一部分,由于研究主要是针对专利分析的,故此处将两者分开阐述。经文献查询,近两年有关竞争情报和专利分析的文献达到 300 篇左右。

(1) 竞争情报研究

竞争情报研究虽是一个老话题,但存在新探索。从研究对象上看,目前的竞争情报研究主要集中于国家、产业、行业和企业。在国家层面,研究成果针对当前我国经济、技术发展的国际环境,从竞争情报角度对我国最近发生的热点事件进行了分析,如"中兴事件"中的高端竞争情报产品分析、从美国"301 调查"看国家竞争情报产品的特征及形成条件、应对生态反倾销和对华出口限制的竞争情报体系等;在产业、行业层面,主要关注到的是竞争情报系统的构建;而在企业层面,除关注面向企业的竞争网络分析外,还对企业的竞争情报需求以及竞争情报决策进行了研究。鉴于环境对竞争情报的重要影响,研究成果对不确定环境、大数据环境、Web 2.0 环境在竞争情报活动中的影响进行了分析。同时,对竞争情报的信息来源研究也受到了较高关注,主要包括人际网络、专利、社交媒体以及多种数据源的融合。部分成果对竞争情报的方法与模式进行了研究,如基于领域本体模型的情景分析法在企业竞争情报分析中的应用、批判性思维和全员参与模式在竞争情报中的运用等。此外,反竞争情报研究也受到了一定关注,主要包括反竞争情报能力、反竞争情报策略等。

(2) 专利分析研究

专利分析实质上是对专利文献的分析,研究成果主要集中在两个方面。一方面,试图对专利文献题录进行分析,以期获得专利文献的基本特征和基于此的专利影响力分析,如专利引文的幂律分布研究、专利发明人影响力评价等。另一方面,许多学者将专利用于技术竞争分析,以此来评判企业的竞争力。在对专利在技术创新评价、技术预见、技术演化分析的研究中,建立了许多评估模型,如企业技术创新能力评估模型、基于 AToT 模型的技术主题多维动态演化分析等。

4. 知识管理与知识服务研究

近两年,知识管理与知识服务研究的文献达到 150 篇左右。

(1) 知识管理研究

知识管理从研究内容上可分为三大类。

第一类是关于知识管理本身的研究。总体上,知识管理研究已经突破了传统介质,而向虚拟化、网络化方向发展,如知识社区、虚拟社群中的知识管理等。知识管理研究一方面是关注过程和方法,以此来优化知识管理的效率,如基于知识流转过程的知识管理研究,基于网络关系的知识管理模型,基于知识元的动态知识管理模型等;另一方面是知识管理的应用研究,以此来发挥知识管理在知识聚合、知识创新中的价值,如大数据环境下的知识管理框架模型,知识管理在高校智库参与政府决策中的作用研究等。

第二类是关于知识组织的研究。总体上,近两年来从技术角度开展知识组织研究,关注知识组织的技术和方法,特别是关于知识组织系统的构建研究正在兴起。知识组织研究主要呈现出三个特征,一是知识的关联化组织,这一研究围绕关联数据和本体论方法,对知识组织的关联方法与技术进行了研究,如因文献关键词的共现分析很难反映文献隐含知识的关联,提出将主题模型、关联规则、共词分析等方法相结合的知识关联分析方法;为发现开放网络环境下知识组织的层级结构,提出以网络思维为指导,基于标签之间的共现关系构建领域知识网络。二是知识的聚合化组织。这一研究实际上是在知识关联基础上开展的,其研究内容从依据何种知识关联开展知识聚合到利用知识关联将知识单元聚合成何种形式,研究成果主要关注的是知识聚合的模式。三是对知识组织范围的拓展,如将叙词表的构建拓展到语义网层面;对不同领域知识组织的研究,如面向应急情报的知识库构建、网络社区的知识组织等。

第三类是关于知识交流的研究。一方面是通过科学研究之间的知识交流,来研究学科知识的转移和扩散等；另一方面是对学术谱系中的知识传承和开放式创新、科研合作中的知识共享等开展的研究。

(2) 知识服务研究

知识服务是知识管理学科体系中的重要研究领域之一，也是图书馆学和情报学交叉性质较突出的领域。近两年来，研究成果对知识服务的研究主要集中于三个方面。一是关于知识服务模式的研究，重点在于知识发现服务研究。此外，从服务内容上看，包括学科服务和大数据服务；从服务方式上看，包括嵌入式服务、互联网＋服务和智慧服务等。二是关于知识服务方法的研究，主要是关于知识服务的流程与技术的研究，以大数据、云计算、互联网＋、语义搜索等信息技术为代表。此外，知识服务研究也十分重视用户的需求，如知识服务的多情境兴趣推荐模型研究等。

5. 信息行为与网络舆情研究

信息行为与网络舆情是两个具有关联性的研究领域。实际上，网络舆情是一种特殊的信息行为。与通常意义上的以信息获取为主的信息行为不同的是，网络舆情是网民向网络供给信息，是一种信息创造行为，其表现形式是言论与观点的表达及其显性或隐性的情绪宣泄。因此，它在情报学研究中具有专门的研究方法和目标，形成了一个独立的研究领域，故此处将信息行为与网络舆情分别讨论。经文献查询，近两年有关信息行为和网络舆情的文献达到 150 篇左右。

(1) 信息行为研究

信息行为研究从行为主体、行为内容和发生行为的载体三个方面展开研究。行为主体的多样性表明信息行为的研究对象已经得到很大拓展，如这两年不仅关注到了科研工作者，还关注到了个体投资用户、移动商务用户、商务消费者、科学推文作者以及各类 UGC 者和需求者等，这大体是由网络信息的普及所推动的。正因如此，发生信息行为的载体主要关注到的是网络和社会化媒体如微信、在线社交平台、视频网站等；而行为内容也与此相匹配，如移动信息采纳行为、网络健康信息采纳行为、微信学术检索行为、网络信息规避行为等。

(2) 网络舆情研究

在网络舆情研究中，情报学主要是利用其在信息处理与分析中的优势，通过数据挖掘、综合评价和情感分析等方法，对网络舆情的监测、预测和预警的研究。在网络舆情的监测研究中，主要是围绕动态监测和异常感知来构建监测指标、挖掘热点话题，以期为相关部门的引导提供依据；在网络舆情预测研究中，主要是通过信息传播、阶段性发展、演化特征等研究来发现网络舆情的发展趋势，以期为相关部门的有效预防提供依据；在网络舆情预警研究中，主要是通过建立相关的评价指标体系来对网络舆情的风险进行评估。

2.3.1.2 研究前沿

图 2-2 是文献共被引分析图谱。数据来源于近 3 年中国社会科学引文索引数据库中的情报学相关文献，对这些文献采用高被引文献和高被引文献的施引文献的内容分析，形成情报学研究中九项较集中的重点内容。

如图 2-2 所示，近 3 年我国情报学的研究趋势主要集中于九个方面。

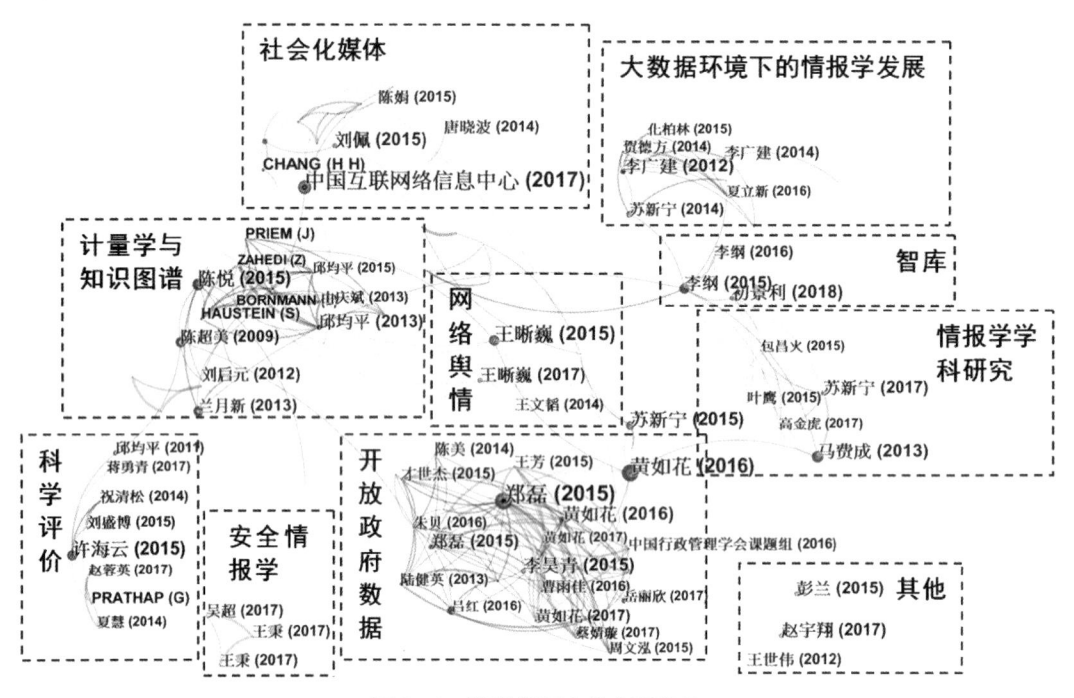

图 2-2 情报学研究的主要趋势

1. 社会化媒体研究

这一主题领域主要涉及两个重点研究取向,一是用户的信息行为研究,集中于网络社区中的用户交互、知识共享和知识传播行为问题。二是网络社区问答平台研究,这部分不仅涉及用户的知识贡献行为,也涉及知识服务研究。这一主题领域是基于用户信息素养提高等情报学发展的信息环境背景变化而产生的。

2. 大数据环境下的情报学发展研究

大数据环境下,情报学深受"数据思维""计算思维"和"泛大数据化"影响,由此,情报学学科组织及学科应用产生了显著变化。[①] 情报学者对此给予了充分重视,中山大学曹树金教授等基于《情报学进展》(第十二卷)分析了大数据时代情报学研究的新动态,即大数据环境中,情报方法与技术、大数据环境中情报学学科建设、支持创新的情报分析与情报保障以及"以用户为中心"导向的信息行为。[②] 这一主题领域是大数据的渗透这一发展背景的具体反映。

3. 计量学与知识图谱研究

这是多年来情报学研究的热点问题,也是情报学发展的传统特色领域。近两年来,这一主题领域一方面延续了以往对知识图谱的关注,但是与以往不同的是,关于知识图谱的应用越来越规范化;另一方面,除了传统的文献计量学研究外,近年来对 Altmetrics 的实证研究越来越多,除了将其应用于评价学术影响力外,将 Altmetrics 与引文之间的关系进

---

① 李品,杨建林. 基于大数据思维的情报学科发展道路探究[J]. 情报学报,2019,38(03):239-248.
② 曹树金,刘慧云,包丹宇,常赵鑫. 大数据时代情报学研究新动态——评《情报学进展》(第十二卷)[J]. 情报理论与实践,2019,42(04):172-176.

行对比,以及理清 Altmetric 指标在研究评价中的潜在意义和价值等研究也逐渐引起重视。

4. 网络舆情研究

网络舆情研究实际上与社会化媒体研究是两个紧密相连的领域。这一主题研究主要包括两项内容,一是针对具体事件的网络舆情传播研究,具体包括对网络舆情的传播者、受众的情感分析,以及突发事件的网络舆情治理;二是针对具体平台的网络舆情传播特征的分析,特别是对社会化媒体(如微博等)网络舆情的信息传播及话题演进规律的分析。这一主题领域是大数据对情报学渗透这样的情报学发展背景的反映。

5. 智库研究

自 2011 年起,情报学领域开始关注智库,当前研究的重点在于情报(学)研究在智库建设中不同阶段的作用,智库与情报学的关系研究,情报服务或情报机构面向智库的转型研究。此外,智库影响力评价研究也成为情报学研究的重点领域。情报学对智库的研究是智库战略需求背景下的直接体现。

6. 情报学学科研究

以包昌火、苏新宁、沈固朝等为代表的情报学者很早就开始关注这一领域。但真正引起情报学界广泛重视的应该是以 2017 年年底国家社会科学基金重大项目"情报学学科建设与情报工作未来发展路径研究"获批为标志。情报学学科研究的兴起,一方面,缘于主动适应大数据环境下情报分析、情报工作甚至情报理论等的变革要求;另一方面,缘于情报学学科建设、情报学教育和情报工作试图主动匹配总体国家安全观、社会治理与科技强国等国家战略需求。

7. 科学评价研究

与计量学相似,科学评价研究也是情报学的传统热点主题和特色研究领域。近两三年的科学评价研究除了科学评价相关的应用、理论与反思研究外(研究热点的讨论),关于跨学科测度和科研合作研究也是一项重点研究内容。

8. 安全情报学研究

图谱中主要显示的是中南大学吴超教授团队借助其国家自然科学基金重点项目"安全科学原理研究"而形成的重点研究成果。这一团队近两三年对安全情报学的基本概念[1]、问题[2]以及安全情报的获取[3]进行了较为系统的研究。此外,在科技情报领域[4]和军口情报领域[5]均有对安全情报学的理论、方法与应用价值等的探索,这是在总体国家安全观推动下的结果。

9. 开放政府数据研究

开放政府数据研究成果中,复旦大学的郑磊教授(非图书情报领域)和武汉大学的黄

---

[1] 王秉,吴超. 安全情报概念的由来、演进趋势及涵义——来自安全科学学理角度的思辨[J]. 图书情报工作,2019,63(03):45-53.
[2] 王秉,吴超. 大安全观指导下的安全情报学若干基本问题思辨[J]. 情报杂志,2019,38(03):7-14.
[3] 王秉,吴超. 一种安全情报的获取与分析方法:R-M 方法[J]. 情报杂志,2019,38(01):61-66.
[4] 胡雅萍,石进. 三维向度中面向安全与发展的情报学学科基础与理论溯源[J]. 情报杂志,2019,38(06):1-6.
[5] 高金虎. 论国家安全情报工作——兼论国家安全情报学的研究对象[J]. 情报杂志,2019,38(01):1-7.

如花教授最具影响力。前者研究的重点在于开放政府数据的评估,后者研究的重点在于国内外开放数据调研、开放政府数据政策和数据素养教育。从整体上看,近两年,开放政府数据研究侧重于数据本身的规范性、合法性及其相关的管理研究,对于开放政府数据的价值挖掘方面的研究也开始崭露头角。

2.3.2 国外"Library and Information Science"研究

以 1989—2018 年 Web of Science 平台中的 SCI 和 SSCI 数据库中 Library and Information Science 学科的 88 304 篇论文作为研究对象,采用 CiteSpace 绘制了 30 年来国外图书情报学研究全景聚类图谱(见图 2-3)。采用的聚类算法为 LLR,聚类标签词取自施引文献的标题。这个图谱共有 932 个节点和 1 298 条连线,Modularity 的 Q 值为 0.8344,Silhouette(S)的平均值为 0.2109。Q 值测度的是一个网络在多大程度上可以被划分为独立的模块(Newman,2006;Shibata et al,2008),Q 的取值范围为[0,1],较低的 Q 值表示该网络呈现这些聚类时界限不清晰,较高的 Q 值表示该网络的结构良好,Q 值越接近 1 越好。Silhouette 测度(Rousseeuw,1987)主要用于估计聚类本质识别的准确性。S 的取值范围为[−1,1],当 S 值为 1 的时候,表示能够很好地与其他聚类分离开。

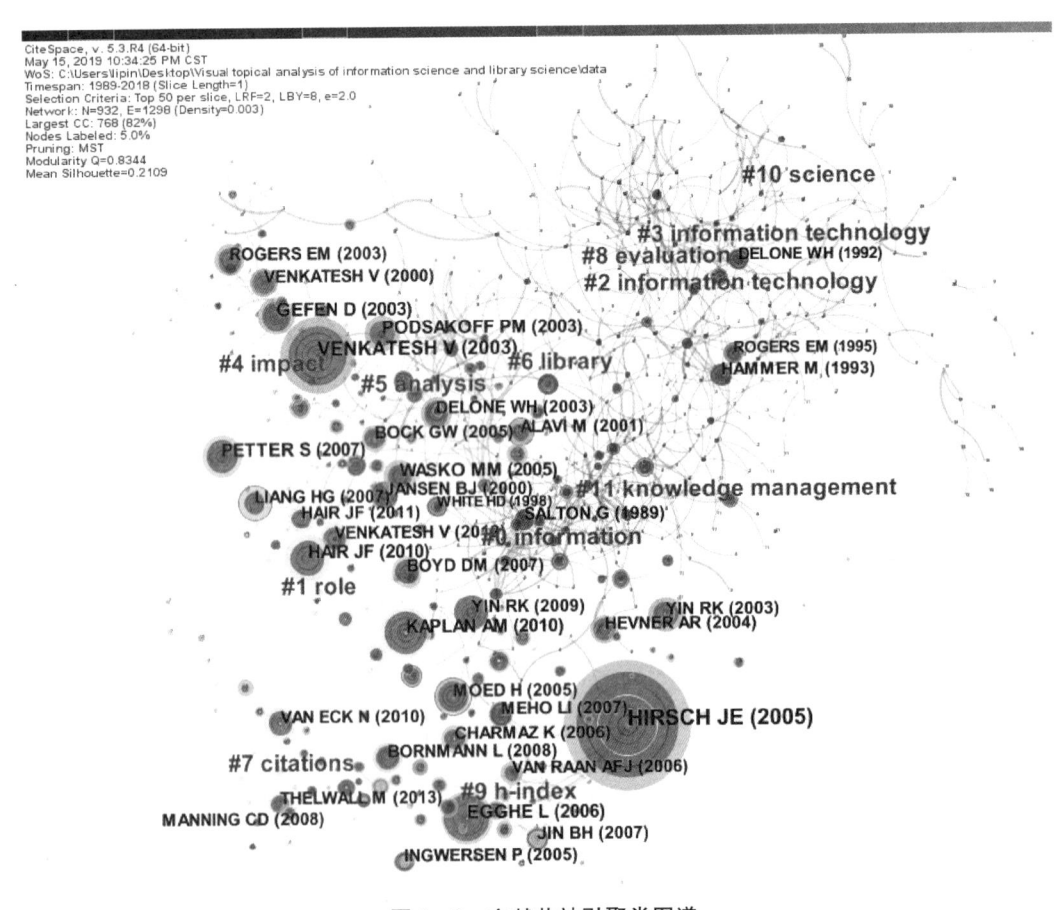

图 2-3 文献共被引聚类图谱

本研究中 Q 值较高，但 S 值较低，其原因是所形成的 150 个聚类中，大部分聚类规模较小，拉低了平均值。整个网络中最大的节点是 HIRSCH（2005）关于 H 指数的研究，它位于 Cluster#9 聚类；中心性最大的节点是 Ingwersen（1992）关于认知检索的研究，它位于 Cluster#0 聚类。

2.3.2.1 研究热点

表 2-2 中给出了规模最大的七个聚类，它们的 Silhouette 都超过了 0.8，网络的异质性结构较好。表 2-2 中的重要信息包括聚类的规模，以及某一特定聚类研究的起止时间、持续时间和平均出版时间。聚类规模是指聚类中所包含的文献数量，如 Cluster#0 规模最大，包含 90 篇文献；研究起止时间指的是这一聚类主题出现的时间范围，如 Cluster#1 研究的时间范围在 2004—2016 年，这与持续时间相互配合分析；平均出版时间表明了这一聚类的新老程度，如 Cluster#7 比较新，而 Cluster#6 比较老。

表 2-2　规模(Size)最大的七个聚类

Cluster ID	Size	Silhouette	From	To	Duration	Median	Theme
#0	90	0.902	1983	2000	18	1990	信息检索理论
#1	87	0.918	2004	2016	13	2009	社会化媒体
#2	85	0.835	1981	1996	15	1988	信息系统对组织管理的影响
#3	71	0.904	1982	1996	15	1989	信息系统关键要素
#4	70	0.861	1995	2011	17	2002	信息行为
#5	62	0.927	1991	2004	14	1999	文献计量学与网络计量学
#6	57	0.884	1982	1990	9	1985	信息检索技术
#7	50	0.923	2003	2016	14	2010	科学评价

1. Cluster#0——信息检索理论

Calvin Moorers 于 1950 年首次提出"信息检索"一词。1955 年，Allen 发表的一篇文献中介绍了查准率和查全率两个评价检索效果的指标，它们对信息检索的发展起到了十分重要的作用，20 世纪 60 年代，信息检索迎来了关键发展期。Cluster#0 集中于 90 年代前后（见表 2-3），这一聚类主要围绕信息检索理论展开。一方面，从文本特征的角度发现了词频的分布规律，如向量空间模型提出者 Salton（1989）提出了词频-反文本频率（TF-IDF）；Manning（2008）提出了词袋模型；Bates（1989）提出了一种新的在线和其他信息系统中的搜索模型，即"Berry Picking"。另一方面，从相关性的角度来开展信息检索研究。Mizzaro 曾经采用四维模型来解释信息检索中的相关性，其中的思维包括信息源、用户、时间和构件。[①] Saracevic 提出了分成模型，这一模型对相关性的层次进行了

[①] Mizzaro S. How Many Relevances in Information Retrieval? [J]. Interacting with Computers, 1998, 10(3), 303-320.

划分，包括系统或算法相关、主题相关、认知相关、情境相关和动机相关等。[①] 这其中与人的认知相关性是该时间段这一聚类的重点研究内容，认知检索理论提出者 Ingwersen（1992）提出了信息检索互动的认知理论；Harter（1992）分析了心理相关性对信息检索研究、信息检索系统评价、信息概念、信息需求和信息寻求过程的影响；Kuhlthau（1995）围绕用户对信息寻求的看法的实证研究发现，用户自然的信息使用过程与信息系统和中介机构传统的信息提供模式之间存在着差距；Hjorland（1997）提出了活动理论方法，强调宏观背景下信息检索问题的全局观，认为用户的需求应始终放在相关的学科知识背景下进行解释。

施引文献反映了这一聚类研究的延续或新发展。表 2-3 给出了 Cluster #0 的重要参考文献和施引文献，其中 Coverage 反映的是引用覆盖率，例如，Larson（1992）引用了这一聚类 90 篇文献的 8%。通过对这些高覆盖率并且具有较高全域被引频次（GCS）的施引文献分析发现，信息检索将扩展到解决与用户、使用、情况、背景以及用户和系统的交互相关的问题中，将逐渐形成两个子集群，即以系统为中心和以用户为中心。

表 2-3 Cluster #0 信息检索理论的重要参考文献和施引文献

Reference			Citing Documents
Freq	Bibliography	Coverage/%	Bibliography
110	Salton G(1989), Automatic Text Proce	8	Larson R R. Evaluation of Advanced Retrieval Techniques in an Experimental Online Catalog. Journal of the American Society for Information Science, Vol. 43, 1992. p. 20 DOI
77	Ingwersen P(1996), J DOC	7	Larson R R. Experiments in Automatic Library-of-congress Classification. Journal of the American Society for Information Science, Vol. 43, 1992. p. 19 DOI
75	Harter SP(1992), J AM SOC Inform SCI	6	Saito Y. Information-seeking and Query Formulation-searching Behavior in an Online Catalog. Library and Information Science, Vol. 17, 1992. p. 16
68	Saracevic T(1988), J AM SOC Inform SCI	4	Ingwersen P. Cognitive Perspectives of Information Retrieval Interaction: Elements of a Cognitive ir Theory. Journal of Documentation, Vol. 52, 1996. p. 48
68	Kuhlthau CC(1991), J AM SOC Inform SCI	4	Vakkari P. Task Complexity, Problem Structure and Information Actions-Integrating Studies on Information Seeking and Retrieval. Information Processing & Management, Vol. 35, 1999. p. 19

---

① Tefko Saracevic. The Stratified Model of Information Retrieval Interaction: Extension and Applications[J]. Proceedings of the American Society for Information Science, 1997(34):313-327.

2. Cluster #1——社会化媒体

Cluster #1 社会化媒体研究平均出版时间为 2009 年,但实际上其聚类成员中的文献出版时间是从 2004—2016 年,是图书情报学研究中比较新的一个领域。这一聚类的研究内容分为两类,第一类是对社会化媒体的基本理论问题进行探讨,例如,聚类中最重要的一篇文献是 Kaplan(2010)发表的"Users of the World, Unite! The Challenges and Opportunities of Social Media"。在这篇文章中,作者对社会化媒体的概念进行了澄清,并对社会化媒体进行了分类,包括博客、内容社区、社交网站、虚拟游戏世界和虚拟社会世界等。而在此之前,Boyd(2007)也对社会化媒体的概念进行了分析,这篇文献排在被引频次的第二位;Kietzmann(2011)定义了社会化媒体的七个模块,即身份、对话、分享、存在、关系、声誉和群体,以此指导企业制定策略来监控、理解和应对不同的社会化媒体活动。第二类是社会化媒体的实证研究,如 Ellison(2007)以大学生($n=286$)为研究对象,探讨了 Facebook 的使用与社会资本的形成和维持之间的关系;Lin(2011)分析了影响用户加入社交网络的因素,主要包括快乐、同龄人的数量、有用性和性别差异。

通过这一聚类的施引文献(见表 2-4)分析发现,社会化媒体向功能开发与应用方向发展,例如,博客对 Information and Communication Technology-enabled Development 的促进作用[1],社会化媒体中的知识共享研究[2],以及社会化媒体中用户行为研究[3][4]等。

表 2-4 Cluster #1 社会化媒体的重要参考文献和施引文献

Reference			Citing Documents
Freq	Bibliography	Coverage/%	Bibliography
242	Kaplan A M(2010),BUS Horizons	5	Ferguson J. Blogging for Ict4d: Reflecting and Engaging with Peers to Build Development Discourse. Information Systems Journal, Vol. 23, 2013. p. 22
162	Boyd D M(2007),J Comput-mediat COMM	5	Hung S Y. Knowledge-sharing Intention in Professional Virtual Communities: A Comparison between Posters and Lurkers. Journal of the Association for Information Science and Technology, Vol. 66, 2015. p. 17

---

[1] Ferguson J, Soekijad M, Huysman M, et al. Blogging for ICT4D: Reflecting and Engaging with Peers to Build Development Discourse[J]. Information Systems Journal, 2013, 23(4): 307-328.

[2] Hung S Y, Lai H M, Chou Y C. Knowledge-sharing Intention in Professional Virtual Communities: A Comparison between Posters and Lurkers[J]. Journal of the Association for Information Science and Technology, 2015, 66(12): 2494-2510.

[3] Osatuyi B. How Vital is the Role of Affect on Post-adoption Behaviors? An Examination of Social Commerce Users[J]. Inteenational of Inforamtion Management, 2018, 40: 175-185.

[4] Xie, Y G. Research on Chinese Social Media Users' Communication Behaviors During Public Emergency Events[J]. Telematics and Informatics, 2017, 34: 740-754.

续表

	Reference	Citing Documents
92	Ellison N B(2007), J Comput-mediat COMM	5	Osatuyi B. How Vital is the Role of Affect on Post-adoption Behaviors? An Examination of Social Commerce Users. International Journal of Information Management, Vol. 40, 2018. p. 11
56	Lin K Y(2011), Comput HUM Behav	5	Xie Y G. Research on Chinese Social Media Users' Communication Behaviors During Public Emergency Events. Telematics and Informatics, Vol. 34, 2017. p. 15
54	Kietzmann J H(2011), BUS Horizons	3	Yin D Z. Anxious or Angry? Effects of Discrete Emotions on the Perceived Helpfulness of Online Reviews. MIS Quarterly, Vol. 38, 2014. p. 22

3. Cluster #2——信息系统对组织管理的影响

Cluster#2 信息系统对组织管理的影响研究主要研究的是信息系统对组织绩效和竞争力的影响，这一聚类开始于 1981 年，持续到 1996 年。20 世纪 90 年代初期，IT 能力研究开始受到学者关注，初期的研究并没有明确提出 IT 能力的概念，而是从 IT 与竞争优势获取的关联性角度入手开展研究。早期的研究成果认为，缺少相关资源与能力，IT 会被轻易地模仿而丧失竞争优势。后来在 1993 年，研究成果又提出推动 IT 成功的关键问题在于，将 IT 与企业的人力和业务资源中的优势结合起来[①]。Desanctis(1994) 采用自己提出的自适应结构理论来考察信息技术在组织变革中的作用，特别是阐述了先进信息技术中社会结构的性质，以及在其使用中所体现的关键交互过程。通过捕获这些过程并跟踪其影响，揭示了技术性组织关系的复杂性。

研究者普遍承认，信息系统对提高组织绩效和竞争力具有重要的推动作用。例如，Hammer(1993)提出了一个基于模型预测控制的框架，基于此，研究了信息系统与供应链管理优化之间的关系，分析了信息系统对供应链管理绩效的影响；Davenport(1993) 实证研究表明，集成财务管理系统的应用，使 Dow Chemical 公司财务管理效率和准确度大大提高。同时，研究者们认为，信息系统在提高组织的竞争优势方面具有重要作用，例如，1989 年，Earl 首先提出了信息系统战略概念，指出它是企业选择和应用信息系统寻求战略优势，为取得竞争优势而利用信息技术（IT）、有效地管理信息系统资源。Niederman(1991)分析了 20 世纪 90 年代以来信息系统管理中的 15 个关键问题，其中，信息系统规划是企业信息经理（CIO）和高层经理最关注的一个话题。通过对这一聚类的施引文献（见表 2-5）分析发现，信息系统对组织管理的影响研究向信息系统质量

---

① Keen P. Information Technology and the Management Difference: A Fusion Map[J]. IBM Systems, 1993, 32 (11), 17-39.

评估[①][②]和信息基础设施[③]等方向发展。

表 2-5　Cluster ♯2 信息系统对组织管理的影响的重要参考文献和施引文献

\multicolumn{2}{c|}{Reference}	\multicolumn{2}{c}{Citing Documents}
Freq	Bibliography	Coverage/%	Bibliography
112	Hammer M(1993), Reengineering Corpor	6	Barrett M. Electronic Trading and Work Transformation in the London Insurance Market. Information Systems Research, Vol. 10, 1999. p. 22
70	Earl M(1989), Management Strategie	6	Ellis D. Information Science and Information Systems: Conjunct Subjects Disjunct Disciplines. Journal of the American Society for Information Science, Vol. 50, 1999. p. 13
66	Davenport T(1993), Process Innovation R	4	Broadbent M. The Implications of Information Technology Infrastructure for Business Process Redesign. MIS Quarterly, Vol. 23, 1999. p. 24
59	Brancheau J C(1987), MIS Quarterly	4	Klein H K. A Set of Principles for Conducting and Evaluating Interpretive Field Studies in Information Systems. MIS Quarterly, Vol. 23, 1999. p. 27
48	Checkland P(1990), Soft Systems Methodo	4	Weill P. Assessing the Health of an Information Systems Applications Portfolio: An Example from Process Manufacturing. MIS Quarterly, Vol. 23, 1999. p. 24

4. Cluster ♯3——信息系统关键要素

Cluster ♯3 信息系统关键要素与 Cluster ♯2 研究的起止时间基本是一致的,也就是说,研究者在关注信息系统对组织管理影响的同时,也在关注着如何改进信息系统。早在 20 世纪 80 年代初,信息系统管理中的关键问题就开始受到关注(Brancheau,1996),以此试图找出推动信息系统成功的因素,但是信息系统成功的概念较为模糊,为此,Delone (1992)提出了信息系统成功应包括信息质量、用户满意度、个人影响和组织影响等要素。 Davis (1989)在理性行为理论研究基础上提出技术接受模型(TAM),该模型包含感知有用性和感知易用性两个决定行为的因素,这为信息系统设计提供了十分有价值的指导。

---

① Klein H K. A Set of Principles for Conducting and Evaluating Interpretive Field Studies in Information Systems[J]. MIS Quarterly,1999,23:67-93.
② Vitale W M. Assessing the Health of an Information Systems Applications Portfolio: An Example from Process Manufacturing[J]. MIS Quarterly, 1999, 23(4):601-624.
③ Broadbent M, Clair W D S. The Implications of Information Technology Infrastructure for Business Process Redesign[J]. MIS Quarterly, 1999, 23(2):159-182.

此外,信息系统的关键要素还包括组织信息需求、媒体丰富性和结构设计①,及时性、灵活性、准确性、格式②,任务与系统的匹配③④等。

此外,决策支持系统(GDSS)研究也是这一聚类的重要研究领域,GDSS 随着时间的推移而发展,从简单的"Shell"系统的研究,包括可供一个组选择的功能菜单,到考虑复杂的基于规则的系统,使一个组能够追求高度结构化和新颖的决策路径成为可能。例如,Taylor(1995)从决策的信息交换角度对 GDSS 进行了概念概述,描述了三个层次的系统,代表了对决策过程不同程度的干预,提出了面对三种环境突发事件的 GDSS 设计关键,即群体规模、成员接近度和群体面临的任务。

通过对这一聚类的施引文献(见表2-6)分析发现,信息系统的关键要素越来越重视人的因素,用户的参与和满意度⑤、用户的接受和采用⑥⑦受到重视;同时,信息系统向功能具体化方向发展,如电子会议系统、跨组织系统、战略信息系统⑧等。

表2-6 Cluster ♯3 信息系统关键要素的重要参考文献和施引文献

Reference			Citing Documents	
Freq	Bibliography	Coverage/%	Bibliography
102	Delone W H(1992),Inform Systres	10	Barki H. Measuring User Participation, User Involvement, and User Attitude. MIS Quarterly, Vol. 18,1994. p. 24
38	Desanctis G(1987),Manage SCI	8	Grover V. Facilitating the Implementation of Customer-based Inter-organizational Systems: An Empirical Analysis of Innovation and Support Factors. Information Systems Journal,1994
38	Davis F D(1989),MIS Quarterly	7	Hu P J. Examining the Technology Acceptance Model Using Physician Acceptance of Telemedicine Technology. Journal of Management Information Systems,Vol. 16,1999. p. 22

---

① Daft R L, Lengel R H. Organizational Information Requirements, Media Richness and Structural Design[J]. Management Science, 1986 32(5):554-571.

② Doll W J, Torkzadeh G A. Discrepancy Model of End-user Computing Involvement[J]. Management Science, 1989,35(10):1151-1171.

③ D L Goodhue, R L. Thompson[J]. MIS Quarterly. 1995, 19(2):213.

④ Cooper R B, Zmud R W. Information Technology Implementation Research-a Technological Diffusion Approach[J] Management Science, 1990,36(2):123-139.

⑤ Barki H, Hartwick J. Measuring User Participation, User Involvement, and User Attitude[J]. MIS Quarterly, 1994, 18(1):59-82.

⑥ Hu P J, Chau P Y K, Sheng O R L, et al. Examining the Technology Acceptance Model Using Physician Acceptance of Telemedicine Technology[J]. Journal of Management Information Systems, 1999,16(2):91-112.

⑦ Karahanna E, Chervany S N L. Information Technology Adoption Across Time: A Cross-Sectional Comparison of Pre-Adoption and Post-Adoption Beliefs[J]. MIS Quarterly, 1999, 23(2):183-213.

⑧ Kettinger W J, Grover V, Segars G A H. Strategic Information Systems Revisited: A Study in Sustainability and Performance[J]. MIS Quarterly, 1994, 18(1):31-58.

续表

	Reference		Citing Documents
38	Davis F D(1989), Manage SCI	7	Kettinger W J. Strategic Information-systems Revisited-a Study in Sustainability and Performance. MIS Quarterly, Vol. 18, 1994. p. 28
29	Taylor S(1995), Inform Systres	7	Karahanna E. Information Technology Adoption Across Time: A Cross-Sectional Comparison of Pre-adoption and Post-adoption Beliefs. MIS Quarterly, Vol. 23, 1999. p. 31

5. Cluster #4——信息行为

Cluster #4信息行为研究这一聚类从1995年持续到2011年,实际上,在上述所讨论的信息检索、社会化媒体中都不同程度地涉及了用户信息行为这一研究内容。通过对Cluster #4所包括的文献成员,特别是高被引文献分析发现,这一聚类所涵盖的信息行为研究内容主要包括三类,一类是信息系统使用和开发中利益相关者的行为,如信息系统用户接受行为[1]、信息系统用户持续采纳行为[2]、信息系统开发者行为[3]、信息系统高层管理者行为[4];第二类是用户信息行为,如用户电子商务行为[5]、网络平台的知识贡献行为[6]、知识传播行为等;第三类是用户信息行为研究的方法,如检验方法偏差分析[7]、多元统计分析法等。

通过对这一聚类的施引文献(见表2-7)分析发现,后续研究强调了虚拟社区中的用户行为[8],特别是虚拟社区中的用户知识共享行为具有很高的关注度[9]。此外,用户信息行为研究内容向多样化发展,如心理安全、信任行为、安全行为、行为意图分析等。

---

[1] Venkatesh V, Morris M G, Davis G B. User Acceptance of Information Technology: Toward a Unified View[J]. MIS Quarterly, 2003, 27(3): 425-478.

[2] Jasperson J S, Carter P E, Zmud R W. A Comprehensive Conceptualization of Post-adoptive Behaviors Associated with Information Technology Enabled Work Systems[J]. MIS Quarterly, 2005, 29(3):525-557.

[3] Petter Stacie, Straub Detmar, Rai Arun. Specifying Formative Constructs in Information Systems Research[J]. MIS Quarterly, 2007, 31(4): 623-656.

[4] Liang Huigang, Saraf Nilesh, Hu Qing. Assimilation of Enterprise Systems: The Effect of Institutional Pressures and the Mediating Role of Top Management[J]. MIS Quarterly, 2007, 31(1): 59-87.

[5] David Gefen, Detmar Straub. A Practical Guide to Factorial Validity Using PLS-graph: Tutorial and Annotated Example[J]. Communications of the Association for Information Systems, 2005,16(1):91-109.

[6] Wasko M M, Faraj S. Why Should I Share? Examining Social Capital and Knowledge Contribution in Electronic Networks of Practice[J]. MIS Quarterly, 2005, 29(1): 35-57.

[7] Podsakoff P M, MacKenzie S B, Lee J Y. Common Method Biases in Behavioral Research: A Critical Review of the Literature and Recommended Remedies[J]. Journal of Applied Psychology, 2003, 88(5): 879-903.

[8] Posey C, Lowry P B, Roberts T L, et al. Proposing the Online Community Self-disclosure Model: The Case of Working Professionals in France and the U. K. Who Use Online Communities[J]. European Journal of Information Systems, 2010, 19(2):181-195.

[9] Zhang Y, Fang Y, Wei K K, et al. Exploring the Role of Psychological Safety in Promoting the Intention to Continue Sharing Knowledge in Virtual Communities[J]. International Journal of Information Management, 2010, 30(5):0-436.

表 2-7 Cluster #4 信息行为的重要参考文献和施引文献

Reference		Citing Documents	
Freq	Bibliography	Coverage/%	Bibliography
346	Venkatesh V(2003), MIS Quarterly	13	Posey C. Proposing the Online Community Self-disclosure Model: The Case of Working Professionals in France and the UK Who Use Online Communities. European Journal of Information Systems, Vol. 19, 2010. p. 15
215	Petter S(2007), MIS Quarterly	13	Zhang Y X. Exploring the Role of Psychological Safety in Promoting the Intention to Continue Sharing Knowledge in Virtual Communities. International Journal of Information Management, Vol. 30, 2010. p. 12
180	Gefen D(2003), MIS Quarterly	7	Johnston A C. Fear Appeals and Information Security Behaviors: An Empirical Study. MIS Quarterly, Vol. 34, 2010. p. 18
173	Podsakoff P M(2003), J Appl Psychol	6	Wu J M. Toward a Better Understanding of Behavioral Intention and System Usage Constructs. European Journal of Information Systems, Vol. 21, 2012. p. 19
165	Wasko M M(2003), MIS Quarterly	6	Chan F K Y. Modeling Citizen Satisfaction with Mandatory Adoption of an E-government Technology. Journal of the Association for Information Systems, Vol. 11, 2010. p. 31

6. Cluster #5——文献计量学和网络计量学

这一聚类的持续研究时间是从1991年到2004年,聚类成员中的高被引论文(被引频次超过28次的前20篇论文)的发表时间集中在2000年左右。该聚类的研究内容以应用为主,将文献计量学或网络计量学方法用于学科领域分析、网站或搜索引擎评估。在前者的研究中,White(1998)以ACA方法分析了信息科学的研究情况;Small H(1999)研究了DCA知识图谱;在后者的研究中,Spink(2001)分析了Excite搜索引擎用户超过100万次的网络查询,发现了网络搜索特征:大多数人很少使用搜索词,很少修改查询,很少查看网页,也很少使用高级搜索功能。Ingwersen(1998)提出了网站影响因素(Web-if),Thelwall M(2001)在此基础上,研究了学术超链接与英国大学研究活动之间的关系,认为与引文分析相比,WIF衡量的是大学及其学者的声誉,而不是其出版物的质量。除了应用性研究外,一些理论性研究展现出了很大的理论基础性指导价值,例如,Almind(1997)通过信息计量学在万维网上的应用,提出了网络计量学;Lawrence(2001)发现文章的被引频次与该文章是否在线存在显著的相关性,在线论文很有可能获得较多的引用。此外,在计算机科学的会议论文的实证分析中发现,引用率更高的文章和最近的文章更有可能出现在网络上。Cronin(1998)发现学术研究还可能包含在更广泛内容的联机网页中,例如,会议通知和课程表等,并认为学术影响的方式应该进行拓展。

通过对这一聚类的施引文献(见表2-8)分析发现,学者们将传统文献计量学方法与面向普通网站的网络计量学方法(如链接分析等)相结合,将研究重点推向学术网站的链接分析,Thel Wall 在这方面做了大量的研究工作。特别是随着信息环境的变化,文献计量学、科学计量学、信息计量学和网络计量学向融合化发展,它们之间的界限变得模糊。

表 2-8　Cluster ♯5 文献计量学和网络计量学的重要参考文献和施引文献

| Reference || Citing Documents ||
Freq	Bibliography	Coverage/%	Bibliography
112	Spink A(2001), J A M SOC INF SCI TE	19	Thel Wall M. Disciplinary and Linguistic Considerations for Academic Web Linking: An Exploratory Hyperlink Mediated Study with Mainland China and Taiwan. Scientometrics, Vol. 58, 2003. p. 27
85	Ingwersen P(1998), J DOC	19	Thel Wall M. Disciplinary Differences in Academic Web Presence - A Statistical Study of the UK. Libri, Vol. 53, 2003. p. 12
84	White H D(1998), J A M SOC Inform SCI	18	Tang R. Us Academic Departmental Web-site Interlinking in the United States Disciplinary Differences. Library & Information Science Research, Vol. 25, 2003. p. 22
65	Almind T C(1997), J DOC	16	Wilkinson D. Motivations for Academic Web Site Interlinking: Evidence for the Web as a Novel Source of Information on Informal Scholarly Communication. Journal of Information Science, 2003
57	Kleinberg J M(1999), J ACM	13	Thel Wall M. Conceptualizing Documentation on the Web: An Evaluation of Different Heuristic-based Models for Counting Links between University Web Sites. Journal of the American Society for Information Science and Technology, Vol. 53, 2002. p. 11

7. Cluster ♯6——信息检索技术

Cluster ♯6 信息检索技术研究侧重于从技术角度研究信息检索。1957年,美国 BIM 公司的 Luhn 从 Zipf 定律出发,研究文献内容的自动分析与自动标引,提出了自动抽词标引的思想,这为技术角度的信息检索研究奠定了基础。Cluster ♯6 中最为关键的人物是现代信息检索的奠基人 Salton,早在 20 世纪 60 年代早期,Salton 就开始致力于信息检索研究,1971年,他与同事共同开发了 SMART 系统,该系统为文本信息检索构建了一个重要研究平台;1975年,Salton 提出自动索引的向量空间模型,至今仍被广泛应用。80年代后,Salton 仍活跃于信息检索领域,后来又相继提出了扩展布尔检索模型、自动构造布尔查询的方案等。该聚类另外一篇重要文献是,1987年 Croft 提出了 I^3R 文献检索系统,该系统使用一种新的体系结构,允许在搜索会话的给定阶段使用多个系统设施,强调用于细化信息需求模型的领域知识,以及提供一种允许用户浏览知识库的浏览机制,这篇文献排在被引频次的第二位。

通过对这一聚类的施引文献(见表2-9)分析发现,后续信息检索研究的重点向信息检索与信息系统相互作用方向发展,一方面,将信息检索与信息系统的特征相结合,例如,Bates(1989)提出了在线和其他信息系统中的搜索模型,即"Berrypicking";另一方面,通过对信息检索行为特征的研究来支持信息系统的设计,例如,Ellis(1989)通过对社会科学家信息寻求模式的分析,提出了一种行为模型,从检索系统的功能出发,阐述了信息检索模式的启动、链接、浏览、差异化、监控和提取等六大特点。

表2-9 Cluster #6 信息检索技术的参考文献和施引文献

Reference		Citing Documents	
Freq	Bibliography	Coverage/%	Bibliography
90	Salton G(1983), Intro Modern Informa	12	Ellis D. A Behavioral-approach to Information-retrieval System-design. Journal of Documentation, Vol. 45, 1989. p. 42
39	Croft W B(1987), J A M SOC Inform SCI	11	Ellis D. A Behavioral-model for Information-retrieval System-design. Journal of Information Science, Vol. 15, 1989. p. 11
29	Conklin J(1987), Computer	11	Hewins E T. Information Need and Use Studies. Annual Review of Information Science and Technology, Vol. 25, 1990. p. 30
21	Belkin N J(1982), J DOC	7	Bates M J. The Design of Browsing and Berrypicking Techniques for the Online Search Interface. Online Review, Vol. 13, 1989. p. 18
20	Salton G(1986), Commun ACM	7	Marchionini G. Information-Seeking Strategies of Novices Using a Full-text Electronic Encyclopedia. Journal of the American Society for Information Science, Vol. 40, 1989. p. 13

8. Cluster #7——科学评价

Cluster #7科学评价研究是整个网络中最新的研究领域,也是研究内容最为丰富的一个聚类,平均出版时间为2010年,但实际上这一聚类中的高被引文献发表时间一直持续到2016年。这个聚类的研究内容主要包括四个方面。

① 科学知识图谱研究。科学知识图谱最早可追溯到20世纪60年代尤金·加菲尔德(Eugene Garfield)的引用历史图谱。60年代早期,加菲尔德等人以DNA研究为对象,绘制了其发展历史知识图谱,开创性地开展了基于引文数据的科学评价研究。不久后,普赖斯采用同样的方法绘制了知识图谱。随着时间的推移和研究的发展,科学计量学者已不满足于二维空间的知识和科学规律的数学模型,开始向三维空间拓展,相应地,知识图谱也逐渐升级为三维立体图。在这个过程中,德国科学计量学家克雷奇默(H Kretschmer)构建的科学合作三维空间模型极大地推动了科学知识图谱的发展。1974

年，Griffith 和 Small 最早提出了文献共被引分析；1981 年，White 最早提出了作者共被引分析，这些开创性的研究为科学知识图谱的应用与发展提供了重要基础。Cluster #7 中比较重要的科学知识图谱的文献是 van Eck N(2010)的 *VosViewer* 和 Chen(2006)的 *CiteSpace*，这两篇文章分别介绍了知识图谱绘制的软件；此外，Boyack(2005)提出了一种新的代表所有科学结构的地图，它可以用来直观地识别科学的主要领域及其大小、相似性和互连性。

② 引文分析法在科学评价中的应用研究。这个研究内容与 Cluster #9 的研究内容有较强的交叉性。网络中十分重要的节点 Moed(2005)的引文分析在科学评价中的应用、Hirsch 的 H 指数研究和 Egghe(2006)的 G 指数研究均在 Cluster #9 聚类中，但实际上这 3 篇文章都是引文分析在科学评价中的具体应用。此外，Bornmann(2008)试图通过科学家的引用行为分析，找到科学家引用的原因，结果证明科学家引用不仅是为了承认科学同行的智力和认知，而且可能也是为了其他非科学的原因；Moed(2010) 提出一种新的期刊引文影响指标——SNIP，即期刊每篇论文的引文数量与主题领域的引文潜力之比，它旨在允许直接比较不同主题领域的来源期刊，该指标被纳入了爱思唯尔(Elsevier)的 Scopus 数据库；Boyack(2010)比较了共被引文分析、书目耦合、直接引文和基于书目耦合的引文-文本混合方法探测科学前沿的效果，结果表明，书目耦合比共被引分析稍微好一些，直接引用是迄今为止最不准确的映射方法，混合方法在各个方面都对书目耦合结果进行了改进。

③ 基于社会化媒体的学术交流研究。2010 年，Priem 在推文中最早提出了 Altmetrics，Priem (2010)认为，Altmetrics 非常适合测量在这个多样的学术生态系统中的科研影响。近年来，对这一指标的实证研究越来越多，如 Zahedi (2014)从科学网收集了 20 000 份随机出版物的指标，研究了 Altmetrics 在一组出版物中的存在和分布、跨领域、文档类型和出版年份，以及 Altmetrics 与引文指标的关联程度。Costas (2015)对 Altmetric.com 提供的不同的 Altmetric 指标在科学领域的存在进行了广泛的分析，特别关注它们与引文的关系，强调了 Altmetrics 作为引文分析的一种补充工具的价值，同时也提出了进一步的研究来理清 Altmetric 指标在研究评价中的潜在意义和价值。Li(2012)研究了 CiteUlike 和 Mendeley 对衡量学术影响是否有用。

④ 跨学科评价研究。这一研究内容主要关注的是跨学科的度量分析，例如，Porter(2009)对 1975 年至 2005 年间在六个研究领域的跨学科问题进行了分析，结果表明，科学确实正在变得更加跨学科，但只是一小步一小步地——主要从邻近的学科领域汲取知识。Rafols(2010)提出了一个概念框架，旨在通过探索多样性和连贯性的概念，在更广泛的知识整合意义上捕捉跨学科，在文章中，Rafols 指出学科多样性和网络一致性的结合可能有助于新兴科技领域的比较研究。Mohammadi (2014)认为，Mendeley 的读者数据可以用来帮助捕捉跨科学学科的知识转移，特别是对于那些阅读但不撰写文章的人，以及在比引用计数可能更早的阶段提供影响证据。

通过对这一聚类的重要施引文献(见表 2-10)分析发现，科学评价研究正在沿着三个方向继续深化发展，一是学者对科学知识图谱的绘制兴趣不减，例如，Rafols (2010)提出了一种科学重叠图谱，它能够在科学中的每一个时刻动态地可视化定位研究机构；二是社会化媒体中学术交流的实证研究越来越丰富;三是学者对引文分析的指标持续探索,例如,Rousseau(2012)引入了相对绩效一致性指标和绝对绩效一致性指标。

表 2-10 Cluster #7 科学评价的参考文献和施引文献

	Reference		Citing Documents
Freq	Bibliography	Coverage/%	Bibliography
153	van Eck N J(2010), Scientometrics	8	Van Eck N J. Software Survey: Vosviewer, A Computer Program for Bibliometric Mapping. Scientometrics, Vol. 84, 2010. p. 16
147	Bornmann L(2008), J DOC	8	Erdt M. Altmetrics: An Analysis of the State-of-the-art in Measuring Research Impact on Social Media. Scientometrics, Vol. 109, 2016. p. 50
131	Thelwall M(2013), Plos ONE	8	Gonzalez-valiente C L. A Review of Altmetrics as an Emerging Discipline for Research Evaluation. Learned Publishing, Vol. 29, 2016. p. 10
102	Moed H F(2010), J Informetr	8	Sugimoto C R. Scholarly Use of Social Media and Altmetrics: A Review of the Literature. Journal of the Association for Information Science and Technology, Vol. 68, 2017. p. 26
91	Leydesdorff L(2009), J AM SOC INF SCI TEC	8	Thel Wall M. Mendeley Readership Altmetrics for Medical Articles: An Analysis of 45 Fields. Journal of the Association for Information Science and Technology, Vol. 67, 2016. p. 11

9. 其他重要聚类

如前所述,Cluster #9——引文分析研究包括 Moed(2005)、Hirsch 和 Egghe(2006)等这些网络中比较重要的节点,也就是说,引文分析是图书情报学研究的重点主题之一,但是鉴于我们所考察的引文分析大多是用于科学评价的目的,因此,我们将 Cluster #9 置于科学评价那一聚类中合并讨论,此处不再赘述。

Cluster #11——知识管理研究由 30 篇文献组成,规模不是特别大,但是这一聚类包含 Davenport(1998)(在西格玛值较高的文献中已讨论)这一重要节点,这彰显了知识管理研究在图书情报学研究中的重要地位,这一聚类主要研究的是组织中的知识管理与组织能力之间的关系问题。知识管理研究后来逐渐具体化到知识共享研究中,特别是最近几年,知识共享研究成为图书情报学研究的一个重要领域。Wu(2012)研究表明,知识共享工具与知识共享具有较强的正向关系,而所需的时间和精力与知识共享具有较强的负向关系。此外,内在奖励、同事支持、知识共享培训对知识共享具有积极的推动作用。

2.3.2.2 研究前沿

鉴于被引突现性在探索发展趋势中的重要作用,本文将被引突现持续到 2018 年仍活跃的参考文献抽取出来,作为发展趋势的知识基础,并采用内容分析法对这些文献进行主题分类,最终可以发现未来图书情报学研究的六个重要主题领域,即计量学研究、开放政府、科学评价、大数据、社会化媒体和信息系统。表2-11中这些突现性较强的相关文献构成了未来发展趋势的知识基础,为识别这些主题领域的研究趋势,我们分别对这些文献的施引文献进行了分析。

表2-11 2018年仍活跃的高突现性被引文献

References	Year	Strength	Begin	End	生存时间	主题
Thel Wall M. Plos One, Vol. 8, 2013. p. 0	2013	60.175 9	2014	2018	4	计量学
Boyack K W, J AM SOC INF SCI TEC, Vol. 61, 2010. p. 2389	2010	19.180 1	2015	2018	3	
Zahedi Z. Scientometrics, Vol. 101, 2014. p. 1491	2014	36.891 8	2015	2018	3	
Clauset A. Siam REV, Vol. 51, 2009. p. 661	2009	22.109 7	2016	2018	2	
Priem J. Altmetrics Manifesto, Vol. 0, 2010. p. 0	2010	36.161 1	2016	2018	2	
Waltman L. J Informetr, Vol. 5, 2011. p. 37	2011	20.476 8	2016	2018	2	
Waltman L. J AM SOC INF SCI TEC, Vol. 63, 2012. p. 2378	2012	36.161 1	2016	2018	2	
Costas R. J Assoc INF SCI TECH, Vol. 66, 2015. p. 2003	2015	26.272 5	2016	2018	2	
Bertot J C. GOV Inform Q, Vol. 27, 2010. p. 264	2010	38.894 6	2015	2018	3	开放政府
Van Eck N. Scientometrics, Vol. 84, 2010. p. 523	2010	70.367 8	2014	2018	4	科学评价
Waltman L. J AM SOC INF SCI TEC, Vol. 63, 2012. p. 2419	2012	44.277 5	2014	2018	4	
Hicks D. RES Policy, Vol. 41, 2012. p. 251	2012	22.109 7	2016	2018	2	
Hicks D. Nature, Vol. 520, 2015. p. 429	2015	48.825 5	2016	2018	2	
Chen H C. MIS Quarterly, Vol. 36, 2012. p. 1165	2012	53.238 1	2016	2018	2	大数据
Kaplan A M. BUS Horizons, Vol. 53, 2010. p. 59	2010	98.581 8	2013	2018	5	社会化媒体
Lin K Y. Comput HUM Behav, Vol. 27, 2011. p. 1152	2011	27.890 2	2015	2018	3	
Kietzmann J H. BUS Horizons, Vol. 54, 2011. p. 241	2011	29.623 6	2015	2018	3	

续表

References	Year	Strength	Begin	End	生存时间	主题
Yoo Y. MIS Quart, Vol. 34, 2010. p. 213	2010	15.728	2014	2018	4	信息系统
Darcy J. Inform SYST RES, Vol. 20, 2009. p. 79	2009	21.3769	2015	2018	3	
Mackenzie S B. MIS Quarterly, Vol. 35, 2011. p. 293	2011	32.3888	2015	2018	3	

1. 计量学领域研究

图2-4显示的是计量学领域施引文献的共被引聚类图谱以及具有较高突增性的三个大的节点被引历史。由图2-4可见,Cluster #0[SIZE=81,Silhouette=0.896,Mean(year)=2013]突现性强的节点最多,是规模最大的节点,这些节点的施引文献分布在2014—2019年,也就是说,Cluster #0Altmetircs是网络中最新的聚类。计量学领域的主要发展趋势可以客观地从这一聚类的参考文献和施引分析中获得。

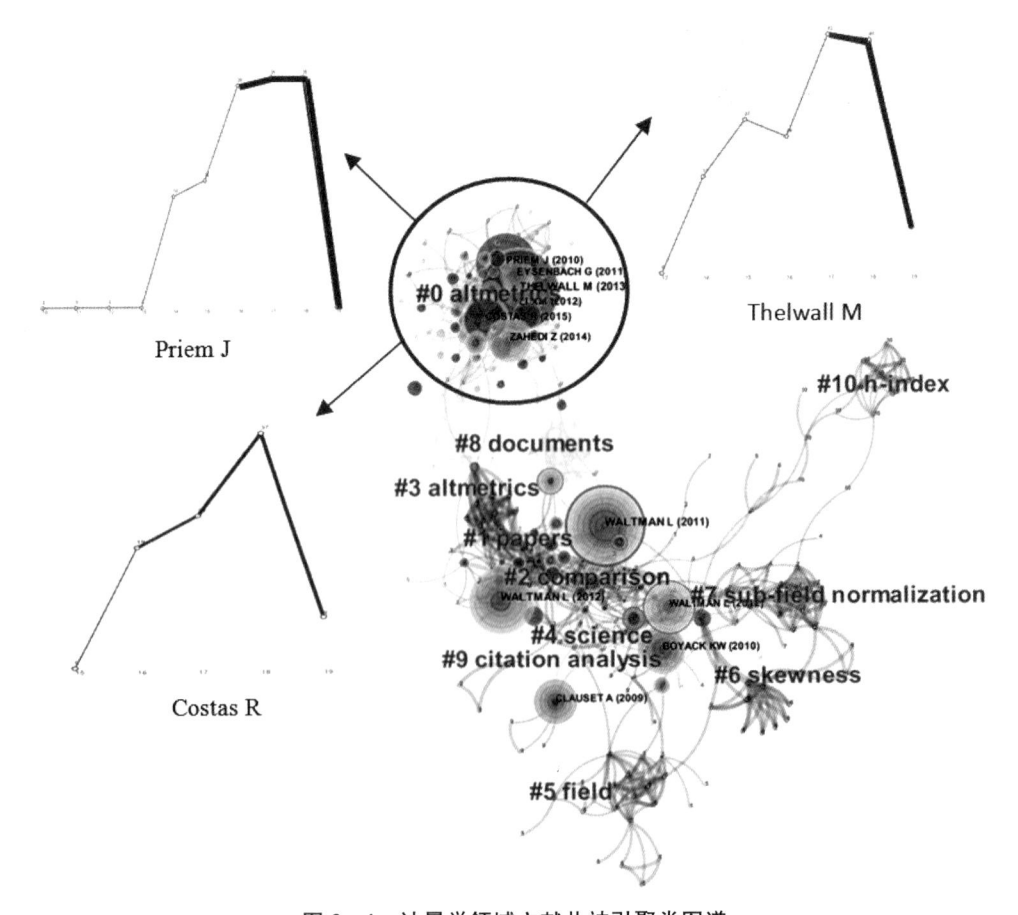

图2-4　计量学领域文献共被引聚类图谱

自2010年Altmetircs被提出以来,学界对此的关注度与日俱增,从最初的对

Altmetircs 基本理论的探讨过渡到现在的实证研究,特别是将这一指标与引文分析指标进行比较研究成为学界重点关注的领域,研究者们开始反思 Altmetircs 的价值和缺陷。此外,在 Altmetircs 的带动下,研究者对社会化媒体中的学术交流与学术影响越来越热衷,ResearchGate、Mendeley、Twitter、Facebook、CiteULike 等社会化媒体成为重点研究对象,这是学术生态多样化推动的结果。除作为科学评价研究外,这些社会化媒体还用来考察学术用户的信息行为,例如,基于社会化媒体考察不同学科研究人员的信息行为差异性[①]。与此同时,Altmetircs 与传统文献计量学相融合,从而在这样的多样化学术生态下更全面地开展科学评价研究,也是一个重点研究领域。

2. 开放政府研究

在开放政府研究施引文献聚类图谱中,Cluster #0[Social Media Size=61,Silhouette=0.889,Mean(year)=2012]节点数量最多,整个网络中最大的节点和突现性最强的节点均位于此聚类中(见图 2-5)。这一聚类是开放政府研究趋势的识别线索。

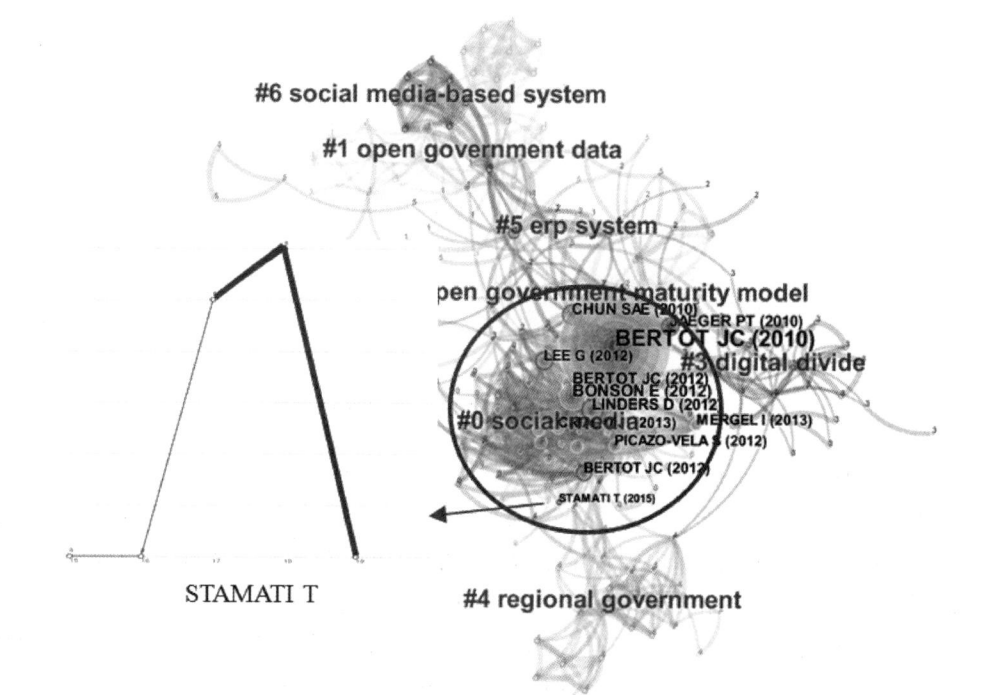

图 2-5 开放政府领域文献共被引聚类图谱

对这一聚类的高被引参考文献和施引文献(见图 2-5)分析发现,政府中的社会化媒体正成为全球电子政务研究和实践的主要趋势之一,以往的研究大多集中于技术层面,随着技术应用的越来越成熟,研究者们开始关注社会化媒体在电子政务中的基本作用,包括

---

① Holmberg Kim, Thelwall Mike. Disciplinary Differences in Twitter Scholarly Communication[J]. Scientometrics, 2014, 101(2): 1027-1042.

政府信息流和政府信息的可用性、利用信息技术创造和提供创新的政府服务、信息技术对政府间关系的影响、在开放性和问责制方面的应用、面向公民的地方公共服务、警察合法性监督等。与此同时,通过社会化媒体进行互动带来的与隐私、安全、数据管理、可访问性、社会包容、治理和其他信息相关的政策问题给开放政府研究带来了挑战,克服这些挑战将成为后续研究的重点。

3. 科学评价研究

在科学评价研究施引文献聚类图谱中,Cluster #4 Social Media Metrics[Size=34,Silhouette=0.825,Mean(year)=2013]在整个图谱中最新,并且被引突增最显著的节点也位于此聚类中(见图2-6)。这个聚类是科学评价研究趋势的客观反映。

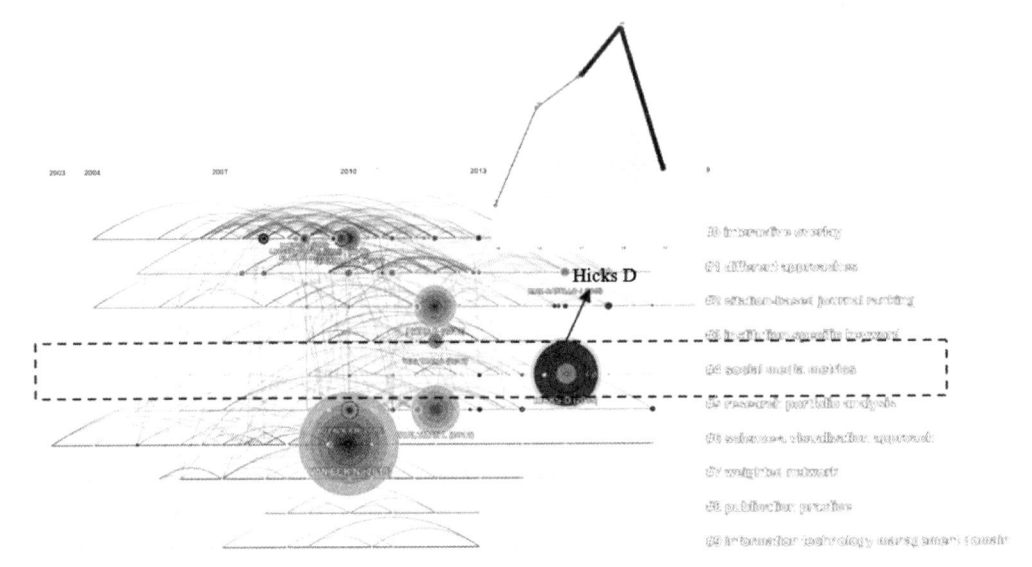

图2-6 科学评价领域文献共被引聚类图谱

这个聚类中最重要的一篇文献是以Hicks(2015)为首的莱顿大学著名的科技研究中心(CWTS)组织的一组研究人员编制的一份文件——《文献计量学:莱顿研究计量宣言》,发表在 Nature 上。该文件认识到科学绩效评价中普遍存在的指标误用所造成的不可预料的后果,因此,确立了10项基本原则,这实际上对社会化媒体指标的构建提供了重要的指导作用。社会媒体指标的建立、与引文分析指标的比较分析,以及社会化媒体指标的应用价值等方面的研究将成为未来科学评价研究的重要趋势,这与 Altometrics 具有很强的关联性。

4. 大数据研究

大数据研究的施引文献聚类图谱中,相对而言比较大规模的聚类有六个,但通过对每个聚类的重要节点(被引频次高、中心性大)共被引连接分析发现,这些节点贯穿于多个聚类中(见图2-7)。实际上,大数据这一领域最终可归纳为两个主要研究主题,即大数据分析和商业智能。

从总体上看,大数据研究是图书情报学研究中比较新的一个领域。在大数据分析方面,重点在于影响大数据价值实现的基本问题,主要包括大数据质量、大数据特征等。例如,Wendy(2017)提出了影响价值实现的大数据的两个社会技术特征,即可移植性和互联性;Amir(2015)强调了异构性、噪声和庞大的大数据需要开发计算效率高的算法,以避免大数据陷阱,如假相关性等,这两篇论文均是引用覆盖率(Coverage)较高并且 GCS 中较高的文献。在商业智能方面,大数据分析成为战略决策的基本手段,Chen(2012)是整个网络中最大的节点,这是一篇综述性文章,对商业智能和分析(BI&A)的发展、应用及新兴研究领域进行了分析,特别是对 BI&A 1.0、BI&A 2.0 和 BI&A 3.0 的关键特征和功能进行了定义和描述。

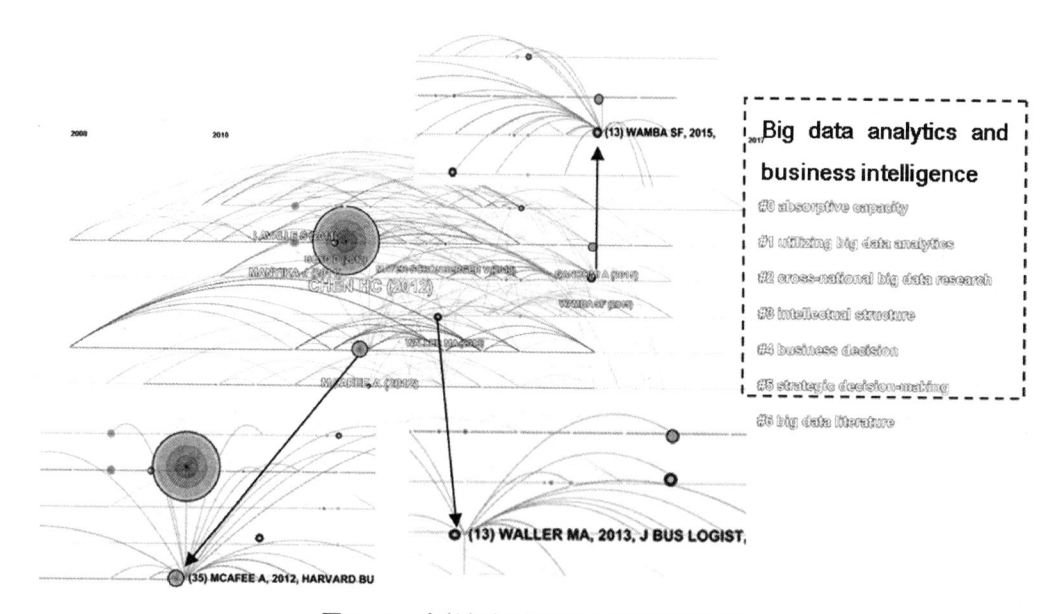

图 2-7 大数据领域文献共被引聚类图谱

5. 社会化媒体研究

社会化媒体研究是一个较新的领域,在上述内容中已经对社会化媒体的未来发展趋势进行了分析,对 2018 年被引突增仍活跃的参考文献的施引文献分析结果与上一节内容基本一致(见图 2-8),只是在研究主题上更加丰富。在社会化媒体的功能与应用这一趋势中,Social Commerce 成为社会化媒体一个重要的应用趋势,这是共享经济与社会化媒体特征相结合的背景下带来的必然产物。例如,Tahir(2018)研究发现,社会化媒体是一种有效的营销形式;Nina(2011)调查显示,英国超过 1/4 的 B2B 中小企业目前正在使用 Social Networking Sites 来实现品牌目标,以此来吸引新客户。在社会化媒体中的用户行为中,用户动机成为一个重要领域,Whiting(2013)通过访谈法识别出了使用社会化媒体的 10 种用途和满足感,即社会互动、信息寻求、消磨时间、娱乐、放松、交流效用、便利效用、表达意见、信息共享和对他人的监视/了解。Stieglitz(2014)研究发现,用户社会化媒体内容中的情感与用户的信息共享行为有关,这提示了企业在社会化媒体传播中应更加注重对品牌和产品的情感分析,同时也应注重广告中引发情感的内容设计。

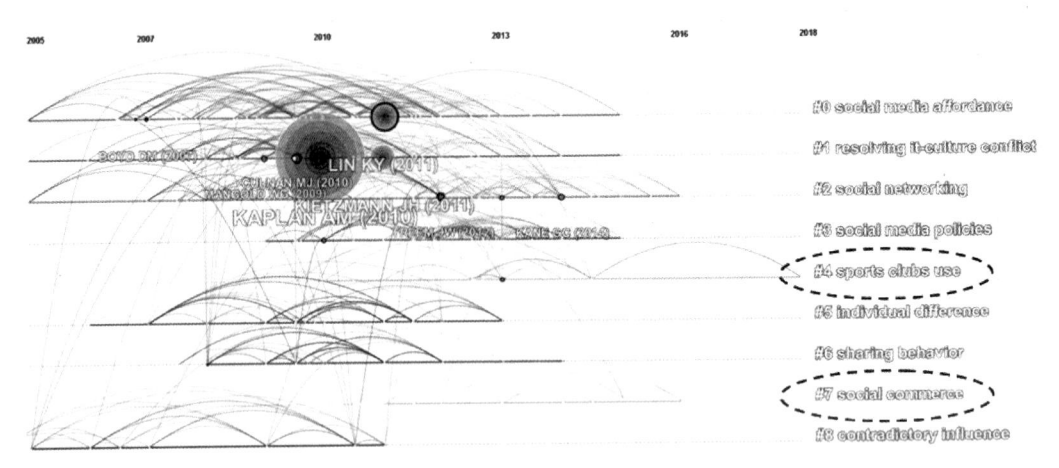

图 2-8　社会化媒体领域文献共被引聚类图谱

6. 信息系统研究

图 2-9 中显示的是信息系统研究领域施引文献的共被引聚类图谱以及具有较高突增性的三个大的节点被引历史。由图 2-9 可见，Cluster #1[Size=39,Silhouette=0.656,Mean(year)=2012]突现性强的节点最多，聚类规模也较大（见图 2-9）。也就是说，Cluster #1 Reactive Computer Abuse 是信息系统研究领域的主要发展趋势。

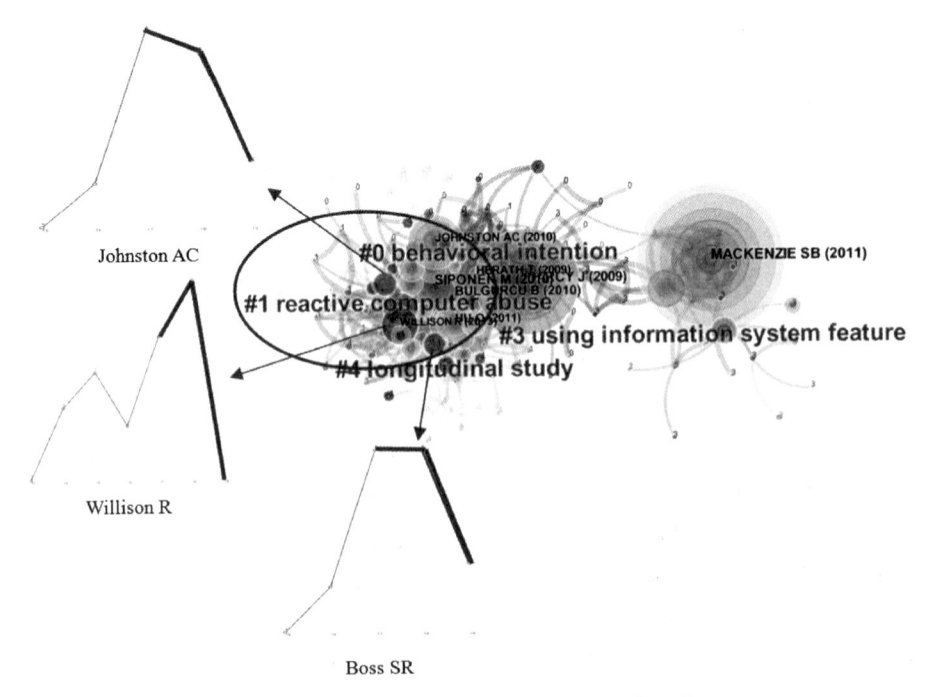

图 2-9　信息系统领域文献共被引聚类图谱

信息系统安全是信息系统研究的主要发展趋势，在信息系统安全管理中，终端用户被视为"最弱的环节"，员工不遵守信息系统安全政策（主要指的是非恶意）成为信息系统安全研究的主要关注点。在这一关注点中,解释和避免员工不遵守信息系统安全政策的理论与模型成为重点,已有的研究中包括中立化理论[1]、威慑理论、保护动机理论(PMT)[2]、非恶意安全违规(NMSV)模型等。此外,员工信息系统安全行为的影响因素也将是一项重点研究内容,已有的研究包括领导者对员工的影响,员工自身的态度、规范信念和自我效能[3],违反安全者的思维过程与组织背景之间的相互作用[4]等。

---

[1] Siponen Mikko, Vance Anthony. Neutralization: New Insights into the Problem of Employee Information Systems Security Policy Violations[J]. MIS Quarterly, 2010, 34(3): 487-502.

[2] Posey Clay, Roberts Tom L, Lowry Paul Benjamin. The Impact of Organizational Commitment on Insiders' Motivation to Protect Organizational Information Assets[J]. Journal of Management Information Systems, 2015, 32(4): 179-214.

[3] Bulgurcu Burcu, Cavusoglu Hasan, Benbasat Izak. Information Security Policy Compliance: An Empirical Study of Rationality-Based Beliefs and Information Security Awareness[J]. MIS Quarterly, 2010, 34(3): 523-548.

[4] Willison Robert, Warkentin, Merrill. Beyond Deterrence: An Expanded View of Employee Computer Abuse[J]. MIS Quarterly, 2013, 37(1): 1-20.

第 3 章 新时期情报学发展的机遇与挑战

时代的发展,对情报学学科建设提出了更高的要求,国家战略的需求赋予了情报学新的使命。几十年来,情报学与情报工作在国家科技发展、信息化和现代化建设以及国家战略中做出了许多成绩。那么在百年未有之大变局中,情报学如何发展? 在新的机遇和挑战面前,情报学科如何建设? 这是摆在我们面前的重要问题。任何一个学科的生存都需要有孕育它的"土壤",情报学作为应用型学科,它的土壤就是社会需求。社会大环境、科学技术的发展决定了学科的发展方向。因此,在国家安全与发展战略的需求下,以及在人工智能、信息存储、处理、分析技术高速发展的技术背景下,情报学迎来了发展的大好机遇,当然也面临着严峻的挑战。为了促进情报学更加快速、健康发展,我们需要深入分析对情报学发展产生重要影响的国家与社会发展需求(主动适应)和国际竞争与安全(被动接受)等背景,以及在此背景下,情报学面临的机遇、挑战和转折。

3.1 情报学发展的背景

作为应用型学科,情报学的发展与国家和社会环境的变化密切相关,这些环境主要包括国家安全、国家智库战略、科技进步与社会发展、学科自我成长以及国家大环境。

3.1.1 国家安全背景

2014 年 4 月,习近平总书记在中央国家安全委员会第一次会议上提出了"总体国家安全观"思想[1],明确指出要既重视发展问题,又重视安全问题,发展是安全的基础,安全是发展的条件。2015 年,习近平总书记在第十二届全国人民代表大会第三次会议解放军代表团全体会议上,明确提出把军民融合发展上升为国家战略,指出要加快形成全要素、多领域、高效益的军民融合深度发展格局,丰富融合形式,拓展融合范围,提升融合层次。[2] 2017 年 6 月,《中华人民共和国国家情报法》[3]的颁布体现了决策层对我国情报事业的密切关注,为国家情报工作在"总体国家安全观"框架下的发展提供了法律支撑。在此背景下,传统的情报学研究也同样出现热点的扩充和转移,从新中国成立以来的科技情

---

[1] 习近平. 坚持总体国家安全观走中国特色国家安全道路[J]. 中国监察,2014(9):4-4.
[2] 曹智,李宣良. 习近平出席解放军代表团全会强调深入实施军民融合发展战略巩固发展军政军民关系,为实现中国梦强军梦凝聚强大力量[N]. 人民日报海外版,2015-03-13(01).
[3] 中华人民共和国国家情报法[N]. 人民日报,2017-07-14(012).

报、社会情报、竞争情报等扩大到安全情报领域,面向安全与发展的情报研究已成为情报学研究的热点和重要领域。

我国新时代的发展背景产生了许多国家安全问题。一方面,我国的战略特征逐渐由传统的韬光养晦向道路自信、理论自信、制度自信、文化自信转变,持有"中国威胁论"的国家和势力通过经济、政治、军口、文化等多种途径企图对我国的安全与发展构成威胁[①];另一方面,网络黑客、恐怖组织、跨国犯罪、公共卫生等全球化背景下的非传统安全问题也对我国的安全秩序提出了挑战。在国内外安全环境发生重大变化的今天,新时代的国家战略布局应运而生,推进了情报学研究领域的变革。

长期以来,面向国家安全和社会发展的情报学分支力量处于相对隔离的状态,地方高校以及相关情报科研院所与军口公安高校及相关情报科研院所在研究过程中没有形成完善的资源共享和协同创新体系,军(如军口情报、安全情报等)、民(如科技情报、社科情报等)情报学在理论、方法、人才、技术方面的融合形式、融合范围、融合层次都不够,难以形成优势互补。情报学界逐渐意识到,在复杂严峻的国际安全形势下,情报学研究分而治之的状况限制了情报学为国家安全和社会发展提供决策支撑的优势。在此背景下,如何加快拓展情报服务适用范围以满足新时代国家安全需求,构建情报法框架下跨界融合的"大情报学"理论体系,实现军、民情报学理论、方法的融合互补,为国家安全与发展做出更大贡献是情报学研究的热点问题。

3.1.2　国家智库战略背景

2015年,中共中央办公厅、国务院办公厅颁布了《关于加强中国特色新型智库建设的意见》[②],强调了智库在健全中国特色决策支撑体系中的重要作用。由于智库工作与情报工作在研究内容、工作机制、服务目标上有着天然的相关性,因而智库的具体咨询研究也需要情报研究的前端支撑功能[③]。因此,国家对智库建设的重视和支持,也是情报学社会实践与应用发展的平台和契机。在积极参与中国特色新型智库建设的过程中,情报学一方面要为智库的建设提供理论、方法、技术、人才支撑;另一方面,情报研究机构自身也需要积极转型,成为国家的重要智库。

目前,我国正处于重要的发展机遇期,而情报学自创立之初起就在社会发展过程中起到了"耳目、尖兵、参谋"作用,其理论、方法、技术、人才更是在科学研究和社会工作的各个领域普遍适用。在我国科技、经济、社会发展的关键时期,情报学更应担负起为科学发展提供引领、为政府决策提供支撑的重要职责,成为科学研究和社会工作的"智囊"。

然而,长期以来,情报学定位似乎处于为科学研究和社会工作提供"后勤保障"的态势,各级科技情报研究所(信息所)的主要工作也集中在文献和信息服务方面,依照科学研究和社会工作已有的需要,被动提供服务,较少通过情报搜集、情报分析主动发现问题、预测发展、参与决策。情报机构在向国家重要智库的转型过程中还存在很多困难,情报教育

---

① 马方. 加快建设国家安全学一级学科的路径研究[J]. 情报杂志,2018,37(10):19-27.
② 加强中国特色新型智库建设[N]. 人民日报,2015-01-21(001).
③ 袁建霞,董瑜,张薇. 论情报研究在我国智库建设中的作用[J]. 情报杂志,2015,34(04):4-7.

与情报工作之间也存在脱节现象,影响了情报学为中国特色新型智库进一步输送人才。在此背景下,情报学界如何推动情报学理论、方法、技术"走出去",如何将其他学科领域高端人才"引进来",深入拓展情报学服务范围,从而使情报学成为一门横断学科,使情报工作为中国特色新型智库建设添砖加瓦,以期为科学发展和社会工作提供前瞻引领和"智囊"作用。

3.1.3 科技进步与社会发展背景

当前,国内、国际形势日益复杂,国家的发展面临新挑战,科技、经济、社会发展步入全面改革的关键时期。互联网所带来的泛在数字环境,让用户获取信息的渠道呈现泛在趋势,用户信息获取行为和阅读习惯也发生了根本变化,竞争情报与信息安全成为企业和政府信息需求的重点,而大数据与云计算、人工智能与数据挖掘等新技术工具,以及数字资源信息形态、开放获取运动潮流又在颠覆原有情报整序方式和情报研究方法。在此背景下,情报学已经有所担当,将情报之"魂"与国家战略相匹配,与国家创新、发展相关联,产生了智慧健康信息管理、品牌信息分析、智慧城市快速响应情报体系构建、公共数字文化服务、面向政府决策及舆情调控等热点研究。

情报学是一个应用型的学科,也是一个与时代发展紧密联系的学科,国家的需要、社会的需要以及国家科技与经济的发展都对情报学寄予厚望,从个人到组织、机构甚至国家无不身处情报决策中。网上购物需要情报分析,同时也需要增强反情报意识和加强个人隐私保护;企业需要竞争情报、商业情报、市场情报等获得竞争优势;政府需要战略情报、情报支援、情报预警等来获得对社会治理的支持。情报学理应成为惠及大众的学科,使上至政府下至普通民众,通过情报知识的掌握、情报技巧的运用来获得决策上的优势。情报学应以关注社会问题、国家经济问题为己任,担负起国家科技、经济、社会发展等重任,做好政府决策的好帮手,胸怀国家和人类大计,在社会、科技发展中发挥更大作用。

3.1.4 学科自我成长背景

自 20 世纪 70 年代后期始,情报学作为一门学科在我国逐渐发展起来,其学科发展在较长的一段时间内以文献情报为主要研究对象,信息技术和网络的发展,促进了信息科学的融入,并将情报学拓展至信息领域。这种既传统又扩张的现象,不仅体现在情报学教育中,也同样反映在情报工作中,即重点局限在文献和信息的情报工作未能充分发挥网络和大数据时代情报工作"耳目、尖兵、参谋"的作用。情报学的大发展来自四大背景,即文献学背景、图书馆学背景、现代科学的情报危机或者情报爆炸、第二次世界大战。正是如此背景,一方面推动了情报学发展的繁荣;另一方面,也使得情报学后来的发展出现偏移和方向摇摆,导致了学科定位局限于短期的应用需求。因此,在国家需要和历史发展的背景下,情报学走过了以科技文献、信息管理、网络信息为主的发展历程。大数据时代已经来临,情报学学科的发展环境发生了很大的变化,国家智库建设对情报学学科提出了更高的要求并寄予了无限的希望,总体国家安全观的提出,为情报学开辟了又一重要研究领域,《国家情报法》的颁布使举国上下重视情报。因此,国家安全与发展视角下的情报学将会成为国家、社会和全民非常关注的学科,情报学学科会随着时代发展再次转型,并且由此成为与国家安全与社会发展紧密相关的重要学科。

大数据开拓了研究视野,丰富了研究方法,使得作为一门学科的情报学的内涵和外延都有了很大的拓展。

首先情报学学科的目标定位更加明确。长期以来,情报学一直用信息代替情报的研究模式,造成情报淡化,情报工作更是把文献服务、信息服务当作主要工作,由此大大削弱了情报本身的内涵。情报学学科应坚守情报阵地,在国家创新驱动发展战略和总体国家安全观的框架下加大建设学科力度,走出一条有中国特色的情报学发展道路。

其次,情报学作为一门交叉学科,要加强学科的融合。不仅学科内要融合(如科技情报、经济情报、军口情报、安全情报等),形成"大情报观"下的情报学,还要吸收计算机技术、社会学、管理学等学科所长,使年轻的情报学学科借助其他学科的东风,迅速成长。

最后,情报学学科地位需要提升。作为一门年轻且充满活力的学科,情报学的发展势头是迅疾无匹的。然而,我们也要注意到,情报学的发展正面临着日益严重的危机和挑战,这就需要我们关注情报学的学科地位问题。情报学只有以服务于国家创新、发展与安全为宗旨,推动情报工作在促进国家的创新、发展与安全中发挥出越来越重要的作用,才能切实提高学科地位。

3.1.5 国际大环境背景

中国已成为全球第二大经济体,国际地位不断攀升,正向着科技强国的目标大步迈进,但同时面临的国际经济、科技和安全竞争也日益激烈。在经济方面,我国对外贸易的规模不断扩大,与世界各国尤其是西方发达国家在贸易中的争端也日益增多。西方发达国家为了维护其在世界贸易中的优势地位,通过各种方式设置贸易壁垒,同时还歪曲中国的贸易政策,指责中国实施创新重商主义政策,使得我国企业在"走出去"的过程中所面临的竞争环境日益严峻和复杂。在科技方面,以美国为首的西方国家对中国崛起的恐慌加剧,采取了强硬政策打压中国,限制中国技术引进和开发。2018年,美国发起了第六次针对中国技术转让、知识产权和创新的"301调查",并以违反美国技术出口管制法律为由,对中国中兴通讯股份有限公司处以8.92亿美元的巨额罚款。在安全方面,斯诺登事件揭露了美国国家安全局对全世界的绝密电子监听计划,以"基地"组织、"东突"组织和"伊斯兰国"为代表的恐怖组织一直在威胁人们的安全,尤其是美国打算退出《中导条约》,有可能将世界重新带回冷战。除了经济、科技和安全之外,西方国家还利用媒体、智库等宣传武器向中国施加压力,恶意塑造中国经济利益至上者和规则破坏者的形象。

这样一种国际环境对情报研究领域提出了新的挑战,如何帮助我国获取经济、科技国际竞争优势地位,支撑我国经济、科技安全实力,实现和平崛起,情报学学者将更加关注国际反恐情报合作、国际竞争情报、外交情报、对外涉华舆情等研究领域。

在市场经济、开放竞争的环境下,中国经济、科技实力增长的过程也是应对国际竞争环境下众多优势产业的成长过程,应对国际竞争必须高度倚重竞争情报和科技情报。无论是高新技术引进,还是国家之间的贸易争端谈判,都需要情报能力的跟进支撑。同时在总体国家安全观的引导下,以经济资源领域为代表的非传统安全保障和以军口领域为代表的传统安全保障均离不开情报工作,需要情报研究的决策支持和引导。情报工作在建设经济科技强国,推进中国和平崛起的国家战略中一定会发挥出更大的作用。

3.2 情报学发展的机遇

信息环境的发展和国家需求的变化,给情报学发展带来了前所未有的发展机遇,主要包括:数据密集型科研范式为情报学作为方法论层面的横断性学科创造了机遇,智库战略的实施进一步彰显了情报学的决策性功能,大数据与人工智能使情报学方法论资源得到了升级,《国家情报法》与总体国家安全观推动了情报学管理体制的完善。

3.2.1 数据密集型科研范式下的学科横断性发展

大数据环境下,数据密集型科研范式使情报学向横断性学科发展成为可能。大数据推动了情报学研究向纵深发展,向广度扩张。[1]

横断性学科应是一种开放性、系统性和包容性的学科,横断性学科的研究对象不一定囊括所有学科,但可以是研究所有学科共有的方面。情报学具有开放特性,因为它能够吸收其他学科的知识资源,从而形成新的理论与方法(如情报心理学、战略情报学等),它也善于将自身的方法应用于其他学科(如科研评价、量化分析等);情报学具有系统特性,因为它的很多研究方法均具有综合性质,善于从多个角度分析问题;情报学具有包容特性,因为它所研究的问题涵盖了自然科学和社会科学问题。情报学本身就具有横断性的特质,只是这种特质尚未被挖掘和实践。

数据密集型科研范式下,无论是自然科学还是社会科学研究均面临着一个共同的研究方法,即以数据为支撑,这需要数据的处理与分析。同样,各学科也面临着一个共同的任务,即将自身科学研究置于相关的社会问题、经济问题、环境问题、政治问题和国家战略问题中去考虑,这需要科研环境的分析。以上均是情报学的专长,情报学可以为它们提供方法论支持。为了打造成横断性学科,情报学研究对象需瞄准大数据,通过对大数据的组织来为其他学科提供数据资源;通过对大数据的分析来为其他学科提供方法、工具和依据。为此,情报学需与数据科学融合,进行方法革新和理论创新;要重视平台化建设,将情报院所打造成智库平台;要强化情报学话语体系,使情报学真正被社会所认知、认可。

3.2.2 智库战略下的学科决策性功能彰显

近年来,情报学开始面向其"决策"本征崭露头角,其研究理论与方法体系开始切合国家重大急需,实现新跨越。[2] 一直以来,支持决策的情报不是给决策者提供"唯一"的答案,也不是决策代理,而是提出尽可能多的问题,并评估其可行性,由决策者做出最后判断。[3]

---

[1] 苏新宁. 大数据时代情报学学科崛起之思考[J]. 情报学报,2018,37(05):451-459.
[2] 李阳,李纲. 我国情报学变革与发展:"侵略"思索、范式演进与体系建设[J]. 图书情报工作,2016,60(22):5-11.
[3] 李品,许林玉,杨建林. 决策驱动的情报流程理论模型及其运行[J]. 情报学报,2019,38(01):46-57.

智库战略下,对决策性情报的需求彰显了情报服务的功能,同时,也有望使情报的决策功能进一步深化为决策代理,为此,需推动情报体系与国家决策支持系统融合。实现它们之间的融合主要面临着两项工作,一是建立面向决策支持的情报体系,这是一种决策需求驱动的情报体系,情报工作与决策工作紧密互动,情报理论与方法要借鉴战略管理学思想与方法。二是要将情报体系融入国家决策支持系统中,这需要情报学构建强大的信息资源支撑体系,提升自身地位和影响力,积极就国家热点事件给出行动方案。

3.2.3 大数据与人工智能下的学科方法论资源升级

大数据改变了人们看待问题的角度和方式。陈国青教授等指出,大数据实现了研究问题的粒度缩放(问题数据化,可分解、可聚合)、跨界关联和全局视图[1],同处于大数据环境下的情报学也不例外。在这种研究模式下,情报学研究范式将会发生显著变革。大数据环境下,情报来源不仅包括传统的实体或文本、音视频信息的数字化,而且更为重要的是来自互联网、通信网和传感器的数据成为情报的主要信息来源。情报来源的主要类型包括电子踪迹、用户生成内容(UGC)、文本数据、空间位置数据。[2] 综合应用大数据技术可以对不同来源的数据进行整合、迁移、复制和虚拟化,并开展多层次、多维度的情报价值挖掘,如超越不同数据源的列重叠分析、匹配关键原型、敏感信息的识别等。[3]

大数据环境下,情报组织颠覆了以往的线性组织模式(文献采集—加工—分发—服务),以用户为中心的情报组织模式更为突出,用户参与到情报组织中,情报组织不再遵循某种固定的模式,而是根据用户的现实需求实时、交互式地进行。情报组织所依赖的空间也由传统的物理空间(如图书馆、情报中心等)拓展到物理空间和虚拟空间(如互联网等)并存。此外,众包等协同化的组织模式成为情报组织的一种重要方式,基于大数据技术的自动化信息组织方法获得广泛应用。

大数据环境下,情报分析深受计算思维的影响,突破了人收集、处理和分析庞大信息的自然局限。它以计算机、机器学习、知识理解等计算与智能分析技术为工具,用数学模型进行组织并识别情报学的计算,(大)数据、文本、互联网、社交媒体和移动媒体等均将成为情报分析的主要对象。数据语义关联、数据整合聚类、数据深度挖掘、深度学习、空间分析、时间序列分析、可视化技术等[4]将极大地丰富情报研究方法。情报分析技术也高度依赖数据存储技术(如 Bigtable、GFS、NoSQL、Dynamo、HBase 等)、数据组织技术(如 MapReduce、语义关联技术、数据聚合与融合技术、高维数据降维技术等)、情报发现技术(如数据挖掘技术、知识发现技术、话题演化分析技术等)等。同时,情报分析也需加强面向情报发现的分析工具研发。正如马费成教授等所指出的,大数据环境下,情报学研究方

---

[1] 陈国青,吴刚,顾远东,陆本江,卫强. 管理决策情境下大数据驱动的研究和应用挑战——范式转变与研究方向[J]. 管理科学学报,2018,21(07):1-10.
[2] 马费成. 推进大数据、人工智能等信息技术与人文社会科学研究深度融合[N]. 光明日报,2018-07-29(06).
[3] [美]桑尼尔·索雷斯. 大数据治理[M]. 匡斌,译. 北京:清华大学出版社,2014.
[4] Manyika J,Chui M,Brown B,et al. Big Data:The Next Frontier for Innovation,Competition and Productivity [R/OL]. [2020-04-07]. http://www.mckinsey.com/insights/business_technology/bid data the next frontier for innovation.

法呈现出从介入性方式到非介入性方式、从部分探究到整体研究、从人工分析为主到计算机分析为主的变化趋势。[①]

人工智能的目标是用机器来完成人的脑力工作,包括深度学习、知识计算、自然语言处理等,这些工作与情报学、情报工作中的某些领域存在很强的交叉性,如情报采集、知识组织、情报态势感知、情报分析等。[②] 人工智能技术在这些领域的应用将会给情报研究带来革命性的变革,推动情报研究从信息采集到情报服务的全链条智能化模式的形成。特别是计算情报的兴起极大地增强了情报感知、预测与预警能力,计算思维与人脑的结合使情报研判更加客观和深刻。可见,大数据与人工智能从范式变革,情报来源的极大拓展,情报的整合、组织与分析技术及方法创新等方面为情报学研究提供了重要的方法论资源,从而实现了情报学研究传统方法论的升级甚至颠覆性创新。

3.2.4 《国家情报法》与总体国家安全观下的学科管理体制完善

随着《中华人民共和国国家情报法》的颁布实施,面向国家安全与发展的、担负"耳目、尖兵、参谋"作用的情报工作需求将更为迫切,真正意义上的而非有名无实的情报工作将迎来重大机遇。同样,"总体国家安全观"的提出为情报学研究开辟了新的领域,拓宽了情报学研究的视野。可以认为,国家安全与发展视野下的情报研究与情报工作是情报学领域新的增长点。

《国家情报法》和总体国家安全观无不渗透着集中力量办大事的决心与纲领,为情报机构融合、从国家全局层面和战略性高度建立举国一致的情报管理体制和机制提供了重要发展机遇。今后,可面向整个情报界建立协调型情报管理体制,目前的情报管理偏向于"松散型"的管理体制,即各情报机构各司其职,这虽然有助于较为全面地进行情报搜集,但在情报分析和情报产品生产中,因各情报机构没有或者甚少有交集,最终可能导致情报资源的重复浪费和无序竞争。协调型情报管理体制通过建立一个面向国家全局的情报服务顶层机构,从全局上协调各情报机构的情报服务,实现各情报机构的资源与能力互补,从而全面提升战略情报能力。

3.3 情报学发展的挑战

机遇与挑战并存,情报学发展的挑战缘于其自身发展对需求和环境的适应性不足。其主要包括:基础问题的争论,理论与方法在大数据环境下的不适应,学科战略思维的不足,社会地位不高并具有式微风险,人才实践能力培养存在短板。

3.3.1 基础问题的争论

作为年轻的学科,近年来情报学在基本术语规范、基本内涵和一级学科设立等方面还存在诸多争论。2017年,中国情报学发展论坛上,各学者对情报学基本术语规范展开了

---

① 马费成,张瑞,李志元. 大数据对情报学研究的影响[J]. 图书情报知识,2018(05):4-9.
② 罗立群,李广建. 智慧情报服务与知识融合[J]. 情报资料工作,2019,40(02):87-94.

热烈讨论,张晓军将军认为,情报在特别的情境下有最好的定义,去掉特定情境的时候又很难找到一个通用定义;沈固朝教授认为,应区别以 Information 为代表的情报是做什么的和以 Intelligence 为代表的情报是做什么的;朱庆华教授同意黄长著教授提出的"Information Studies"的观点,并指出,目前情报学、情报科学以及情报工作这几个概念还没有区分开来。情报学基本术语的分歧阻碍了情报学研究的交流,分散了情报学研究的凝聚力,从而对情报学基础理论建设与发展造成了极其不利的影响。

情报学的基本内涵深受现代信息革命与信息化建设的影响,情报学研究领域得到了显著拓展,对拓展认知的侧重点差异是导致情报学基本内涵争论的直接原因。侧重于信息对情报学发展起到积极作用的学者指出,情报学向信息领域拓展拓宽了情报学的研究范畴,使情报学固有的对信息进行采集、处理、分析等优势得到了发挥。持消极观点的学者认为,这样的拓展使情报学在学科内核、职业认同和教育等方面面临困境和危机。[①] 刘强教授将我国学科设置中的"情报学"定位为"信息学"。[②] 实际上,更多的学者对此持中立的态度,如苏新宁教授指出,当前我国情报学研究及情报工作出现了失衡与偏移。[③] 但情报和信息并不是对立关系,而是一种相通、承继有时甚至可以相互转换的关系。叶鹰教授认为,情报学可更多地关注数据—信息—知识的拓展,把图书馆学的理想驱动与情报学的技术驱动融会贯通,从而构成图书馆学和情报学相辅相成的知识体系以及共同开拓的研究前沿。[④] 对基本内涵认识的不统一会使情报学发展定位摇摆不定、莫衷一是,也会使情报学迷失发展方向。

2017 年,《情报杂志》将"情报学一级学科设立"建设作为焦点话题进行专题讨论。[⑤]学者们形成了三种观点,一种观点认为,情报学提升为一级学科阻力大、很难实现,以缪其浩、谢晓专等为代表。另一种观点持乐观态度,认为情报学完全可以和有必要设立为一级学科,以曾忠禄、高金虎、袁勤俭等为代表。第三种观点是从图书情报一体化的角度进行的分析。例如,黄长著教授既不赞成把图书馆学与情报学等同起来,不加区分地混为一谈,也不赞成人为地把它们割裂开来,甚至对立起来。[⑥] 在 2018 年情报学与情报工作发展论坛上,王知津、吴晨生、高金虎指出,图书馆学和情报学学科来源不同,而情报载体也发生了变化,应理顺情报学和图书馆学学科的关系,淡化图书情报一体化的观点。霍忠文又开辟了一个新角度,他认为争议 Information 还是 Intelligence、一级学科还是二级学科、此情报学还是彼情报学,都要进一步实现理论与实践相结合,并结合现实来做,力争让决策者对我们的理论有感触、可实用。[⑦] 实际上,国外学界对情报学发展为一级学科的问题也开展了探讨,其核心是"Intelligence Studies"是否已经具备发展成为"Intelligence

---

① 吕斌,李国秋. 组织情报学[M]. 上海:上海世界图书出版公司,2013:1.
② 刘强. 中国"情报学"乱象和迷途的终结与选择——基于信息与情报的本源内涵和学科机理与边界[J]. 情报杂志,2018,37(11):1,9,2-8.
③ 苏新宁. 大数据时代情报学与情报工作的回归[J]. 情报学报,2017,36(4):331-337.
④ 叶鹰. 图书情报学的学术思想与技术方法及其开新[J]. 中国图书馆学报,2019,45(02):15-25.
⑤ 薇子. 推动中国情报学学科建设创新发展培养新形势下的情报人才[J]. 情报杂志,2017,36(2):287.
⑥ 黄长著. 关于建立情报学一级学科的考虑[J]. 情报杂志,2017,36(05):6-8.
⑦ 于伟,王忠军. 新形势下情报学学术发展专家访谈[J]. 情报理论与实践,2017,40(10):145,61.

Discipline"的资源条件。[①][②] 对基本术语规范和基本内涵的争论早就有之,而情报学能否作为一级学科的问题是近两年才集中进入学者视线的,驱动力何在?这样的驱动力是否正在持续深入加强?这样的驱动力是否一定要作用于一级学科建立才能推动情报学发展?情报学界是否还有必要继续将精力放在这样的争论,甚至一级学科构建的尝试上?这样的争论是否会影响情报学研究、情报学教育、情报学管理的稳定性?这一系列问题需要我们深思,这实际上对情报学的未来发展造成了巨大的挑战。

3.3.2 理论与方法的不适应性

情报学的研究范式处在不断变化中,理论基础还不够深厚,缺乏统领全局所具有的广泛适用性的理论体系。迄今还没有非常经典的颠扑不破的定理,学科体系还不稳定,过去的情报模式正在衰亡,新的情报模式也没有完全建立起来。大数据环境下,数据已成为情报学的重要研究对象,大数据本身的"4V"特征以及大数据分析与应用所特有的思维模式对情报学原有理论的适用性提出了挑战,如大数据环境对情报学的离散分布原理、相关性原理和小世界原理影响较为明显等。大数据也会赋予情报学基本原理以新的内涵,如信息的离散特性在微观上表现得更加明显,信息链各要素间的相关度会更高,情报体系的小世界网络动力学研究将趋向深入等[③]。赖茂生教授认为,大数据给科技情报工作开辟了新的情报空间,提供了新的工具和手段,也带来了情报迷失以及淘汰出局的问题。[④] 正是因为认识到了大数据环境下情报学理论与方法的不适应性,情报学者对情报学理论的未来发展建言献策,如李广建教授认为,可以从情报学和情报研究的任务、方法、数据及其关系入手,构建一个统一的具有指导意义的情报学理论体系框架。

情报学理论与方法在大数据环境下的不适应性,最终将会使情报学成为大数据的试验场,会使其大数据应用中的地位转瞬即逝。情报学所进行的以大数据为对象的研究也会因缺乏相适应的理论与方法支撑而走偏或衰落,最终失去大数据给我们带来的良好发展机遇。那么,是什么原因导致情报学理论与方法的不适应呢?基于学界的讨论,可归结为如下三方面的原因:

① 信息链上情报转化问题的变化。大数据时代,数据可直接转化为情报,并被应用于特定场合。特别是在应急决策中,数据在简化的情报流程下可以直接转化为决策。马费成教授指出,大数据和新技术的出现使得我们可以从 Fact、Data、Information 中直接挖掘出需要的知识、情报和解决方案。周晓英教授等认为,大数据环境下,情报学要针对"数据—信息—知识—智慧"开展全信息链的信息研究和信息管理。[⑤]

---

① Gill P, Phythian M. What Is Intelligence Studies? [J]. International Journal of Intelligence, Security, and Public Affairs, 2016, 18(1): 5 – 19.
② Marrin S. Improving Intelligence Studies as an Academic Discipline[J]. Intelligence and National Security, 2016, 31(2): 266 – 279.
③ 董克,邱均平. 论大数据环境对情报学发展的影响[J]. 情报学报, 2017, 36(9): 886 – 893.
④ 赖茂生. 新环境、新范式、新方法、新能力——新时代情报学发展的思考[J]. 情报理论与实践, 2017, 40(12): 1 – 5.
⑤ 周晓英,刘莎,冯向梅. 大数据的影响与情报学的应对策略——从 BD2K 项目分析情报学的大数据应对策略[J]. 图书与情报, 2017(02): 55 – 62.

② 情报学研究方式的变化。大数据环境下,情报学研究更重视系统化思维,对研究对象的空间位置不敏感,研究方法更偏向于计算型。陈成鑫教授等认为,情报学研究要运用系统论、整体论思想,有效整合当前人员、系统、数据等内容;[①] 王芳教授等认为,情报学理论研究中应重点关注以复杂适应系统、系统动力学和演化理论作为指导,来构建和完善情报学科的理论。[②]

③ 对数据科学与计算机科学方法的移用更深刻。情报学历来具有跨学科应用的传统,王芳教授等调研发现,我国情报学研究偏好于使用计算机技术类方法。[③] 情报学自诞生之日起就善于移用其他学科方法。大数据环境下,数据科学、计算机科学,甚至社会学、心理学等学科理论与方法进一步获得汇聚,且在情报学的情报研究、知识发现和决策分析等方面的应用更为广泛。李广建教授等提出,受大数据环境和第四范式的影响,情报分析应走向计算型。[④] 彭知辉教授提出,应建立数据情报学的思想,数据情报学研究涉及众多学科,如统计学、语言学、预测学、计算机科学、应用数学、概率论、知识管理等,情报学有必要从中吸收相关理论,丰富自身的理论内涵。[⑤]

3.3.3 学科战略思维的不足

面对新的国家安全与发展战略,情报学界开始认识到自身责任和功能的变化,并借此谋求情报学发展的新机遇。这一方面是情报学本身的学科特点决定的,如苏新宁教授指出,作为应用型学科的情报学,其学科定位始终与国家需要、社会发展紧密联系,并不断与时俱进;另一方面也是情报学健康快速发展的需要,例如,陈峰研究员认为,要想在新时期"有为有位",就必须面向世界科技前沿,面向国家重大需求,面向国际竞争这一主战场。

然而,目前情报工作格局还不够大,尚缺乏应有的战略思维。情报服务的学理基础局限于Information Science,情报服务研究更多地与发展经济、科技相关,研究内容局限在诸如信息资源建设、知识管理与服务等分支领域,研究视角涉及大数据、人工智能、情报3.0等,在服务于国家安全与发展战略上,还缺乏战略想象力和情报智慧。针对我国各类战略问题的情报研究刚刚引起情报学界和业界的重视,但研究主题尚局限于价值意义的阐释、概念框架的定性描述等层面,缺乏清晰、系统的认识,缺乏维护国家安全与发展的系统性的理论和方法。

总体国家安全观、创新驱动发展、科技强国、智库等战略为情报学实现转型发展和提升社会地位,提供了良好的发展机遇。然而,缺乏战略思维的情报学局限了情报学的研究视野,少数的思辨性、描述性的研究距离实质性地支持国家战略决策还有很长的路要走。因此,情报学学科战略思维的不足给情报学发展带来了挑战。

---

① 陈成鑫,曾庆华,李丽华. 大数据环境下公安情报工作的创新发展路径[J]. 情报理论与实践,2019,42(01):10-15.
② 王芳,赵洪,张维冲. 我国情报学科理论研究形态及学术影响力的全数据分析[J]. 图书情报知识,2018(06):15-28.
③ 王芳,祝娜,翟羽佳. 我国情报学研究中混合方法的应用及其领域分布分析[J]. 情报学报,2017,36(11):1119-1129.
④ 李广建,江信昱. 论计算型情报分析[J]. 中国图书馆学报,2018,44(02):4-16.
⑤ 彭知辉. 数据:大数据环境下情报学的研究对象[J]. 情报学报,2017,36(02):123-131.

3.3.4　学科社会地位式微

长期以来,情报学学科的地位一直不够理想,有其内部原因,例如,因对信息技术的低水平引入和专注,而模糊了情报学的核心研究领域;因过分吸收其他学科的研究成果,而缺乏独立性;学科研究对象、研究深度、研究成果的影响范围等都没有达到应有的学术地位的要求。也有外部原因,例如,对其他学科贡献有限等。

在2017年情报学与情报工作发展论坛上,马费成教授指出,情报学应重视在国家的重大需求、地方的需求和学科建设的需求方面提出有价值的研究成果,增强学科在承担国家重大需求和任务中的话语权和发言权。在2018年情报学与情报工作发展论坛上,邱均平、王晰巍认为,情报学在国家战略、社会经济和科学技术发展方面的应用还不够,情报学的社会影响有限。可见,提升情报学学科的社会地位问题已经得到了情报学者的高度重视。

当前,与情报服务有着交叉甚至替代关系的智库服务的影响力逐渐提升,数据科学与计算机科学等学科领域中基于大数据的知识组织、知识发现逐渐兴起,情报学学科地位面临着逐渐走低的风险。这样的情报学学科地位现状将影响情报学在社会中的认可度与声望,阻碍情报学发展资源(如人才、制度、资金等)的集聚,弱化情报学社会话语权,降低情报人才社会认可度和专业认同感,拉大情报服务与用户之间的距离,因此,给情报学的发展带来挑战。

3.3.5　人才实践性能力培养存在短板

著名情报学者Griffith在ASIST年会上讲演时提出,理论、教育和职业是情报学相互联系的三个方面。[①] 因此,前述与理论和职业相关的情报学发展挑战也在一定程度上影响了情报学教育的发展。情报人才的市场竞争力不强和特色不明显倒逼着情报学教育的变革。例如,陈文勇认为,情报学人才在和其他学科人才的竞争中处在劣势,甚至被边缘化。[②] 社会上对情报学人才定位的认识偏见和模糊不定,还需从情报学教育内部去寻找原因。陈传夫教授等指出,从内部的课程体系建设来看,目前我国图书情报教育本科生培养目标与研究生培养目标区分度小,不符合人才培养规律;一些课程在本科、硕士、博士阶段,教学内容区分不大,仅在名称上分别冠以概论、研究、专题加以区分。[③] 课程内容和培养目标的层次性欠缺导致的后果是不同的情报人才对自身定位不明,情报人才的核心优势与能力差异性弱,当务之急是需要给情报学教育一个清晰的定位并获得学界的广泛共识。这已引起情报学者的注意。王延飞教授指出,我国关于情报学的教育理论认识问题尚处在混沌之中,各教育单位对情报学的学科定位、课程体系、课程组织、课程评估并无共

[①] Griffith J M. Back to Future: Information Science for the New Millennim[J]. Bulletin of the American Society of Information Science, 2000, 26(4): 24 – 27.

[②] 陈文勇. 情报学理论思维与情报学研究变革[J]. 情报理论与实践, 2010, 33(7): 14 – 17.

[③] 陈传夫,陈一,司莉,冉从敬,冯昌扬. 我国图书情报研究生学位授权"四个十年"研究[J]. 中国图书馆学报, 2017, 43(01): 17 – 28.

识。① 不仅如此,从国家安全战略高度培养情报人员,尚未有较完善的学科设置和培养体系。②

2017 年,众多情报学者参与凝练的《情报学与情报工作发展南京共识》要求,情报学学科的人才培养不仅仅要着眼于普通情报服务人员,还要注重高端情报人才的培养。③ 这是情报学界内部对情报学人才的要求和期待。在外部,一方面,大数据时代对情报人才的需求侧重于数据分析能力。如王东波教授等调研发现,就业市场上对具有"统计学""编程""数据库"等基础的数据分析职业人才提出了较高要求④,情报学要以自身在数据组织和数据挖掘等方面的独特优势为社会输送高质量数据分析人员。另一方面,情报人才的职业化发展的最终目标是要向社会各领域输送情报分析师。如谢晓专分析发现,理想的情报分析师应该不仅要具有经验思维,还要有批判性思维;不仅要具有情报专业知识和技能,还要具有团队精神、人际交流、领导力和组织协调能力等综合素质⑤,情报学教育中要重视情报思维与综合性情报素质的培养。显然,目前情报学培养体系与学科内、外部对情报学人才的要求与期待形成了突出矛盾,这一矛盾对情报学的发展形成了挑战。

3.3.6 情报学的专业与职业优势弱化

随着信息资源的高度开放,以及大数据和人工智能技术的兴起,用户在不依赖情报专业知识的前提下,便可较容易地掌握信息搜集、组织和分析的方法和技能,这对情报活动的前端造成了挤压,它们不再是情报专业的"独有技能",从而弱化了情报专业的独特优势。与此同时,大数据以及国家战略背景下,国家和社会需求的职位侧重于人才的"数据分析""战略管理"等能力,人才的情报能力通常蕴含于这些职位之中,情报的独特功能很难得到彰显。甚至很多情报力量开始转向从事战略管理工作(如中国科学院文献情报中心和中国国防科技信息中心的核心情报研究力量近几年开始转向从事科技发展战略研究),情报职业淹没在战略管理工作中。就发展的现状来看,情报学的信息采集、挖掘、处理、分析等传统优势,在应用大数据和人工智能技术进行情报的处理上还没有得到有效彰显。虽然战略管理工作中情报功能的重要性被广泛认可,但情报学在战略构想、对策方案、预测预警、态势分析等战略管理工作十分重视的活动中所发挥的功能还不够充分。因此,大数据和人工智能技术在信息处理领域的广泛应用,以及国家战略需求中情报能力不足和影响力不够,构成了情报学发展的挑战。

---

① 王延飞,赵柯然,陈美华. 情报研究中的治学思考[J]. 图书情报工作,2017,61(16):55-59.
② 侯丽. 信息时代情报人才培养普遍受到重视[N]. 中国社会科学报,2014-09-10(A03).
③ 情报学编辑部. 情报学与情报工作发展南京共识[J]. 情报学报,2017,36(11):1209-1210.
④ 王东波,高瑞卿,苏新宁,朱丹浩. 面向情报学课程设置的数据科学技能素养自动抽取及分析研究[J]. 情报理论与实践,2018,41(12):61-66.
⑤ 谢晓专. 情报分析师职业胜任力通用标准比较研究[J]. 情报杂志,2017,36(02):25-31,39.

第 4 章 情报学创新发展的范式融合趋势

近年来,一系列研究动态表明,进行情报学变革、推动情报学的现代性发展已成为情报学未来发展的重要趋势,Intelligence 和 Information 范式的融合正是其中的重要趋势之一。范式融合的现代情报学应与国家安全与发展需求相关联,致力于解释、预测新时期国家安全与发展中的情报现象,指导国家安全与发展的治理。国家安全与发展战略下,现代情报学呈现出了种种趋势。

4.1 情报学发展的转折

信息环境和国家安全与发展问题发生了显著变化,情报学的变革蓄势待发。国家安全委员会的成立、总体国家安全观的提出,近两三年来,越来越多的从事 Information 范式研究的情报界人士开始从狭隘的科技情报拓展开来,Intelligence 的情报学观念被越来越多的学人所接受,情报事业开始谋划从 20 世纪 90 年代以来的对信息的偏重回归到最开始的"耳目、尖兵、参谋"功能,甚至向"引领"进发。在此过程中,产生了以科研项目和具有重要影响的会议为代表的规模化学科发展谋划,与此同时,部分学者也提出了具有很强指导价值的重要观点。

4.1.1 Intelligence 与 Information 范式的科学共同体规模扩大

《中华人民共和国国家情报法》的颁布体现了决策层对我国情报事业的密切关注,为国家情报工作在"总体国家安全观"框架下的发展提供了法律支撑。2017 年年底,国家社会科学基金重大项目"情报学学科建设与情报工作未来发展路径研究"获批。这一项目组织了军民(含军事、国防、公安、科技、社科情报学界)各领域情报学 40 余所机构的 130 余人参与其中。在研究过程中,项目组分别于 2017 年和 2018 年在南京大学和武汉大学组织了两次大型的情报学与情报工作发展论坛(该会议现已被中国科技情报学会列为学术年会),每次与会人数均超过百人,几乎涵盖了科技、社科、经济以及军事、公安、国防等各领域的情报学者。黄长著教授、马费成教授、张晓军将军等情报学专家均在大会上进行了汇报和参与了情报学发展研讨,并在此过程中形成了广受情报界关注的《情报学与情报工作发展南京共识》。在这一共识中,全国各地百余名情报领域专家提出了重新定位当前情报学科的发展目标:从国家经济、社会发展与人民安全的需要出发,将各类情报联为一体构建大情报科学,努力将情报学发展成为具有智库功能的学科,在国家创新驱动发展战略和"总体国家安全观"的框架下建设情报学学科,走出一条有中国特色的情报学发展道路。

此外,华山情报论坛和情报科学读书会等自发组织的情报学学术交流平台的影响力不断提升。华山情报论坛由《情报杂志》主办,2014年举办了第一届,2017年和2018年的主题分别是"《国家情报法》与中国情报学发展"和"新时代开启中国情报研究新征程",会议吸引了军民领域众多情报学者的广泛参与,共谋情报学发展。另外一个是由在京的科技情报、国防科技情报、竞争情报等科研院所和高校的专家学者自发组织的情报科学读书会,《情报理论与实践》杂志对此进行了连续跟踪报道,读友们根据有序设定的主题,对近期国内外情报学发展的相关重要主题进行了推介和思考,畅谈情报学未来发展。另外,《情报理论与实践》组织了多次面向情报学学科发展的专家访谈。例如,2017年11月21日组织的专家访谈中[①],王延飞教授认为,情报工作的三大核心环节是情报感知、情报刻画和情报响应;真溱研究员认为,情报学学科要发展,"情报"的概念需要进一步纯净化、狭义化、抽象化。可以尝试从决策者的角度和历史的高度,运用社会组织学的方法,获得一些较为科学的新的结论。

4.1.2 Intelligence 与 Information 范式的界限趋于模糊

近年来,情报学者在不同场合(如已发表的学术成果、各种学术会议研讨等)对情报学的未来发展提出了真知灼见。这些观点包括三类。

1. 外部环境的倒逼推动情报学发展方向变革

情报学作为应用型学科,与发展环境相适应为情报学向前发展提供了方向指引和建设思路,例如,马费成教授指出,新的技术环境改变了信息服务的生命周期、信息的共享模式、信息的交流模式以及信息链的结构,这为情报学发展提供了重要思路。情报学者一直关注环境给情报学发展带来的影响,以及这种影响给情报学未来发展提出的要求和带来的可拓展空间,正因如此,黄长著教授撰文呼吁,情报学创建之初最本源的职能(情报的搜集、加工整理、分析研究)在新形势下将有新的发展[②];马费成教授更是给出了未来情报学发展应关注的几个方向:信息技术的应用和支撑,国家安全、产业竞争、舆情传播、应急事件等重点领域,军民情报研究融合,学科跨界交叉。

大数据环境给情报学发展带来的影响是学者重点关注的内容,在第七届(2017年)全国情报学博士生论坛上,胡昌平教授建议,大数据与智能化环境下的情报学发展需要面向基础性研究与应用发展,面向以知识、数据和智能研究为核心的方向发展,面向用户的知识交互与应用发展。曾建勋研究员认为,大数据环境下给信息组织带来了良好的发展机遇,可让来自不同场景、不同领域的专家、情报处理人员、用户共同协作,开拓大数据化、自动化、集成化、协同化的情报工程模式。[③] 初景利教授提出,以大数据技术为核心的数据科学作为情报学的内在学科建设内容,构建以数据、大数据技术、数据科学为重要特征的新的情报学学科体系。[④]

---

① 王忠军,于伟,杨晴. 科技情报机构实践创新发展专家访谈[J]. 情报理论与实践,2017,40(12):145.
② 黄长著. 对情报学学科发展的几点思考[J]. 信息资源管理学报,2018,8(01):4-8.
③ 曾建勋. 花甲之年的惆怅:科技情报事业60年历程反思[J]. 情报理论与实践,2017,40(11):1-4.
④ 初景利. 新时代情报学与情报工作的新定位与新认识——"情报学与情报工作发展论坛(2017)"工侧记与思考[J]. 图书情报工作,2018,62(01):140-142.

2. 对内部发展原理的反思促进情报学发展模式重构

情报学作为一门学科,有其自身的发展逻辑和规律,它们是指导情报学发展模式的基础。但必须认清的是,情报学的内部原理必须与外部环境相适应,新的发展环境要求情报学需反思自身内部原理与之匹配性,并在这一过程中,寻求情报学发展模式的重构。为此,在一些研讨会上,情报学者给出了十分具体的意见和建议,例如,在情报学博士论坛上,赖茂生教授建议,情报学应以谨慎的态度和开放包容的心态求同存异、取长补短、协同发展。在情报学发展论坛上,李广建教授认为,不仅要将科技情报、社科情报、军事情报、安全情报、医学情报等融合进学科发展之中,还要将涵盖科技发展、社会发展等特定领域的情报(或信息)研究纳入学科之中。周晓英教授提出,不应过度区分各领域情报学研究范式的不同,但也不应单纯简单地融合各个领域的情报学。马海群教授指出,情报学要重视和突出情报学的独立性和个性化贡献。高金虎教授认为,未来情报学比较好的研究范式是竞争情报的研究范式结合科技情报学数据挖掘、情报分析等方面的先进技术。王芳教授提出,情报学研究一方面需要越来越细化、越来越强调实证的研究方法和规范的研究过程;另一方面,需要再深化宏大的理论构建和学科的整合。

此外,与技术环境侧重于给情报学应用带来的影响不同,国家战略发展环境给情报学带来的影响侧重于深入学科内部,涉及学科的定位、建设思路、发展模式等。例如,孙建军教授提出,情报学学科体系、教育体系、业务体系应在数据意识、知识整合、情报能力等方面更具有战略眼光,用战略思维统筹推进"硬件"与"软件"建设。史秉能高级工程师建议,科研情报研究单位与教学单位结合起来开展理论与方法研究,一方面,可以解决目前情报学术研究力量不足的问题;另一方面,可以促进理论与实践的结合[1]。张秋波教授认为,情报学的学科定位要服务国家安全治理和国家发展战略、服务国家全面发展、服务产业竞争以至国家竞争。包昌火研究员等提出,要制定国家情报发展战略,实行一体化的国家情报工作体制,等等。[2]

3. 安全情报学的兴起

安全情报学的发展受到前所未有的重视,苏新宁教授的国家社科基金重大项目专门开辟了一个子课题"安全情报工作";中南大学吴超团队借助国家自然科学基金重点项目"安全科学原理研究"的支持,开展了一系列安全情报学研究。他们认为安全情报已成为情报学学科与安全学科交叉领域的新的学科生长点和延伸点[3],安全情报学是情报学和安全科学直接进行交叉融合而形成的一门新学科,是一门情报学和安全科学的共同分支学科[4]。高金虎教授认为,国家安全学一级学科的设立为中国情报研究事业的开展提供了一个新的契机,在国家安全学学科设置中,国家安全情报学必将赢得一席之地。[5] 但

---

[1] 于伟. 情报学前沿发展——记"2018年'情报学进展'学术论坛暨《情报学进展》第12卷发布会"[J]. 情报理论与实践,2018,41(10):161.

[2] 包昌火,金学慧,张婧,赵芳,靳晓宏,刘彦君. 论中国情报学学科体系的构建[J]. 情报杂志,2018,37(10):1-11,41.

[3] 王秉,吴超. 安全情报学建设的背景与基础分析[J]. 情报杂志,2018,37(10):28-36.

[4] 王秉,吴超. 大安全观指导下的安全情报学若干基本问题思辨[J]. 情报杂志,2019,38(03):7-14.

[5] 高金虎. 论国家安全情报工作——兼论国家安全情报学的研究对象[J]. 情报杂志,2019,38(01):1-7.

是,应注意的是,国家安全情报学的学科边界有待厘清,研究主题缺乏学理化提升,研究局限于英语世界,相关学科的融合度不够,地方学者缺乏参与。[①] 另外,一些面向安全的情报学科研项目获得了立项,例如,武汉大学安璐的教育部哲学社会科学研究重大课题攻关项目"提高反恐怖主义情报信息工作能力对策研究",中国人民公安大学彭知辉的国家社科基金项目"公安情报学理论体系研究"。

4.2 情报学创新发展的范式融合需求

20世纪50年代,党和国家领导人针对百废待兴和国外封锁的时代背景,赋予了科技情报工作"耳目、尖兵、参谋"的历史使命。我国情报学起源于科技情报工作,其肩负着为科技情报工作提供理论、方法支撑和人才输出的任务,因此,科技情报工作的使命也成为情报学教育、学术研究和情报学者的使命。科技情报工作开展60多年和情报学发展40多年来,这一历史使命始终未变。

"耳目、尖兵、参谋"是对情报学使命的抽象化描述,不同的历史时期其具有不同的具体命题。但无论何种命题,均源于对历史的合理继承和针对新时代环境的开拓发展。创建之初,为军事部门、政府部门等有关部门提供情报的搜集、加工整理、分析研究成为情报工作的重要命题。[②] 进入21世纪,随着国家崛起和民族复兴,国家新的战略对情报学的发展提出了更高的要求,情报学被赋予了时代特征和历史使命。[③] 这并非意味着情报学"耳目、尖兵、参谋"的历史使命被摒弃,而是围绕这一抽象使命的具体命题需要有针对性的更新。例如,马费成教授指出,我国图书情报学科应在推动中国哲学社会科学大发展、构建中国特色哲学社会科学的进程中发挥作用,应服务于国家经济社会发展的重大战略需求;[④]苏新宁教授提出,情报学教育应该培养科学技术的领航者、培养国家安全领域的情报人才、培养能够担当决策参谋的情报人才、培养在各行各业具有高度嗅觉的情报学家等。[⑤]

面对大数据和深刻变化的国家安全环境,以及艰巨繁重的改革发展任务,情报学除了继续深入开展传统信息资源管理和信息(知识)服务研究外,还需要面向安全风险的识别与防范、科技竞争优势和战略决策优势的构建来搭建情报环境,服务于国家安全与发展重大决策,成为情报学使命的新时代重要命题。具体而言,情报学应在维护国家安全、助力国家竞争力提升、支撑决策优势构建、支持未来塑造和协助大数据管理等方面发挥重要作用。

4.2.1 维护国家安全

情报之于安全的重要性是人类社会的共识。军事情报学专家高金虎教授将情报工作

---

① 高金虎. 作为一门学科的国家安全情报学[J]. 情报理论与实践,2019,42(01):1-9.
② 黄长著. 对情报学学科发展的几点思考[J]. 信息资源管理学报,2018,8(01):4-8.
③ 马费成,张帅. 中国当代情报学的发展路径与本土特色[J]. 情报理论与实践,2021,44(07):15-21.
④ 马费成. 推动哲学社会科学创新发展[N]. 中国社会科学报,2021-07-20(007).
⑤ 苏新宁. 新时代情报学教育的使命与定位[J]. 情报学报,2020,39(12):1245-1252.

定位为大国重器、国家安全的第一道防线、最高统帅部的战略哨兵。① 随着环境的改变和社会需求的阶段性迁移,科技情报领域已经淡出安全情报研究舞台。总体国家安全观的提出,要求科技情报研究的问题域向安全延伸。在支持国家安全战略中,安全情报研究应在《国家安全法》和《国家情报法》指导下,重点开展如下研究:

① 进行安全形势判断和战略预警研究。以此来预报潜在的冲突,发现潜在的安全威胁;推测未来的发展趋势以及可能产生的后果,并加以引导和干预;监视当前的情况,并对发展中的危机保持警觉,对即将发生的危险适时发出警告;帮助决策者识别、分类、理解和监控关键的动态发展,提醒决策者以前很少见甚至没见过的东西;告知决策者事件发展中哪些力量在起作用,未来趋势是什么,决策必须考虑哪些可能性。

② 安全战略布局研究。在监测和扫描国家安全环境和主要威胁目标的情报活动基础上,结合自身的实际需求、基本条件和战略意图,针对化解现实威胁和防御未来威胁进行规划部署。

③ 对外情报和反情报研究。识别国外威胁目标的实力、意图和威胁的手段,采用拒止、欺骗的方式阻止对方为达成其威胁目的的所有信息和情报的获取。

4.2.2　助力国家竞争力提升

国家之间竞争的形态正在从产品竞争转向产业链竞争②,服务产业界是我国创立科技情报信息体系的基本宗旨③。在"世界正经历百年未有之大变局,新兴市场国家和发展中国家的崛起速度之快前所未有,新一轮科技革命和产业变革带来的新陈代谢和激烈竞争前所未有"的大环境下④,情报学要将以往的针对企业的竞争情报上升到产业竞争情报层次,面向产业链进行全链条的竞争情报研究。特别是围绕竞争对手、技术竞争、市场竞争、政策法规和来自对手的科技对抗,重视面向重点产业和新兴产业开展持续性竞争情报研究,加强国际科技发展趋势、新兴领域、重大项目、前沿技术和颠覆性技术的动态监测,牢牢把握科技进步大方向和产业革命大趋势,并进行超前部署。

4.2.3　支撑决策优势构建

总体国家安全观背景下,安全与发展问题并非各自孤立存在,两者交织融合、互为转化、同时并存。美国发起的"301调查"、华为和中兴事件等经贸科领域的竞争与对抗,不仅是科技、经济领域的发展问题,也与总体国家安全和国防建设密切相关。科技情报研究要在建设经济科技强国,推进中国和平崛起的国家战略中发挥更大的作用,就必须具有战略思维,从而助力决策优势的构建,为此,科技情报领域应该开展战略情报研究。战略情报是战略决策的先导,它关注和预测与政治、外交、社会和经济有关的问题,以及涉及战争、和平与稳定等影响深远的问题。⑤ 在很大程度上,战略情报用于制订(国家和国际层

---

① 高金虎. 论国家安全情报工作——兼论国家安全情报学的研究对象[J]. 情报杂志,2019,38(01):1-7.
② 王晓慧,董雪季,郭琪. 产业竞争情报系统构建研究[J]. 图书馆学研究,2018(9):2-6.
③ 陈峰. 竞争情报推动产业创新发展的案例分析[J]. 情报杂志,2020,39(08):1-5,130.
④ 习近平. 顺应时代潮流,实现共同发展[N]. 人民日报,2018-07-26(02).
⑤ Lim K,冉德彤,真溱,汤珊红. 大数据分析和战略情报(节选)[J]. 情报理论与实践,2016,39(07):145.

面的)战略计划,通常是长期性行动。

具体而言,科技情报领域在战略情报研究中,应重点关注以下几点:① 开展描述类战略情报研究。描述一个国家的关键领导人、经济、社会、科技、外交、军口、地理、文化、政治、地缘等多方面的情况。② 开展动向类战略情报研究。准确把握战略动向,严密监控、全面感知、精准刻画国内国际发展变化,捕捉洞察变化中的新驱动力、新方向,及时、准确地掌握发展态势与趋势,研判发展路径、意义和影响。③ 开展预测评估类战略情报研究。以描述类情报为基础、动向类情报为依据,分析已掌握的情报的本质特征和具体含义,预判对手的战略意图和未来的发展趋势。④ 开展征候与预警类战略情报研究。基于情景分析、假设分析、情感分析等方法,洞察对手的战略目标和意图,分析其现实和潜在的能力,判断其开展战略行动的路径、过程和准备情况,把握双方所面临的国际环境和战略态势。⑤ 进行决策态势塑造。将情报优势转化为决策优势,将决策优势转化为行动优势。通过情报分析提供清晰可见的未来场景的驱动力图景和态势演化图景;通过情报运筹,感知、评估、预测和塑造态势[①],帮助国家准确确定关键决策点。

4.2.4 支持未来塑造

美国情报学者罗伯特·克拉克曾指出,真正的情报分析总是预测性的。[②] 从这个意义上说,只要进行情报研究,其核心均是预测。预测(Forecasting)是对未来进行情况判断而提前安排,体现了被动适应的观念。当今,对科学技术领域制高点的抢占异常激烈,党的十八大以来,习近平总书记多次在会议中强调,要跟踪全球科技发展方向,努力实现赶超。在此过程中,我们要充分认识到,未来的科技发展已呈现出从问题出发转向从目标和愿景出发之势[③],这就要求科技发展战略中牢牢把握科技进步大方向和产业革命大趋势,并进行超前部署。正如科技部部长王志刚指出,要对科技创新进行前瞻谋划和系统部署。[④] 在这样的一个时代背景下,如何将预测上升为预见,预见未来新兴技术,并基于此超前部署科技发展战略等问题,成为摆在科技情报事业面前的重要课题,预见情报研究呼之欲出。

预见(Foresight)不仅包括对未来的预测,而且包括对未来的图景进行能动规划和选择。预见要比预测的内涵更丰富,它更强调积极主动和宏观上对趋势的控制。预见是一个涉及对科学、经济和社会的未来进行系统研究的情报收集过程和建立中长期远见的过程。[⑤] 预见情报的任务在于,对影响决策的各种未来发展进行评估。它还包括预警情报,即识别和预判影响决策的各种事件,分析各种情景产生的结果、发生的概率以及造成的影响等。[⑥] 预见情报通过战略谋划来影响未来事件的发展,将决策方所处的现状导向一个

---

① 高金虎. 战略欺骗、隐蔽行动与国家安全态势塑造[J]. 公安学研究,2020,3(04):2-17,123.
② 罗伯特·克拉克. 情报分析:以目标为中心的分析方法[M]. 马忠元,译. 北京:金城出版社,2019:238.
③ 郭戎. 关于未来五年科技发展关键点的思考[J]. 经济研究参考,2016(13):39-40.
④ 梁帅,李正风. 塑造未来:技术预见的可能性及可靠性[J]. 自然辩证法研究,2017(07):27-32.
⑤ P Becker. Corporate Foresight in Europe: A First Overview[J]. Working Paper European Commission, European Commission, Brussels, 2002:31.
⑥ 曾忠禄,张冬梅. 情景分析法在美国"预见情报"中的运用[J]. 情报学报,2013,32(2):163-170.

理想的未来愿景,它是塑造未来的重要基础。然而,预见情报是情报工作中最难的部分,因为它面对的是复杂变化的环境,关注的是多种背景因素(如经济、社会、文化、科技、政治等)的综合影响,支持预见的可获得信息十分有限。因此,开展预见情报研究需要识别和分析弱信号,它们有可能反映了未来趋势;[1]需要解读环境,发现微妙差别,透过表面的混乱看到正在出现的模式,并掌握可能塑造未来事件方向的社会潮流的有关特征;需要识别、观察和解释可能导致变化的因素和驱动力量,确定它们可能产生的影响,并启动适当的战略对策。预见情报最常用的方法是情景分析法和德尔菲法。

4.2.5 协助大数据管理

大数据环境下,数据管理面临着诸多挑战:① 数据获取更具隐蔽性。用户行为轨迹在用户不知晓的情况下可被分布于各个角落的传感器自动获取,各类网络服务也在有意或无意地诱导用户主动上传个人信息,公开化、在线化的用户数据获取越来越常态化。② 数据隐私和泄密的风险更高。海量的公开数据通过关联分析,即可发现其中蕴含的决策者意图或涉密信息。③ 数据分析难度更大。由于数据价值密度低,海量数据的知识发现变得异常困难。④ 数据涉及的范围更广。需要将多源、异构、碎片化、实时的、历史的等各种时空范围内的数据加以融合。

情报学是与数据组织最为接近的学科,从信息链的角度来看,情报学在数据的序化和转化过程中具有重要而独特的作用。从大数据中获得知识创新、提炼情报元素,需要将情报工作作为数据融合的组织者,从跨学科角度,以来自其他学科的技术与方法为支撑,从情报学的视角对数据进行融合,以期进行知识发现、情报发现。从数据安全的角度来看,情报学可以作为数据安全的守卫者,在数据风险治理、数据"降噪",以及数据的正确性、隐蔽性分析等数据质量和安全评估中具有无可替代的作用。从数据分析的角度来看,情报学可将大数据的相关关系挖掘上升为因果关系分析。即将大数据分析置于国家、社会需求的各种行业背景和宏观环境的背景(如历史的、政治的、经济的、社会的、文化的与语言的等)之下来加以解读,从而将相关关系提升为因果关系;可通过情报学特有的方法(如竞争性假设分析法、关键假设法、德尔菲法等),控制大数据分析中数据的范围以及分析的方向;可通过情报思维、情报分析模型和情报心理学方法,有效避免数据获取与分析中的"就近效应""定向思维""镜像思维"等认知缺陷。

4.3 总体国家安全观对两种范式融合的驱动

包昌火研究员指出,在新形势下,我国情报工作面临着重大挑战和机遇,清醒地认识情报工作存在的问题和所处的环境,是情报工作者必须思考的现实问题。[2] 我国情报学在长期文献学路径局限和面向信息领域的过度扩张中,偏离了情报的本义,视角发生涣

---

[1] Ilmola Leena, Osmo Kuusi. Filters of Weak Signals Hinder Foresight: Monitoring Weak Signals Efficiently in Corporate Decision-making[J]. Futures, 2006, 38(8): 908-924.

[2] 包昌火. 对当前我国情报工作发展方向的几点建议[J]. 情报杂志, 2014(5): 1-2.

散,研究与工作对象泛化甚至偏移,情报功能淡化甚至异化。例如,苏新宁教授指出,情报工作已把文献服务、信息服务当作主要工作。[1] 高金虎教授认为,中国科技情报界以信息取代情报的现象十分普遍;[2]沈固朝教授认为,以建库、建网、建平台为核心的情报工作弱化了情报的决策功能。[3] 为此,包昌火研究员等自20世纪90年代末开始就致力于Information的Intelligence化的呼吁与研究,并提出了"信息转化为情报和谋略"等重要观点。[4]

情报工作说到底是从战争中发展起来的,其维护国家安全的作用一直备受各国重视。2014年总体国家安全观首次提出,之后被不断强化。总体国家安全观要求重视所有领域的国家安全问题,其目标是要构建完整的国家安全体系[5],"全面安全""共同安全""可持续安全"成为国家安全的总体目标[6]。总体国家安全观的提出,为我国情报工作向Intelligence方向变革提供了契机,情报工作要致力于在总体国家安全管理体系建设中发挥重要作用,在安全治理的全面性、合作性和可持续发展等方面发挥情报支持功能,以总体国家安全观引领情报工作应成为我国情报功能回归、情报工作深化的重要路径。正如张秋波等人认为,情报学应当以总体国家安全观为指导,拓展研究领域、丰富理论和方法体系;[7]赵冰峰认为,解释、预测国家安全和国家发展中的情报现象并指导国家安全和国家发展的治理以及全球治理,应成为现代情报学的重要任务。[8]

总体国家安全观为我国情报工作深化带来了重大发展机遇,在此机遇下,情报工作者必须重新认识情报工作,转变原有研究范式,重构情报工作思维,深化情报工作在总体国家安全观中的价值。此外,《中华人民共和国国家情报法》也明确规定,国家建立健全集中统一、分工协作、科学高效的国家情报体制[9],为情报理论和情报实践提供了重要的指导与保障作用。为此,情报工作该怎么做?

4.3.1 树立总体国家情报思维

作为看待问题的角度、方式与方法的体现,以及处理问题的基本模式,思维会对行为产生重要影响,情报工作思维是指导情报工作实践的关键要素,是开展情报工作的逻辑起点和基础性内化程序。目前局限于图书情报一体化中单兵作战的情报工作思维,在情报功能发挥和情报工作健康发展中暴露出了诸多负面影响。支持总体国家安全观,为其提供决策服务,必须改变现有情报工作中有失偏颇和泛化、组织间相互分离的思维,树立总体国家情报思维。那么,总体国家情报思维具体体现在哪里呢? 我们应该怎么做?

---

[1] 苏新宁. 大数据时代情报学与情报工作的回归[J]. 情报学报,2017,36(4):331-337.
[2] 高金虎. 论情报的定义[J]. 情报杂志,2014(3):1-5.
[3] 沈固朝."耳目、尖兵、参谋"——在情报服务和情报研究中引入Intelligence Studies的一些思考[J]. 医学信息学杂志,2009(4):1-5.
[4] 包昌火,马德辉,李艳. Intelligence视域下的中国情报学研究[J]. 情报杂志,2015(12):1-6,47.
[5] 程同顺. 习近平总体国家安全观的内容和特色[J]. 人民论坛,2017(29):35-37.
[6] 刘跃进. 以总体国家安全观构建国家安全总体布局[J]. 人民论坛,2017(34):38-40.
[7] 张秋波,唐超. 总体国家安全观指导下情报学发展研究[J]. 情报杂志,2015(12):7-10,20.
[8] 赵冰峰. 论面向国家安全与发展的中国现代情报体系与情报学科[J]. 情报杂志,2016(10):7-12.
[9] 高金虎. 从"国家情报法"谈中国情报学的重构[J]. 情报杂志,2017,36(06):1-7.

1. 加强情报工作凝聚力

面对总体国家安全观,原有情报工作的分野在一定程度上削弱了国家情报工作的整体战斗力,正如张家年等所认为的,国家安全情报体系应是一个有机统一整体,各不同领域安全情报彼此之间应是相互联系、相互影响和相互协同的。[①] 基于对国内外安全形势的判断,习近平总书记指出,当前我国国家安全内涵和外延比历史上任何时候都要丰富,时空领域比历史上任何时候都要宽广,内外因素比历史上任何时候都要复杂,[②]局限于某一种或几种特定学科领域的情报显然对于总体国家安全的作用价值有限,情报战斗力大大削弱。总体国家安全观要求对情报工作进行总体部署,2004年美国签署的《情报改革与预防恐怖主义法案》对国家情报总监职位的设立[③],以及后续国家情报总监办公室发布的系列《国家情报战略》[④][⑤][⑥]可以为我国情报工作总体部署提供启示。情报工作的总体部署可以增强情报凝聚力和整体战斗力,在此过程中,成立具有统领、组织与协调功能的"国家情报中心"显得尤为重要,国家情报中心应由各省级情报中心和国家级情报中心形成的情报网络所构成,各网络节点既有根据自身特长和地域特色而设置的特定任务,也有统一的情报任务安排。

对国家情报工作的总体部署推动了情报工作一体化发展。相比于整体化,一体化更加强调各情报工作及其相应部门之间界限的无缝性,一体化意味着各领域情报规划的一致性,情报目标定位与价值建构的聚焦化,情报工作过程的标准化和规范化,以及情报工作的步调一致性。尤其是在《国家情报法》迅速出台的带动下,情报界是否应该考虑制定国家情报工作相关标准(特别强调情报工作相关内涵、情报流程、情报产品生产等标准化),由此支撑情报工作的标准化开展? 这值得情报界思考。同时,一体化对跨部门情报合作提出了更高的要求,对情报产品生产过程中的情报长期稳定联动,更加深入、系统的情报资源共享,以及情报工作的协同意识与能力赋予了更丰富的含义和更深远的价值。

2. 强化情报工作共识与融合

在我国,情报尚未达成广泛共识,这不仅表现在对情报的内涵理解不一,而且在情报研究与工作中也存在较大分歧。总体国家安全观呼吁情报界必须达成高度共识,为发挥情报整体合力奠定根基。总体国家安全观将情报研究对象定位于"总体安全"框架内,对"安全"的争取、保障和建设成为各领域情报的主流,极大地促进了情报研究对象的聚焦,推动了具体领域情报的产生(如政治安全情报、文化安全情报等),使情报工作沿着"以'学

---

① 张家年,马费成. 我国国家安全情报体系构建及运作[J]. 情报理论与实践,2015,38(8):5-10.

② 张家年. 国家安全保障视域下安全情报与战略抗逆力的融合与对策[J]. 情报杂志,2017(1):1-8,22.

③ The U. S. National Archives and Records Administration. Intelligence Reform and Terrorism Prevention Act of 2004[EB/OL]. [2017-06-05]. http://www.archives.gov/declassification/pidb/legislation/pdfs/public-law-108-458.pdf.

④ DNI. National Intelligence Strategy of the United States of America[EB/OL]. [2017-06-06]. http://www.dni.gov/files/documents/Newsroom/Reports%20and%20Pubs/NISOctober2005.pdf.

⑤ DNI. National Intelligence Strategy of the United States of America[EB/OL]. [2017-06-06]. http://www.dni.gov/files/documents/Newsroom/Reports%20and%20Pubs/20009_NIS.pdf.

⑥ DNI. National Intelligence Strategy of the United States of America[EB/OL]. [2017-06-06]. http://www.dni.gov/files/documents/2014_NIS_Publication.pdf.

科知识+情报'为支撑,为具体安全领域提供'耳目、尖兵、参谋'"这一线索展开,并推动多种类似的线索一体化,为总体国家安全提供保障。

国内、国际安全形势日益复杂的今日,任何领域的安全均非个别要素在起作用,各要素相互影响、互相关联地作用于具体安全领域中。正如张秋波等所指出的,政治和社会安全受文化安全影响,科技安全关系到信息安全和军事安全。[1] 不仅在内部机理中,各领域安全存在着千丝万缕的联系,而且在具体行动中,执行主体也具有多元化和相互交互性,如在反腐行动中,除了公安部门外,还包括政府相关职能部门、金融部门等。跨部门情报合作已成为情报工作的基本组织方式。安全形势的复杂性要求情报活动要超越线性过程而转向网状关联的复杂性过程;而在面向某一具体领域的情报分析中,也需要多学科领域的共同参与才能深刻揭示数据与信息背后深层次的情报指向。总体国家安全观为情报融合提供了清晰的组织线索。总体意味着"总计+整体",也就是说,政治安全、国土安全和军事安全等11个领域基本涵盖了安全的所有领域,并将这些领域看作一个整体。国家安全各领域实际上分别对应着相应的安全情报,而在针对具体问题的情报活动中,完全可以依据这11种安全情报来构建融合化的情报工作网络,从而从整体上为某一特定问题的情报方案设计提供线索。此外,融合平台建设也是促进情报工作融合的关键要素,应充分利用云计算和大数据等现代化先进理念与技术、方法,构建面向总体国家安全的融合化国家情报数据资源中心,为情报工作提供整合性、关联化的资源支撑。

3. 重塑大情报观

1988年大情报观的提出[2],本质上是想推动情报学的开放,使情报学介入社会、经济与管理的各个方面,推动情报学从科技情报拓展到社会情报[3]。王崇德教授认为,情报观极富时代感[4],信息时代,情报观确实被"放大"了,但也"走偏"了,对信息领域的集中关注,严重背离了大情报观的最初旨归。对11个领域安全情报的专注,要求并且能够将现有情报工作带离局限于文献与信息研究的"小情报观",回归大情报观的最初本心,不仅深刻贯彻了大情报观的核心理念,而且使情报工作的核心问题域更加清晰,使情报工作目标在丰富中不失边界,情报工作对象在广泛中不失聚焦。

不仅如此,进一步强调了大情报观的工作范围——面向总体国家安全,这就意味着在大情报观基础上的"总体国家情报观"呼之欲出。总体国家情报观是对大情报观的进一步深化,不仅强调情报观之"大",而且要求"大"中的各要素关联起来,从而形成一个整体,在面向某一具体领域的情报产品产出过程中,会将与之相关的其他领域考虑进去,从全局视野关照特定领域的情报问题,从而从整体层面、更高水平上提出更深层次、更具战略性和远见性的解决方案。这实际上为今后情报工作,尤其是国家情报工作提供了清晰的思路,使我们在面向任何特定领域的情报工作中,能够从全局、整体角度将其他相关领域知识与领域情报整合在一起。尤其是在大数据环境下,同一组数据置于不同领域和情境中会被

---

[1] 张秋波,唐超. 总体国家安全观指导下情报学发展研究[J]. 情报杂志,2015(12):7-10,20.
[2] 刘植惠. 评"大情报"观[J]. 情报理论与实践,1999(2):6-8,26.
[3] 华勋基. 试论情报科学体系[J]. 情报学报,1987,(6):446-450.
[4] 王崇德. 情报观的进化[J]. 情报业务研究,1990,(4):169-173.

赋予不同含义,对这些数据从全领域进行关联分析,并转化为整合化的情报,应成为情报工作的重点。不仅如此,弱信号数据、小数据、异常点数据等特殊类型数据也需从不同领域进行全面观测,从而更加深刻地洞察其中可能蕴含的重要情报点,避免情报失察(失误),增强情报的预判能力。

4. 推动情报共享与协同

多年来,我国情报界淡化甚至回避情报共享已成为不争的事实,这不仅发生在跨部门情报活动之间,同时也广泛地存在于本部门内部。意识上的情报工作过分神秘化,以及情报机构对失去核心信息资源优势的担忧,对情报安全保障的担忧,对自身机构利益损害的担忧等相关因素是阻碍情报资源共享的关键因素。[①] 没有情报共享,总体国家情报观、一体化情报工作都将成为泡影。美国政府、学界和情报界一致认为,实现情报共享对于提升情报能力、应对非常规国家安全威胁具有非常重要的意义[②③]。总体国家安全观的提出,要求从"总体"上关照国家安全,也就是说,各领域均应奉献自身在领域中的资源,通过情报共享来实现国家安全的总体性这一目标,这是总体国家安全观从基调、高度上对情报共享做出的隐性要求,是推动情报共享的重要动力。然而,限于情报工作的特殊性和情报共享的现实缺陷,推动情报共享还需在"软件"方面从情报治理角度进一步深化、细化相关的管理体制与机制,构建情报共享的规范与标准、流程以及共享保护策略,平衡参与情报共享机构的利益,以此来营造情报共享环境与文化;在"硬件"方面,需加强情报共享的渠道与平台建设,并通过技术手段加强情报在不同主体之间流动过程中的深化与保护。如可以通过情报资源数据库建设和相应的数据挖掘技术应用,对不同类别、级别的情报进行规范化共享管理和共享情报的整合、关联化处理等。

情报共享强化了不同领域安全情报在"国家情报中心"中的有效流动,但这种流动更多地偏重于情报资源的获取,这仅仅是保障总体国家安全的基础性步骤。而更为重要的是如何推动情报工作的协同,即不仅突出情报共享的动态性、情报资源的整合化,而且更重要的是在情报工作中各情报主体能够面向同一任务、目标,以联动效应推动情报工作的动态化协作。无论是对应急性事件的即时情报支援,还是对战略性规划的情报支持,均需各领域情报加强协同建设,在协同中促进情报工作能力的大幅提升。情报协同需要协同意识、思维与文化的建立,协同过程的机制与平台建设,以及协同效果的评估,打造面向总体国家安全观的情报协同体系。

4.3.2 构建总体国家情报工作体系

长期以来,我国情报工作一直十分重视工作链的中前端(如情报的搜集、分析、评估等),或者说将更多精力置于与"情报"这一本体相关的研究中,正如包昌火研究员在对我国情报工作总结中所指出的,我国情报工作突出情报研究的主导地位、重视情报研究技术

---

① 孙敏,栗琳,孙晓,等. 国家安全领域的情报信息共享意愿研究[J]. 情报杂志,2017(1):35-39.
② Kris D S. The Rise and Fall of the Fisa Wall [J]. Stanford Law and Policy Review,2006(17):487-522.
③ Seamon R H,Gardner W D. The Patriot Act and the Wall between Foreign Intelligence and Law Enforcement [J]. Harvard Journal of Public Law and Policy,2005(28):458-463.

基础的建设;①而忽视了情报工作的终端,或者说对情报工作的最终价值建构重视不够,正如赵冰峰所认为的,我国各层面的情报工作对情报侦察、情报设计与情报活动等工作强调不够,用力不多。②体现情报价值的情报活动还没有走完,这极大地阻碍了情报功能的发挥。总体国家安全观之所以与情报密切相连,大体是因为情报在功能发挥与价值建构上能够给总体国家安全带来切实的保障,发挥这种保障作用重在情报活动的开展,而非纸上谈兵。

现代情报理论先驱者 Kent 将情报视为由三个部分组成,即知识、组织和行动。③ 在此基础上,台湾的钮先钟先生将情报定义为:情报是某种"组织"为追求特定"知识"而采取的"行动"。④ 可见,行动是情报工作的重要组成部分,甚至是终极目标。在服务于总体国家安全观中,情报工作不仅要重视情报分析相关工作,同时更需重视情报分析结果在实践中的应用,将情报经分析转化为行动,切切实实发挥情报活动对于总体国家安全的保护与管理价值。那么,总体国家情报工作体系涵盖哪些关键要素呢？我们应该如何构建？

完善情报工作管理应从以下几个方面着手:

1. 加强情报工作能力培育

情报工作能力是情报意识、情报搜集与分析及形成决策并将其应用于实践,以及在此过程中所涉及的与其他组织的协同合作能力、情报交流能力等的总和,并通过这一系列能力的综合作用产生积极效果。这其中需要信息与数据技术类科学、认知类科学、管理类科学、行为类科学等多种学科的支撑。情报工作能力具体反映在行动主体以及信息(数据)的基础设施上,前者是执行情报工作的具体实施者,后者是支撑主体开展情报工作的保障。主体的情报工作能力既需要理论知识的持续供给,即通过情报学理论与方法的教育,来夯实情报学基础理论知识,为情报工作提供理论依据和知识储备;也需要实践知识的充实,即在情报实践中总结经验,丰富情报工作的实践知识,可以争取各部门情报实战人员的支持,通过各种培训与交流方式,获取他们在情报实战中的实践知识,尤其是注重隐性知识的挖掘。此外,还需充分利用云计算技术、数据库技术来构建支撑情报工作的信息(数据)基础设施。

与此同时,培育情报工作能力,还需注重以下三个方面的研究:一是充分借鉴智库建设和智库产品生产经验,将情报工作打造为情报智库,以产品化的形式影响国家安全管理决策。二是加强情报工作的职业化建设。著名情报学者 Griffith 在 ASIST 年会上讲演时提出,理论、教育和职业是情报学相互联系的三个方面。⑤ 情报职业是情报学的重要组成部分,同时也是情报工作的主导。正如曾在美国 CIA 工作 24 年的高级政治学家 Bruce 所

---

① 张晓军. 情报、情报学与国家安全——包昌火先生访谈录[J]. 情报杂志,2017(5):1-5.
② 赵冰峰. 我国情报事业面临的环境变革、战略转型与方法论革命[J]. 情报杂志,2016(12):1-5.
③ Sherman Kent. Strategic Intelligence for American World Policy[M]. Princeton NJ: Princeton University Press,1949:XII-XI.
④ 钮先钟. 战略研究入门[M]. 麦田出版股份有限公司,1998:195-196.
⑤ Griffith J M. Back to Future: Information Science for the New Millennim[J]. Bulletin of the American Society of Information Science,2000,26(4):24-27.

言,情报分析职业化有助于情报分析质量的提升。① 通过职业化建设(包括职业认证、职业化培育等),打造专门的情报专业从业人才,为情报工作提供人才支持。三是加强情报工作的理论与方法研究,可以采用一定的研究方法来模拟情报实践,如战争游戏法②、情报演习、情报实验和情报实战仿真模拟等。

2. 重视情报部门与职能部门的互动管理

情报工作需要情报部门与相应职能部门在情报资源上相互融合,在行为上协同合作,因此,在情报工作中需加强两者的互动管理。互动管理的本质是要求两者达成深度的情报资源动态共享和相关行为的互相支持。职能部门需将工作实践中的经验、工作过程中面临的问题以及自我见解及时向情报部门反馈,情报部门根据自身专业特长对反馈信息和自身所掌握的信息加以综合分析,并做出一定的判断和决策,从而指导相应职能部门开展必要的工作。实现互动一方面需要情报部门和职能部门制定相关的战略规划,以使两者的互动实现常态化;另一方面,需要在战术情报上加强过程性管理,以使两者在面对具体任务过程中深度协同。两者的互动管理需要一系列制度体系的保障,如情报交流与共享制度、相关的激励制度,以及互动绩效的评估制度等,以此来促进两者互动管理的规范化推进。此外,还需要一定渠道与平台的支撑,利用"互联网+"理念来构建相应的交流与沟通平台,提高互动管理的质量和效率。

3. 完善情报工作管理制度

情报工作管理制度可以有效引导和规范情报工作,它由一套制度体系构成,其中,既有对"情报本体"的管理制度,如情报的分类、分级以及相应的处置制度。对情报的分类、分级不仅有助于对情报的理解、存储和检索,而且方便对情报的管理和保护,使不同的情报人员能够从纷繁复杂的情报中解脱出来,着眼于自身所属领域。情报的分类、分级需要情报内容的编码化处理、各类各级情报的互斥性编排,并且要是一个完整的涵盖所有情报的分类体系。同时也有对情报工作流程的管理制度,如突发事件的情报"会诊"制度、应急响应体系建立等;对聚焦于某一主题的战略局势持续跟踪、监测制度等。此外,还应包括情报工作合作与评估制度,如各级、各类情报部门和职能部门在情报工作过程中的时空无缝联动机制,情报工作中的过程性绩效评估与反馈机制等。

4. 建立全领域国家级情报专家数据库

专家的知识基础以及智慧、经验是开展情报分析必不可少的支撑,是情报工作的重要保障,面对总体国家安全观,任何一个领域的安全问题一般均与其他领域相互影响。建立全领域的情报专家数据库,就是在面向某一具体安全领域的情报工作时,借助各领域专家的特长能够从全局、整体和专业角度为情报工作提供指导。建立全领域国家级情报专家数据库,首先,需要对总体国家安全观的 11 个领域专家进行广泛的评估、甄选,并采用一定激励机制(如科研评价、社会影响力认可、利益协调等)来提高专家参与情报工作的意愿;其次,要对专家特征(如所擅长的专业领域、近期关注的焦点、专家的社会网络关系以

---

① Bruce James B, George Roger. Professionalizing Intelligence Analysis[J]. Journal of Strategic Security,2015,8(3):1-23.

② 王知津,孙立立. 竞争情报战争游戏法研究[J]. 情报学报,2006,24(3):342-346.

及专家的地域差异等)进行总结分析,由此可以有的放矢地"用好专家";再次,要提供专家间的信息交流渠道,如虚拟交流平台的建立、定期专家交流会的举办等,不仅要重视大、小同行之间的信息交流,还要注重跨学科专家之间的交流,由此构建面向 11 种国家安全的整体专家协作网络;最后,要加强情报专家数据库的更新机制建设,促进其新陈代谢,使情报专家数据库得到不断优化。

5. 拓展高校在情报人才培育中的功能

情报人才是开展情报工作的主体,是情报执行效果的决定者。高校无疑是情报人才培育的重要阵地,但目前高校在情报人才培养上不仅专业设置存在局限和偏颇,而且视野也不够宽广。高校是情报知识尤其是理论知识的聚集地,理应胸怀大局、面向全社会培养情报人才。具体而言,发挥高校在培育情报人才中的作用应从以下几方面着手:一是重构情报专业培养体系,加强面向 Intelligence 的情报专业理论的教育,重视跨学科(如数据科学、心理学、社会学、计算机科学、管理学以及具体安全领域相关学科等)情报人才的培养;二是重视情报实践者在人才培育中的作用,国家相关部门[如国家相关安全部门、各企业和职能部门的情报机构、各级各类情报(信息)研究所(战略规划院)等]具有长期从事情报工作实践的大量情报人员,他们也许并非情报专业出身,但具有丰富的工作经验,吸收他们作为高校情报人才培养的师资力量,可以有效补充高校情报实践知识的欠缺;三是开展面向全社会的情报人才培训工作,高校应根据自身条件开展面向情报从业者的相关培训,可采取短期进修、阶段性专项培训等策略,当然这需要相应的制度与措施支持。

4.3.3 以任务为情报工作的组织线索

就目前国内、国际情报工作来看,各情报机构存在显著壁垒,情报职能没有得到充分整合,情报工作模式仍然是基于机构的线性模式(任务—搜集—处理—加工—分发)[①],这不仅不利于发挥情报工作的整体合力,而且有可能造成情报机构之间的竞争和任务重叠。以任务作为情报工作的组织线索,打破基于机构的工作模式,转向基于具体任务的工作模式[任务—分发—搜集、处理、加工(各情报机构)—情报整合—分发],从而促进整个情报界情报工作的一体化,推动各情报机构职能的融合,有助于情报工作的即时性、灵活性。任务聚焦式情报工作应加强情报工作的顶层治理,尤其是情报工作的一体化管理,使整个情报界能够按照统一部署参与到情报工作中来;并制定情报界稳态的战略合作伙伴关系。同时还需重视情报交流与共享,以及情报分析的协作性。

此外,还要重视情报众包。情报搜集需要开放性,尤其是在大数据与互联网环境下,用户已成为情报数据的重要掌握者,情报工作需要开放畅通的信息搜集手段来丰富数据来源,没有开放的信息通道,情报工作无异于缘木求鱼。[②] 在"9·11"事件后,美国面向全社会实施了"See Something,Say Something"的全民行动,意在发动民众提供关于恐怖主义的信息,这在情报收集中起到了良好的效果。众包成为情报搜集手段并在情报工作实践中加以利用,在国际上已不是新鲜事,早在 2009 年,在美国国家安全情报搜集领域就

---

① 高庆德.美国情报组织揭秘[M].北京:时事出版社,2016:399.
② 倪春乐."互联网+"背景下的公安情报众包探索[J].山东警察学院学报,2017(2):57-64.

已经出现了类似于众包的做法;①在情报高级研究项目活动(The Intelligence Advanced Research Projects Activity,IARPA)中,对于情报众包给予了大量的基金支持;②学界对于众包在情报工作中的重要作用也给予了充分的肯定,Philip认为在情报工作众包中,各社会群体对某种信息的丰富认识与评估比主题专家更占优势,有助于避免专家的认知偏见③,肯定了集体智慧在情报工作中的价值。开展情报众包重在任务分析与传播,众包平台的构建,众包过程及接包方的管理,尤其是加强众包质量控制与风险防控(如泄密风险、隐私侵犯风险、知识产权风险等)。

4.3.4 形成多层次情报工作策略

1. 建立积极情报、反情报与欺骗性情报联合工作网络

长期以来,面向积极引导性的情报工作受到了高度重视,却轻视了反情报和欺骗性情报的重要性。在面向总体安全观的情报工作中,应加强积极情报、反情报与欺骗性情报的联合工作。在美国第12333号行政命令中,将反情报定义为:识别、欺骗、利用、瓦解或防止由外国或非国家行为者实施的间谍活动和其他活动,并为此搜集的信息,以及采取的活动。④ Shulsky认为,反情报是情报中不可分割的一部分,它不仅对防止对手获知己方情况十分重要,而且如果没有反情报机构发现对手可能采取的欺骗行动,人们甚至不能确定自己对敌情究竟了解了多少。⑤ 反情报远不止是一种防御性的情报工作,通常而言,反情报工作应包括三类,第一类是评估型反情报,旨在评估对手针对本国开展情报工作的能力,以及敌我对比中我方情报能力的评估;第二类是防御型反情报,是针对对手的情报渗透而采取的情报保护和对对手的挫败;第三类是进攻型反情报,是主动识别对手的情报工作,必要的时候输送虚假情报,并操控其攻击活动。

欺骗性情报是以误导敌方情报分析,削弱敌方情报分析能力,并将其引导至有利于我方的情报工作为最终目标。国内情报欺骗理论的代表人物高金虎认为,中国在处理国家安全问题时,应从研究敌对情报机构的行为模式和活动技巧入手,在认知对手的情况下,采用拒止和欺骗等反情报措施实行有效防御。⑥ 欺骗性情报工作应包括三个层面,一是封锁自身信号,即对自身情报进行保护,以防被敌方所识别;二是释放虚假信号,以误导敌方情报工作;三是反欺骗,即努力识别敌方可能释放的假信号,并采取必要的情报工作防止并利用被欺骗。积极情报、反情报与欺骗性情报是情报工作的有机整体,在情报工作中,应从机构与人员设置,特定技术、平台与方法的应用,尤其是大数据环境下的关联分析、社会网络分析、语义挖掘等方面加强三者的联合工作。

---

① Humint Osint. Defining Crowdsourced Intelligence [J]. International Journal of Intelligence and Counterintelligence,2015(8):578-589.
② Halman Alexander. Before and Beyond Anticipatory Intelligence:Assessing the Potential for Crowdsourcing and Intelligence Studies[J]. Journal of Strategic Security,2015,8(5):15-24.
③ Tetlock Philip. Expert Political Judgment:How Good Is It? How Can We Know? [M]. Princeton:Princeton University Press,2005.
④ Mark M Lowenthal. 情报从秘密到政策[M]. 杜效坤,译. 北京:金城出版社,2014:216.
⑤ Abram N Shulsky. 无声的战争——认识情报世界[M]. 罗明安,肖皓元,译. 北京:金城出版社,2010:267.
⑥ 高金虎. 战略欺骗[M]. 北京:金城出版社,2005:1-2,228.

2. 加强国家竞争情报研究

国家竞争情报的着眼点在于国家,核心是保障国家利益,服务内容是支持国家战略决策,根本任务是提升国家综合实力和竞争力。[①] 陈峰指出,国家竞争情报成为大国崛起、科技赶超、经济腾飞、竞争制胜、安全防范等不可或缺的群体智力构成要素[②],这其中美国[③]、日本[④]是依靠国家竞争情报崛起的典范。开展国家竞争情报研究,应着眼于三个方面,一是深化对国家竞争情报本质与价值的认知,深刻认识到国家竞争情报是总体国家安全观中安全情报的重要组成部分,开展国家竞争情报研究是防范总体国家安全风险、获得竞争优势、提高国家软实力和创新能力的重要手段。二是构建立体化国家竞争情报体系,重点包括专门机构设置,人才培养,制度与战略制定,政府、企业、高校等机构面向任务的一体化管理,以及相关的科研资源支撑(如专门期刊的出版、研究项目的资助、国内外合作项目的支持等)。三是认清大数据和网络环境给国家竞争情报带来的显著影响。开展大数据环境下数据保护与治理、数据关联性挖掘分析、基于数据的情报发现等研究,重视基于网络主权的国家竞争情报开发研究。

构建和维持国家决策优势无疑应成为国家竞争情报的终极目标。为发挥国家竞争情报在决策优势中的功能,应沿着两个思路进行,一是获得具有决定意义的关键性情报,或者通过反情报和欺骗性情报对竞争者掌握的我方情报加以否定;二是辅助决策者做好应对战略突袭的准备,发现早期预兆,提供情报预警。尤其是对弱信号、问题端倪和风险防控的认知和评估。[⑤] 为实现国家竞争情报的决策优势,应着重于两个方面,即全范围感知和战略性预测。所谓的全范围感知,即掌握、控制、分析大量分散的全范围数据和信息。尤其是大数据环境下,充分利用大数据技术搜集全时空范围内的数据资源,并进行深度数据挖掘分析;所谓的战略性预测,即深入研究已存在的条件和环境,动态获取关键性新信息,并通过信息与信息之间以及信息与条件、环境之间的联系和可能性分析(如关联性分析、社会网络分析等),来做出客观性、前瞻性、全局性的判断。

[①] 陶翔,缪其浩. 国家竞争情报的概念及其演变过程[J]. 图书情报工作,2005(9):18-22.
[②] 陈峰. 法国政府加强竞争情报工作的战略举措及启示[J]. 情报杂志,2015(2):59-62.
[③] 包昌火,包琰. 中国情报工作和情报学研究[M]. 北京:科学出版社,2012:604.
[④] 白益民. 三井物产:比中情局更牛的情报网[J]. 南方企业家,2011(11):140.
[⑤] 高庆德. 美国情报组织揭秘[M]. 北京:时事出版社,2016:398.

第 5 章　情报学范式融合的基本原理

学科发展中的融合本该水到渠成,但是 Intelligence 范式和 Information 范式的两大科学共同体及其研究领域多年来的平行发展,导致两者融合为大一统的情报学难以在短期内达成。目前,比较可行的举措是从学术交流和情报学发展本质规律出发,充分发挥"无形学院"的自觉行为,激发科学共同体的自我觉醒和自发行动。为了使科学共同体的行动更科学、更有效,需要从理论的高度对两种范式的融合进行指导。因此,本章基于"新三论"来探讨情报学范式融合的机理,解决范式融合"是什么"和"为什么"的问题,为后续建立策略提供理论基础和方法论依据。

5.1　情报学范式融合的困境

情报学在学术研究、社会贡献和队伍建设中取得的成绩有目共睹,特别是这些成绩不仅包括渐进性的量变,也包括局部的质变,这标志着未来若干年面向转型发展的"情报学革命"即将到来,这场革命主要在 Intelligence 范式和 Information 范式融合下,情报学科学共同体的重建,以及范式融合下理论与方法的变革。在此背景下,我们需要思考,情报学范式融合的困境何在?其大体体现在受制于学科建制的不同,受阻于情报观的分歧,受限于学术资源的共享难,以及受不同相邻学科的影响等。

5.1.1　受制于学科建制的不同

根据国务院学位委员会和教育部的学科专业目录,我国情报学的学科建制包括三类,一是隶属于法学门类,设在"公安学"一级学科下的"公安情报学(二级学科代码为030606)",授予法学学位;二是隶属于军事学门类,设在"军事指挥学"一级学科下的"军事情报学(二级学科代码为110504)",硕士授予军队指挥学学位,博士授予军事学学位;三是隶属于管理学门类,设在"图书情报与档案管理"一级学科下的"情报学(二级学科代码为120502)",授予管理学学位。此外,学界所提到的科技情报学、竞争情报学、社科情报学等在官方专业目录中并没有体现,从研究对象和内容来看,这几类情报学通常可归于民口的管理学门类。而近年兴起的国家安全情报学也没有在官方学科目录中有所设置,在学术论文和相关研究项目中,与此相关的研究议题主要体现在政治学内。我国情报学的学科建制来源于行业逻辑或部门任务,在这样的建制下,各类情报学均已形成强针对性的学术资源和强稳定性的科学共同体,难以在短期内重组。因此,从学科建制上看,各类情报学很难形成"一体化",这意味着目前情报学范式融合不应将重点放在"大一统"的情报学上,而应将两种范式的科学共同体视为"兄弟关系",形成学科联盟。

从学科所关注的问题域来看,公安情报学的研究对象是与社会安全问题有关的情报问题[1],其核心内容包括维护国内公共安全、社会稳定、人的安全以及预防违法犯罪的情报活动和情报现象[2],它的主要目标是解决社会安全问题,中国人民公安大学的研究生招生目录中,侦查学下设公安情报研究方向。军事情报学是研究军事情报特性、军事情报工作规律和军事情报工作指导规律的学科[3],其研究范围包括敌方军事思想、意图、活动等相关内容[4]。1997年版的《中国军事百科全书》中指出,军事情报学主要研究军事情报的本质及其在国防建设、军队作战中的地位和作用等[5],它的主要目标是解决对外安全问题,国防科技大学的研究生招生目录中,军事情报学的研究方向主要包括军事情报基础理论、情报分析、联合作战情报保障。管理学门类下的"情报学"基本等同于国外的"Information Science",它是一门文献信息研究且体现图书馆本质和理念的信息科学[6],主要研究内容包括信息(知识)管理与服务、信息系统、信息检索、知识组织、信息行为、信息(文献、科学)计量学等,它的主要目标是解决信息(知识)困境以及社会发展问题。从研究范式来看,公安情报学与军事情报学属于"Intelligence"范式,而图书情报学属于"Information"范式。因此,从学科问题域上看,两种范式的情报学研究目前尚存在较大的差异,并且这种差异由来已久。这意味着不能强行将两种范式的情报学研究"融在一起",而是应以时代背景下的情报任务为统领,在推进情报观统一的前提下,通过制度化的学术交流、平台化的学术资源共享等途径,逐步推进其学术研究的相互渗透和科学共同体的合作,使情报学能够承担起"维护安全"和"促进发展"的双重使命。

5.1.2 受阻于情报观的分歧

简单地讲,情报观是对情报的基本看法,情报观深刻地渗透在情报学教育和学术研究中。南京大学的情报学专业是全国重点学科和双一流学科,在该校情报学专业学术型硕士的16门专业课程中,有8门课程名称中含有"信息",仅有2门课程名称中含有"情报",其他课程涉及互联网、数据挖掘等内容,显然绝大部分课程更具"Information Science"属性。由于保密原因,我们无法通过公开途径获得军口情报学教育的课程设置,但从其他公开信息可略知一二,例如,中国人民公安大学的公安情报学专业下设"公安情报学"与"反恐怖"两个专业方向,该专业学术型硕士研究生的必修和选修课程中,基本都含有"情报"

---

[1] 谢晓专. 公安情报学与情报学的关系研究[J]. 情报杂志,2012,31(06):1-7.
[2] 马德辉,苏英杰. "Intelligence Studies"视域下的中国公安情报学若干基本问题研究[J]. 情报理论与实践,2013,36(05):50-57,49.
[3] 高金虎. 军事情报学研究现状与发展前瞻[J]. 情报学报,2018,37(05):477-485.
[4] 百度百科. 军事情报学. [2020-4-7]. https://baike.baidu.com/item/军事情报学/3362785?fr=aladdin
[5] 陈洪辉,罗雪山,张维明. 信息化战争条件下军事情报学学科建设探析[J]. 高等教育研究学报,2007(02):8-10.
[6] 肖勇,赵澄谋. 西方的资讯学研究现状与我国情报学的学科关系[M]//情报学进展(第八卷). 北京:国防工业出版社,2010:111-161.

二字,如"公安情报分析方法研究""公安情报安全理论与应用""西方警务情报研究",等等[①];而从该校重要情报学者发表的论文来看(如马德辉、彭知辉、谢晓专等),他们对公安情报学的认识基本上属于"Intelligence Studies"范畴之内;从学科专业为"公安学"并且研究方向为"公安情报学"的部分硕士学位论文来看,其主题集中于"反恐情报""情报分析""情报搜集"等"Intelligence"属性的情报。在国防科技大学国际关系学院的硕士生招生目录中,军事情报学的专业课包括"军事情报学基础""军事情报学综合",并在招生目录的备注中明确指出"军事情报学综合内容主要为:各种侦察手段及应用、情报分析方法与实践、国际安全热点问题分析等"。另外,国防科技大学军事情报学专家高金虎教授、刘强教授等均观点鲜明地将情报与信息区分开来,例如,刘强教授指出,信息属于物质范畴,而情报和知识属于意识范畴[②],并认为"图书馆学情报学"应称为"图书馆信息学",情报学与图书馆信息学有着完全不同的学科属性[③]。

情报观统领情报学教育和学术研究,情报观的分歧不仅阻碍了两种范式的情报学界之间的学术交流,也导致了情报学在教育和学术研究等方面形成明显的差异。值得一提的是,近年来,越来越多的从事 Information 范式的情报学者进入"Intelligence Studies"阵营,越来越多的从事 Intelligence 范式的情报学者认可大数据环境下"Information Science"在信息组织等方面的工具性功能,这显然有助于推进情报学范式的融合。当前,最为重要是如何基于信息链、面向实践需求来统一情报观,使情报学能够承担起"信息管理"和"情报研判"的双重任务。

5.1.3 受限于学术资源的共享难

学术资源大体包括客观资源和认知资源两大类。前者是指客观存在的资源,主要包括信息资源、基础设施资源、教育资源等,还包括来自学科外部发展环境的"问题资源",如国家战略中的情报需求和任务等。其中除了问题资源外,其他资源在以军事情报学为代表的 Intelligence 范式下的某些情报领域具有保密性,例如,军事部门的文献资源不对外公开,民口情报学无法直接引用军事情报学的文献;军事情报学毕业生大多就职于军事部门。主观资源是经过处理后的资源,包括理论资源、方法资源、隐性知识资源等。这其中大部分理论与方法资源在从事两种范式研究的情报学界可以实现共享,而隐性知识资源的共享却是一大难点,原因不仅在于由隐性知识本身的特性决定的,还表现在他们的思维理念未达成广泛共识。学术资源不能充分共享将严重阻碍他们学术研究的融合。

我们有责任维护 Intelligence 范式下某些情报学问题和知识的秘密性,但也必须应用其学术资源来开展研究。因此,尊重秘密性的刚性文化的同时,能够融合这些情报资源以推动情报学研究的发展便成为情报学范式融合的一个重要问题。特别是通过学术资源的

---

① 马德辉. 中国公安情报学的兴起和发展[J]. 情报杂志,2015,34(11):7-14.
② 刘强. 战略预警视野下的战略情报工作——边缘理论与历史实践的解析[M]. 北京:时事出版社,2014:25-26.
③ 刘强. 中国"情报学"乱象和迷途的终结与选择——基于信息与情报的本源内涵和学科机理与边界[J]. 情报杂志,2018,37(11):1,9,2-8.

共享可以产生新的学术增长点,例如,两种范式涉及的思想冲突和理论方法差异是情报学创新发展的源泉。正如缪其浩所言,保守秘密很有可能成为我国科技情报工作的新生长点,其中包括保护秘密的方法、方案、制度和系统的设计等。[①] 因此,我们不仅要力图促进学术资源的充分共享,还要在共享中创新情报学发展,使情报学能够承担起"尊重双方刚性情报文化"和"探索学术增长点"的双重责任。

5.1.4　受不同相邻学科的影响

相邻学科可对情报学的理论形成渗透,并扩充情报研究方法,甚至它们还会影响情报学的研究对象。两种范式的情报学在发展过程中深受相邻学科理论与知识体系的影响,不同的相邻学科使其知识体系之间产生了差异。Intelligence 范式下,军事情报学研究的相关知识包括情报对象的军事、政治、经济、文化(如历史、风俗、宗教等)[②],公安情报学特别重视从公安学(包括犯罪学、侦查学、治安学、国内安全保卫学等)、社会学、统计学、心理学、宗教学、民族学等学科获取理论、方法与技术支撑[③],军事和公安情报学应属于"国家安全学学科群"之列,而 Information 范式下的民口情报学以图书馆学、档案学、情报学一体化的形式位于"信息资源管理学科群"之内[④]。此外,上位学科决定了情报学的学科性质、定位和研究范畴,不同的上位学科其使命迥异,例如,军事情报学的上位学科(军事学)的使命是保障国家安全,公安情报学的上位学科(公安学)的使命是保障社会安全,而民口情报学上位学科("图情档")的使命是保存和利用信息。从这个意义上说,不同相邻学科的知识渗透和服务于不同的上位学科的功能定位,给情报学范式融合带来了显著障碍。

决策性是情报的本质属性,这是大多数情报学者所认同的。国家战略需求决定了情报支持决策的服务内容,大数据环境决定了情报支持决策的方法论基础,这在开展两种范式研究的情报学界也具有高度的共识。为了实现情报学范式融合,我们需要以国家战略和大数据环境为指引,提炼出情报学共同的相邻学科,使双方能够从共同的相邻学科中吸收理论与方法,从而为情报学范式融合奠定基础。

5.2　情报学范式融合的基础

在历史渊源上,战后以军事情报学为代表的 Intelligence 范式的情报学向经济、科技转移,为以科技情报学为代表的 Information 范式的情报学发展注入了新的活力。在学术研究上,虽然在范围和深度界定上存在些许区别,但不得不承认信息检索、信息组织和信息处理是两个范式情报学共同关注的基本对象。同时,两个范式的情报学在情报分析方法、所关注的重点论题上均具有较多的共通之处。在学科性质上,情报学研究的决策性功

---

① 缪其浩. 探索者言:缪其浩情报著作自选集[M]. 上海:上海科学技术文献出版社,2008:70.
② 张晓军主编. 军事情报学[M]. 北京:军事科学出版社,2001:13.
③ 谢晓专. 公安情报学与情报学的关系研究[J]. 情报杂志,2012,31(06):1-7.
④ 冯惠玲. 从文献管理到基于信息资源的管理——图书情报与档案管理学科的创新发展之路[J]. 情报资料工作,2013(03):6-10.

能取向被两个范式情报学中的大多数学者所共同认同。在学者价值观中,越来越多的 Intelligence 范式的情报学者提出自身应该借助 Information 范式情报学的信息组织优势,越来越多的 Information 范式情报学者开始关注 Intelligence Studies 并参与其中,认同情报学研究应该围绕"耳目、尖兵、参谋"这一两个范式情报学都认可的情报功能而开展。

因此,从总体上看,情报学范式融合既有来自历史上的两个范式情报组织和科学共同体的关系作为客观基础,也有来自 Intelligence Studies 和 Information Science 两者的联系作为理论基础,更有来自匹配国家战略需求中情报观的转变带来的动力、活力和文化基础。可以说,情报学范式融合,特别是情报学研究的融合已经具备了坚实的基础,值得注意的是,它们之间共同的基础还没有上升到融合的层面。但这样的基础为两个范式情报学进行有效交流提供了平台,正如伽达默尔认为的,共同的文化和传承将分歧和解释双方联系在一起,从而促进了它们之间的交流[1]。此外,在这样的基础上,无不充满着匹配外界环境需求的对外开放性和内部要素之间的协同和非平衡性,这对于情报学范式融合起到了至关重要的驱动作用。

5.2.1 融合的客观基础

情报学研究的科学共同体、情报组织之间的关系,构成了两个范式融合的客观基础。这种关系包括它们之间的分离和结合两种。对于分离而言,它们在数据组织与分析研究以及研究成果价值取向上具有共同的基础。所谓的分离,其实是在这个共同的基础上,表现出来的研究成果应用过程的部分分离和情报观上的分离。应用的分离主要指 Intelligence 范式的情报学的特殊性质和使命(秘密性、竞争性和对抗性)要求其在执行特定的情报任务时,情报搜集、情报分析和情报应用等研究成果需以反情报和隐蔽行动等方式,向自身领域以外隐藏行动意图、信息内容和获取渠道,或者故意向对手散布虚假信息。经过进一步思考我们会发现,这样的分离实际上强化了融合的客观基础。原因在于,情报学范式融合的目的之一就是指导情报工作能够更有效地服务于国家安全与发展这种具有统一关系的战略,Intelligence 范式情报学和 Information 范式情报学两者的分离实际上是从另一方面补充并强化了它们之间融合中安全情报研究的效用。也就是说,这样的分离是两者构成的融合系统的一个组成部分,也是构成"大情报学"的一个理论与方法要素。

正是由于提炼信息中的知识和智慧需要情报研究,而情报研究又需要以信息的序化和转化为前提,以信息资源的开发利用为己任的 Information 范式情报学和保障发展顺利并起到安全维护作用的 Intelligence 范式情报学,既有所区别,又互相借鉴,两者在研究内容和实施途径上既具有相对性,又有互补性。其中,情报分析一直以来都是两个范式情报学的核心问题,而恰恰在情报分析的方法上,它们结合得最为紧密。例如,在反恐情报活动中所使用的大数据分析方法在所有情报学领域是通用的,并且是被共同关注的[2]。又

---

[1] 朱红.情报学科研究新方法论[J].情报理论与实践,2006,29(3):274-276.
[2] 李勇男.大数据驱动的反恐情报决策体系构[J].情报杂志,2018(10):57-62.

如，Information 范式情报学中的信息组织、信息检索、数据挖掘、可视化分析等方法和技术在 Intelligence 范式情报学中的情报资料组织、处理中同样发挥着重要作用。再如，在竞争情报研究中，引入了战争游戏法[①]、移植应用了军事情报理论 C^3I[②]，等等，这样的例子还有很多，这些例子有力地说明了不同范式情报学方法结合的紧密度。高金虎认为，科技情报学在信息分析、组织中的方法和技术，可以提高军事情报分析的精准性，军事情报学将其引进来是未来的必然趋势。[③] 特朗普在 2017 年签署的《美国国家安全战略》中明确指出，军事领域的发展依赖于科技情报。[④]

此外，两个范式情报学也面临着一些共性的论题。例如，2013 年，马费成教授提出的情报学九大研究前沿（大数据分析、数据挖掘与知识服务、数据耕耘与知识成长、数据库知识发现、虚拟社区中的信息传播与演化规律、小世界现象与社会网络分析、信息的自组织和序化研究、语义知识组织与认知检索、云存储和云服务）[⑤]，以及 2008 年赖茂生教授确定的情报学的十大前沿（知识组织、情报检索、情报研究、信息资源管理和知识管理、数字图书馆、网络用户行为、情报学理论、信息计量学、信息政策与法规、信息经济学）[⑥]，这些论题中的大多数在 Intelligence 范式情报学内同样存在，只不过有的论题所侧重的关注点和研究取向有所差异而已。B McCandless 认为，军事情报的五大职能（保护己方、获取数据、早期告警、最新信息和支持决策）及五大工作任务（搜集、分析、报告、反情报和秘密行动）同样适用于活跃于商界的公司竞争情报[⑦⑧]。

理论来源于实践，实践为理论提供了生长的土壤。从这个意义上讲，情报工作的结合同样构成了情报学融合的客观基础。Intelligence 范式情报为 Information 范式情报的信息搜集与整序提供了更强和更具针对性的目的，将人脑思维过程嵌入信息中，增强了后者信息分析的智慧价值，同时，前者在信号情报、图像情报、人际情报等方面也对后者的信息搜集提供了更有效的补充。情报的生命周期大多短于一般的信息[⑨]，因此，Information 范式情报延长了 Intelligence 范式情报的生命长度，使后者在应用领域的范围和深度上能够获得延续和拓展。大数据环境下，Information 范式情报的数据组织为 Intelligence 范式情报的分析奠定了数据整序、积累的基础。这在情报实践上，以军民情报融合为具体形式体现得十分深刻：历史上军民情报在搜集上开展了大量工作，17 世纪开始的望远镜、热气球、照相机、无线电、动力飞机等技术均曾被应用于情报搜集。日本官民情报结合为其对外侵略扩张做出了"突出贡献"。作为典型代表，以色列从 1948 年建国开始就坚持走军民

---

① 王知津,孙立立. 竞争情报战争游戏法研究[J]. 情报科学,2006(03):342-346.
② 黄迎馨,沈固朝,包昌火. 借鉴军事 C^3I 理论与技术构建企业竞争情报系统[J]. 科技情报开发与经济,2009,19(06):108-110.
③ 高金虎. 军事情报学[M]. 南京:江苏人民出版社,2017:32.
④ 刘如,吴晨生,刘彦君,等. 中国科技情报工作的传承与发展[J]. 情报学报,2019,38(01):38-45.
⑤ 马费成. 情报学发展的历史回顾及前沿课题[J]. 图书情报知识,2013(02):4-12.
⑥ 赖茂生,等. 情报学前沿领域的确定与讨论[J]. 图书情报工作,2008(3):15-18.
⑦ Mccandless. B. What Key Learning Should Corporate Competitive Intelligence Specialists Acquire from Their Military Intelligence Counterparts? [A] Controversies in Competitive Intelligence: The Enduring Issues,2003:45-55.
⑧ Craig S F, David L B. Controversies in Competitive Intelligence: The Enduring Issues [M]. Blenkhorn. Praeger,2003:45-55.
⑨ 孟广均,徐引篪. 国外图书馆学情报学研究进展[M]. 北京:北京图书馆出版社,1999:54.

情报融合道路。从20世纪90年代末开始,以美国和俄罗斯为主要代表,军事情报研究力量逐渐向经济技术情报领域转移,将军事情报研究的经验和方法应用到经济技术情报领域中。"9·11"事件后,美国在安全、反恐等领域开展了情报众包,如"See Something,Say Something"的反恐全民行动;在情报高级研究项目活动(IARPA)中,对情报众包也给予了大力支持。2017年年底发布的《美国国家安全战略》强调了科技情报对美国军事力量的支援功能。从一开始我国的情报事业就呈现出图书馆技术与军事情报思维结合的状态。抗日战争和解放战争时期,中国共产党领导的武装力量广泛组织群众实施军事侦察活动,这些均为情报学范式融合奠定了坚实的客观基础。

5.2.2 融合的理论基础

信息链为情报学范式融合奠定了坚实的理论基础。2017年召开的情报学与情报工作发展论坛上,马费成教授指出,从信息链(DIKW)角度来看,"Intelligence Studies"位于后端,包含在"Information Science"中,"Intelligence Studies"的主要研究内容是促进知识转化为情报(见图5-1)。从信息链的要素及其之间的相互转化关系可以看到,Intelligence Studies 与 Information Science 有着共同的基础,这使它们紧密地结合在一起,结合中的具体关系大体可以描述为:Intelligence Studies 中的思想、价值观等统领着 Information 的价值,Information Science 中的信息组织与处理的方法等是 Intelligence 的基础。

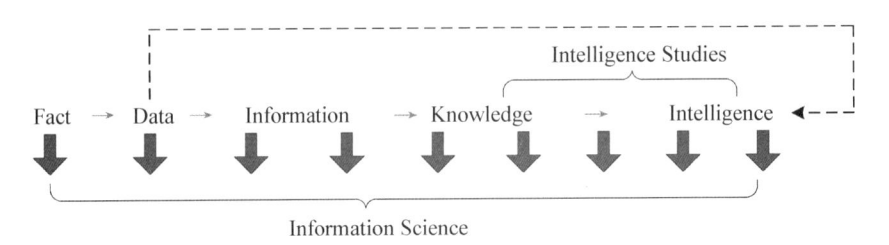

图 5-1 信息链上的情报学[①]

在第七届(2017年)全国情报学博士生论坛大会上,李刚教授提出了情报研究的双螺旋结构。李刚教授认为,情报研究中的第一类研究是关于 Information 的,主要指的是我国的图书情报学研究;第二类研究是关于 Intelligence 的,主要指的是军口情报学研究。脱离第一类研究的内容研究,不是运用情报学的理论、方法和技术所进行的研究,而是其他社会科学开展的基于其他学科的理论和方法的战略研究或者公共政策研究。这样的双螺旋结构肯定了 Information Science 和 Intelligence Studies 之间的关系,强化了 Information Science 的基础性作用。

此外,包昌火研究员等所提出来的 Information 的 Intelligence 化[②],反映了 Information Science 和 Intelligence Studies 这一结合的动态过程;霍忠文研究员等提出的"情报"译成"Informagence"的建议,意在取"Information"的资讯、信息和资料之意,与

---

① 依据马费成的报告整理。
② 包昌火,包琰. 中国情报工作和情报学研究[M]. 北京:科学出版社,2014:25.

"Intelligence"的智能、智慧和情报之意,①是这一结合形态的具体反映;沈固朝教授倡导的在情报工作和情报学中引入Intelligence②③④,以及借助其国家社科基金重点项目"维护安全与发展战略的情报理论与体系研究",提出的基于Intelligence Studies 和Information Science 融合的"普通情报学",是这一结合的具体思路。

可以说,将Intelligence Studies 和Information Science 进行融合研究,是我国情报学研究的一大特色。国外这一学科的研究与 Intelligence 分得清清楚楚。以美国为首的 Intelligence 研究多存在于军事、安全、反恐等部门。从这个意义上讲,开展 Intelligence Studies 与Information Science 的融合研究对于我国情报学学科的特色发展意义重大。实际上,我国从事 Intelligence 范式研究的情报学者和从事 Information 范式研究的情报学者已经开始关注这一方面,研究活动逐渐显示出了开放性特征。具体而言,呈现出了两个主要趋势,一是Intelligence 范式情报学者开始将研究成果发表在公开出版的情报学期刊上,这对 Information 范式情报学产生了重要影响,有力地推动了两者情报学学术研究的融合。笔者首先在中国知网期刊全文数据库中以题名字段模糊检索"情报",然后通过发文机构分析,甄选出发文量较多的从事 Intelligence 范式研究的情报机构,接着对这些机构的"情报"主题发文进行分析,具体检索策略为:TI =('情报') AND (AF ％ 中国人民武装警察部队学院＋解放军国际关系学院＋解放军外国语学院＋解放军外国语学院＋南京政治学院＋中国国防科学技术信息中心＋空军雷达学院＋国防科学技术大学＋空军工程大学)。由图 5-2 可见,Intelligence 范式情报学研究的机构在我国图书情报学领域的重要期刊上发表了数量可观的论文。

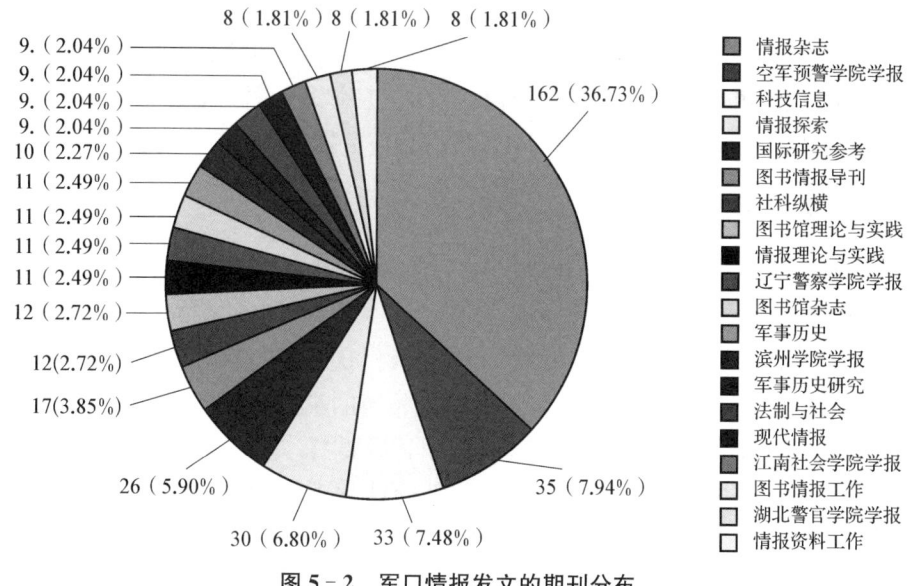

图 5-2 军口情报发文的期刊分布

---

① 霍忠文,阎旭军."情报""Informagence"与"Infotelligence"——科技情报工作科学技术属性再思考[J]. 情报理论与实践,2002,25(1):1-5.
② 沈固朝.两种情报观:Information 还是 Intelligence?——在情报学和情报工作中引入"Intelligence"的思考[J]. 术语标准化与信息技术,2009(01):22-30.
③ 沈固朝. 在情报工作中引入 Intelligence 的理论和实践[J]. 图书情报工作,2005(01):15-16.
④ 沈固朝. 为情报学研究注入 Intelligence 的理论与实践[J]. 图书情报工作,2005(09):10.

二是 Information 范式的情报学研究已经不再局限于传统的对文献计量、知识组织、知识服务等研究,研究触角开始伸向以 Intelligence 范式为特征的情报领域。其具体表现有这样三个方面:一是相关项目已开始布局,例如,苏新宁教授团队近年来借助国家社科重大、重点、一般和省级项目开展了面向国家安全与发展的情报学研究,将情报学范式融合作为情报学学科建设的重要路径。近年来,图书情报与文献学的国家社科基金项目中,将"军民融合"作为项目名称核心词的项目已有两项获得立项,另外还有若干项目研究需要情报学范式融合这一研究内容的支撑。二是沈固朝教授所培养的一批博、硕士研究生从学位论文主题到从业方向很多都与 Intelligence Studies 和 Information Science 融合相关,涌现出了一批优秀的年轻学者,例如,石进、胡雅萍、赵小康等。三是图书情报学研究主题开始拓展到 Intelligence 范式的情报学领域。近年来,图书情报学研究的重点领域也开始向安全情报学、智库方面拓展,情报学学科研究中也将 Intelligence 作为重点研究内容。也就是说,Intelligence 不仅在安全领域研究中获得重视,在发展领域同样受到关注,正如经济合作与发展组织发展中心负责人 Nicolas Jequier 在一篇文章"Intelligence as an Instrument of Development"中指出的那样,情报不仅仅与安全密切相关,与发展也密切相关。情报部门使用的情报资料,大部分来自公开的而不是秘密的来源。就收集情报的数量而言,Intelligence 范式的科学共同体和情报组织远不及工业公司、金融机构、政治团体和宗教组织,但是与国防和间谍活动有关的情报组织很少注意关于发展的文献资料,也很少认识到情报作为发展的一种手段,以及在制定发展战略中的潜在作用。他指出,发展相关的情报工作有助于紧跟国际前沿和趋势、提升经济效果,因此,这样的情报是国家发展的重要手段之一。[①] 实际上,图书情报学领域十分关注的竞争情报就具有这样的特征,很难说竞争情报工作是面向安全的还是面向发展的,它应该是一种结合了 Intelligence Studies 和 Information Science 两者思维、理论与方法的综合性情报学研究领域。

5.2.3 融合的动力

致力于内涵式大情报观构筑为情报学范式融合提供了不竭动力。1988 年大情报观的提出[②],本质上是想推动情报学的开放,使情报学介入社会、经济与管理的各个方面,推动情报学从科技情报拓展到社会情报[③]。王崇德教授认为,情报观极富时代感。[④] 信息时代,情报观确实"放大"了,但也"走偏"了,对信息领域的集中关注严重背离了大情报观的最初旨归。情报学作为一门应用型学科,其应用领域要"有为才能有位",但必须避免的是情报学学科建设的过度扩张,情报学学科建设要"有所不为才能有所为"。正因如此,情报学界开始关注情报学发展中的偏移甚至迷失,例如,学者们提出情报学发生了如下一些阻

---

① Nicolas Jequier. 情报——发展的一种手段[J]. 孙学琛,等编译. 科技情报工作. 1982(3):25-29.
② 刘植惠. 评"大情报"观[J]. 情报理论与实践,1999(2):6-8,26.
③ 华勋基. 试论情报科学体系[J]. 情报学报,1987,(6):446-450.
④ 王崇德. 情报观的进化[J]. 情报业务研究,1990,(4):169-173.

碍其健康发展的现象：文献学的历史遗留[①]、情报研究与工作的偏移[②]、信息取代情报[③]、情报核心功能弱化[④]、情报元素淡化[⑤]。这样的认识是新的发展背景下情报学的功能与责任需要进一步深化所决定的。例如，总体国家安全观下，要求并且能够将现有情报学带离局限于文献与信息研究的"小情报观"，回归大情报观的最初本心，不仅深刻贯彻了大情报观的核心理念，而且使情报学的核心问题域更加清晰，使情报学研究目标在丰富中不失边界，情报学研究对象在广泛中不失收敛。[⑥]

大情报观的内涵式发展主要表现在"耳目、尖兵、参谋"功能的回归和进一步深化与拓展。近两三年来，越来越多的中国情报界人士开始从狭隘的科技情报学拓展开，Intelligence 思维与价值观下的情报学观念被越来越多的学人所接受，中国情报事业开始谋划从 20 世纪 90 年代以来的对信息的偏重回归到最开始的"耳目、尖兵、参谋"功能，甚至向"引领"进发。在此过程中，产生了以科研项目和具有重要影响的会议为代表的规模化学科发展谋划，与此同时，部分学者也提出了具有很强指导价值的重要观点。《国家情报法》的颁布充分证明了国家层面对情报事业的重视，这一法律为国家情报工作的开展提供了法律保障。2017 年年底，国家社科基金重大项目"情报学学科建设与情报工作未来发展路径研究"获批。这一项目组织了军民（含军事、国防、公安、科技、社科等情报学界）各领域情报学 40 余所机构的 130 余人参与其中，并在此过程中形成了广受情报界关注的《情报学与情报工作发展南京共识》。该共识充分体现了全国各类情报研究者和工作者对情报学学科发展和情报工作发展的总体思路和决心。

此外，国内情报学界出现了一个有特色的致力于内涵式大情报观构筑的学术交流活动平台——华山情报论坛。华山情报论坛由《情报杂志》主办，2014 年举办了首届并一直持续至今，特别是近两年的会议议题对军民情报融合给予了高度关注，2017 年和 2018 年的主题分别是"《国家情报法》与中国情报学发展"和"新时代开启中国情报研究新征程"，会议吸引了军民领域众多情报学者的广泛参与，共谋情报学发展。另外，众多学者在中国情报学发展论坛、情报学博士论坛等高级别的情报学发展研讨会上进行了热烈探讨。例如，马费成教授给出了未来情报学发展重视的若干研究方向，即信息技术，国家安全、产业竞争等，军民情报研究融合，学科跨界交叉；李广建教授认为，要将军事、科技、医学、社科等情报融入情报学学科发展中；高金虎教授认为，未来情报学比较好的研究范式是竞争情报的研究范式结合科技情报的数据挖掘与分析等方面的先进技术。

另外，近年来，安全情报学发展受到前所未有的重视，例如，中南大学吴超团队借助国家自然科学基金重点项目"安全科学原理研究"的支持，开展了一系列安全情报学研究。他们认为，安全情报研究已成为情报学学科与安全学学科交叉领域的新的学科生长点和

[①] 邹志仁. 情报交流模式新探[J]. 情报科学，1994(4)：34-37，80.
[②] 苏新宁. 大数据时代情报学与情报工作的回归[J]. 情报学报，2017，36(4)：331-337.
[③] 高金虎. 论情报的定义[J]. 情报杂志，2014(3)：1-5.
[④] 沈固朝. "耳目、尖兵、参谋"——在情报服务和情报研究中引入 Intelligence Studies 的一些思考[J]. 医学信息学杂志，2009(4)：1-5.
[⑤] 付立宏，李露琪. 近年来图书馆学情报学核心论文主题分析[J]. 图书馆学研究，2014(16)：2-6，12.
[⑥] 杨国立，李品. 总体国家安全观背景下情报工作的深化[J]. 情报杂志，2018，37(05)：52-58，122.

延伸点[1],安全情报学是情报学和安全学直接进行交叉融合而形成的一门新学科,是一门情报学和安全学的共同分支学科[2]。高金虎教授认为,安全学作为一级学科在我国学科发展体系中的建立,为情报学研究提供了一个重要发展机遇,在国家安全学学科设置中,国家安全情报学必将赢得一席之地。[3]

5.2.4 融合的活力

国家安全与发展的统一增强了情报学范式融合的活力。安全与发展是人类面临的两大基本问题,两者具有统一的关系:安全是发展的基础和保障,没有安全的发展或者牺牲安全的发展将失去稳固的根基和可持续性;发展是安全的目的,没有发展的安全或者为保护安全放弃发展将使安全得不到进步并失去其存在的意义。安全维护是一种被动行为,促进发展是一种主动行为,安全与发展是国家战略中的两个不可分割且相互制约的整体,或者说是一个问题的两个方面,维护安全并促进发展需要战略情报的支持,这增强了情报学范式融合的活力。

早在第一次世界大战期间,情报界就开始认识到战略情报的重要作用。第一次世界大战使人们认识到,决定战争胜负的不仅仅是常备军的数量,还要看一个国家的总体经济实力、战争潜力和抵抗侵略的民众士气,情报工作开始涉及经济因素、国民士气等非军事因素,战略情报观念开始形成。为战略决策服务的情报工作形成于第二次世界大战,战后科技的发展为情报工作带来了深远的影响。二次世界大战后,世界由战争转向和平发展,经济和科技建设成为各国关注的焦点。随着冷战局势的形成,高科技领域的竞争成为发达国家发展战略的重要内容。冷战结束后,全球化和信息化兴起,国际安全与发展环境发生了巨大变化,非传统安全威胁成为国家安全的主要因素,传统的以动向分析、政治分析为主要内容的情报服务需要转向非传统安全威胁上来,以帮助决策者了解过去、监测动向、预测未来。美国国家情报委员会自1996年开始展开了关于全球未来发展趋势的系列研究,出版了"全球趋势"系列研究报告。例如,2017年,通过情报分析得出了未来数十年中俄将在"灰色地带"和争议地区挑战美国主导地位这一论断。美国在2017年发布的《美国国家安全战略》中提到,科技情报数据对于武器系统开发和建设意义重大。有学者认为,美国科技情报迎来重大转折点。今天,非传统安全问题更加突出,美国发起的"301调查"、华为和中兴事件等经贸科领域的竞争与对抗,不仅是科技、经济领域的发展问题,也与总体国家安全和国防建设密切相关。综上可以看出,在安全与发展始终交织在一起的背景下,情报界也在服务于此的过程中使 Intelligence Studies 和 Information Sciene 融合在一起。[4]

总体国家安全观作为安全与发展相统一的国家战略的直接体现,是一个综合型新安全观。它既重视安全问题,又重视发展问题。新安全观及其倡导的科学思想,客观上对维

---

[1] 王秉,吴超. 安全情报学建设的背景与基础分析[J]. 情报杂志,2018,37(10):28-36.
[2] 王秉,吴超. 大安全观指导下的安全情报学若干基本问题思辨[J]. 情报杂志,2019,38(03):7-14.
[3] 高金虎. 论国家安全情报工作——兼论国家安全情报学的研究对象[J]. 情报杂志,2019,38(01):1-7.
[4] 周翔主编. 国家竞争情报——是什么,为什么,如何做[M]. 上海:上海科学技术文献出版社,2008:13-15.

护国家安全与发展发挥了第一道防线作用的情报,特别是对游离于国家安全问题之外的民口情报学,提出了新要求——对 11 类国家安全工作提供情报支援研究。正因如此,情报学界认识到了总体国家安全观下情报学发展的责任、机遇和新空间,面向国家安全与发展的中国现代情报体系[①]、新安全威胁下情报工作的理念与机制[②]、总体国家情报观[③]等问题相继被提出,极大地激发了情报学发展的活力,使两种范式的情报学学科学共同体开始不约而同地关注安全情报。他们的研究焦点开始汇聚,而在此之前,他们的研究界限还十分清晰。

5.2.5 融合的文化基础

对情报秘密属性看法的转变奠定了情报学范式融合的文化基础。情报具有竞争和对抗的属性,因此情报共享有限,其搜集、获取和应用具有隐秘性。隐蔽行动作为西方国家情报活动常用的手段之一,一直用于政治、军事、外交领域。为了本国利益在他国从事违法活动是隐蔽行动最大的特点,也因此成为情报的代名词[④]。这样的情报认识并没有因战争的结束而停止,冷战结束后,这类非常规的情报活动开始向经贸、科技领域渗透。例如,在军口情报学界,对 Intelligence Studies 基本达成了一个共识:它与监视、监察类似。在冷战期间,它是国家间对抗的工具,美国中央情报局对情报的分类就具有这样的取向[⑤]。"情报学理论之父"美国情报学家 Sherman Kent 对此持有不同的看法。他在其代表性著作《为美国世界政策服务的战略情报》中将情报定义为知识、组织和行动[⑥],而知识具有共享性,因此,在他看来,秘密性根本不是情报的内涵。他主要从四个方面进行分析来支持自己的这种观点,第一,对手为获取所需信息常常采用非常规手段,但有些对手的信息是无法通过这种手段获得的,需要通过对其他信息的分析与判断来得到,而这些信息既包括秘密信息也包括公开信息;第二,对手通过采用反情报甚至误导和欺骗手段来阻挠对其信息的获得,但通过公开信息可以避开,从而获得客观信息;第三,秘密情报有时是靠不住的,因为存在双重间谍和反情报,情报分析却常常对此忽略;第四,以间谍为代表的秘密情报者获取的往往是已存在的信息,却无法预测对手还没有做出决定的相关信息,而预测是情报分析中非常重要的功能之一。基于此,Kent 提出,情报学应该成为一种通用的社会科学,理解并最终预测各种政治、经济、社会和军事问题[⑦]。这为情报非秘密属性的认识提供了重要基础,而后来卡特政府针对隐蔽行动限制的 12036 号行政命令从实际行

---

① 赵冰峰. 论面向国家安全与发展的中国现代情报体系与情报学科[J]. 情报杂志,2016(10):7-12.
② 江焕辉. 国家安全与情报工作关系的嬗变研究[J]. 2015,34(12):11-15.
③ 包昌火,马德辉,李艳. Intelligence 视域下的中国情报学研究[J]. 情报杂志,2015,34(12):1-6,47.
④ 孟广均,徐引篪. 国外图书馆学情报学研究进展[M]. 北京:北京图书馆出版社,1999(9):54.
⑤ 美国中央情报局将情报分为信号情报(Sigint,对消息的截获和破译以及对通信量的分析)、电子情报(Elint,使用远程传感器和通信量的监视)、虚假情报(False Intelligence,采用欺骗、颠覆、误导和使用双面间谍)、图像情报(Imint,包括电视情报和使用红外成像和卫星监视技术所得的空中情报)、通信情报(Comint,通过截听对方或敌方通信获得的情报)、人工情报(Humint,利用人力资源公开或秘密地搜集得到的情报)。
⑥ Scott Len, Jockson Peter. The Study of Intelligence in Theory and Practice [J]. Intelligence and National Security, 2004,19(2):139-169. 肯特. 战略情报:为美国世界政策服务[M]. 刘微,肖皓元,译. 北京:金城出版社,2011:3,57,123.
⑦ 张晓军主编. 美国军事情报理论著作评价[M]. 时事出版社,2005:144-150.

动上摧毁了情报的秘密属性。

进入 21 世纪,美国对伊拉克大规模使用杀伤性武器和"9·11"事件的失误,反映出了情报界过分关注秘密情报和忽视公开信息的缺陷。以至于后来,美国情报政策发生了重要转变:尽可能使用公开手段获取情报,而一般不用秘密手段,这在美国决策部门占有了重要地位。Steele Robert 认为,OSINT(Open Source Intelligence,公开源情报)即非密性公开信息源约占美国情报来源的 40%~95%。[1] 众多学者研究表明[2][3][4],公开源情报在情报工作中发挥了重要作用,是打破情报秘密属性的重要力量。

随着对公开信息源应用的越来越广泛、越来越深入,情报的秘密性特征越来越脆弱。特别是以恐怖主义为代表的非传统安全问题日益突出,情报界逐渐认识到,没有国家内部以及国际间的情报合作,情报很难在非传统安全中发挥其应有的预测、预警和评估功能,正是基于这样的认识,单一来源情报的局限性逐渐暴露出来,并逐渐被全源情报所取代,成为情报工作的新模式。至此,公开源情报在反毒[5]、国家安全威胁与军事领域[6][7][8]等方面的应用越来越频繁。这样的情报工作对情报学研究的非秘密性认知起到了非常重要的推动作用,更何况即使情报工作有秘密属性的一面,情报学研究也未必同样具有秘密属性,因为情报学研究毕竟是一种学术研究,涉及的是理论、方法上的通用规律,而这种规律很多时候不存在意图取向,也不存在数据保密问题,而是对学术研究规律和原理的探索。

5.3 基于"新三论"的情报学范式融合方法论

"新三论"包括耗散结构理论、协同学理论和突变论,利用这三个理论来解析情报学范式融合,目的是揭示两者融合从低级向高级有序演化的规律和机理,以及在演化过程中哪些具体要素起到核心作用,这些要素值得深入研究,也是融合推进策略的主要依托。

---

① Steele Robert D. National Intelligence and Open Source: From School House to White House [J]. American Intelligence Journal, 1993,14(2):29-32.

② Foreign Intelligence from the Dutch Papers, the French Papers, and the Hamburgh Papers [J]. The Times, 1805,6572:2.

③ Steele R D, Lowenthal M. Open Source Intelligence: Private Sector capabilities to Support DoD Policy, Acquisitions and Operations [R/OL]. Defense Daily Network Special Report,(1998-05-01)[2010-10-25]. http://www.fas.org/irp/eprint/oss980501.htm.

④ Best R Jr, Cumming A. Open Source Intelligence (OSINT): Issues for Congress [R/OL]. [2010-10-28]. Congressional Research Service (CRS) Report for Congress, http://ftp.fas.org/sgp/crs/intel/RL34270.pdf.

⑤ Holden-Rhodes, James F. Unlocking the Secrets: Open Source Intelligence in the War on Drugs [J]. American Intelligence Journal,1993,14(2):67-71.

⑥ Steele Robert D. National Intelligence and Open Source: From School House to White House [J]. American Intelligence Journal, 1993,14(2):29-32.

⑦ Steele Robert D. The Importance of Open Source Intelligence to the Military [J]. International Journal of Intelligence and Counterintelligence, 1995,8(4):457-470.

⑧ Steele Robert D. Private Enterprise Intelligence: Its Potential Contribution to National Security. Intelligence and National Security, 1995,10(4):212-228.

5.3.1 以系统论的方法解析情报学范式融合过程

钱学森院士指出,系统是一个有机整体,这个整体由若干组成部分组成,这些组成部分相互作用和依赖,并且这个系统应从属于更大的系统[①]。以系统论的方法解析情报学的范式融合过程,说到底就是将其置于一个具有动态变化特征的系统中进行解释和分析。之所以如此,其理由在于,第一,从历史和发展的眼光来看,中国的各领域情报学具有历史同宗同源性,并在国家战略需求的牵引下从关系断裂中逐渐恢复,在适应环境发展中,它们越来越表现为相互作用、相互依赖,这为系统的形成奠定了基础条件;第二,从认识上,承认并强调各领域情报学具有相互作用和相互依赖的关系,这为情报学范式融合奠定了基础;第三,从系统观上,突出各领域情报学是一个有机整体,这个有机整体是大情报观的具体体现,也是国家安全与发展战略决策需求下我国情报学学科建设的需要;第四,从开放性上,情报学范式融合系统处在更大的系统之中,它与其他系统具有物质、能量和信息的交换,这构成了融合形成的基本条件;第五,从可持续性上,重视情报学范式融合系统结构的稳定性,为此,要强调这一系统的有序性和目的性,有序性是系统结构稳定的基础保障,目的性是要将系统推向更稳定的结构。

情报学范式融合涉及的因素较多,因素之间的相互作用较为复杂,要想建立融合的有序结构并使之能够持续发展,就需要做到以下几点:第一,基于整体性原则来分析融合的功能和过程;第二,要强调综合性,也就是避免融合采用的手段、实现的功能和达成的目标单一,并强调它们之间的作用与反作用关系,唯有从综合性角度来分析融合,才能使之更稳定、效益更优;第三,要突出价值性原则,情报学范式融合中十分重要的一个环节就是要确定融合的价值目标或效用指标,这是问题导向或目标导向的集中体现;第四,要遵循全过程原则,就是以情报学研究过程为基本逻辑线索,从学术资源共享出发,沿着理论与方法、教育教学、学科体系建设这一逻辑顺序开展全过程和全覆盖的融合。

引入系统论对于情报学范式融合的方法论意义在于,运用系统观点,从宏观和整体上对情报学范式融合系统加以考察,使系统中的子系统以及各要素的功能能够有机融合,并使它们之间相互协同,减少内部抑制,从而使系统的整体功能大于子系统功能之和[②]。情报学范式融合系统既是由双方研究者思维与经验、研究活动等因素构成的认识活动系统,也是两种范式的科学共同体竞争与协同的社会活动系统,还是由两种范式的情报学研究中的基本概念、原理、理论、教育与学科等要素及其相互作用形成的知识形态与进化系统。因此,情报学范式融合系统是认识活动系统、社会活动系统和知识形态与进化系统的有机统一体。从系统工程学思想的角度来看,情报学范式融合系统是由知识维、时间维和逻辑维构成的三维结构(见图5-3)。知识维主要解决的是融合的方法与策略问题,即从对情报的认知协同出发,包含融合的方法、路径、策略等内容;时间维主要解决的是融合处理的程序问题,可采用全面质量管理方法PDCA,即计划(P)、实行(D)、检查(C)和处理(A)四个环节;逻辑维主要解决的是融合的逻辑次序问题,如以战略共谋为出发点,沿着资源共

[①] 苗东升. 系统科学大学讲稿[M]. 北京:中国人民大学出版社,2007:14.
[②] 靖继鹏,马费成,张向先主编. 情报科学理论[M]. 北京:科学出版社,2009:255.

享、学科与教育共建、成果共用等逻辑线索展开。

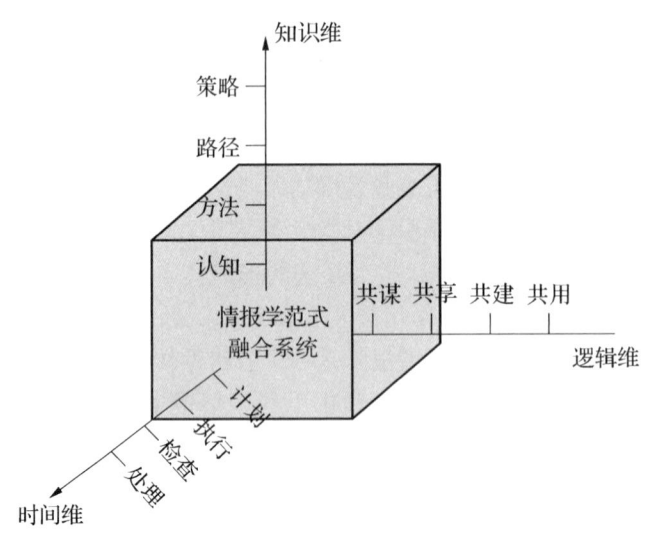

图 5-3　情报学范式融合系统的三维结构

5.3.2　情报学范式融合系统的耗散性机理

1969年,耗散结构理论由比利时统计物理学家普利高津(也被译为普里戈金)提出。这一理论主要可用于考察系统从无序到有序的过程原理,从而为系统有序性发展的条件建立提供方法论指导。[①] 因此,耗散结构理论是一种条件方法论,用于指导耗散结构形成条件的揭示与实现问题。

在耗散结构理论应用中,系统熵的考察分析是一个核心问题,通常而言,系统熵用 s 表示,在某特定时间的总熵变化用 ds 表示,它由两部分构成[②][③],即熵增 d_is(在系统内部产生并不可逆的递增,即恒有 $d_is \geqslant 0$)和熵流 d_es(由外界影响而成,其值可大于、等于或小于0,具体由开放的条件和性质决定)。转译到情报学范式融合系统中,外部熵流 d_es 主要包括情报学发展环境的变化以及这种变化所带来的能量、物质和信息对于情报学融合系统的输入,环境变量主要包括国家安全与发展战略、大数据环境,例如,数据(信息)组织,情报本质功能的共识,大数据技术与环境的应用,国家安全与发展战略需求的牵引,等等;内部熵增加 d_is 主要包括因信息丰富和无用信息增加而造成的情报噪声增强,"世界3"理论中的知识庞大、复杂并处于动态增长、更新等变化中,两种范式之间情报认知混乱以及理论与方法的矛盾,等等。当 d_es 达到一定条件和共识时,d_is 会越来越"屈服于"d_es,而使整个系统随着时间的演变逐渐由高熵向低熵转变,形成自组织演化,其基本原理见图5-4。

[①]　陈士俊,夏青. 基于耗散结构理论的科学学派成长机制分析[J]. 科技管理研究,2009,29(08):569-571.
[②]　Prigogine. Time, Structure and Fluctuation[J]. Science. 1978,14(5):438-452.
[③]　王芳,邓明然. 战略性新兴产业系统自组织条件:耗散结构研究[J]. 科技进步与对策,2016,33(01):64-68.

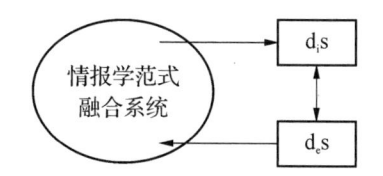

图 5-4　情报学范式融合系统的熵变

情报学范式融合系统是一个开放的系统,在融合过程中不断与外界进行能量、物质和信息交换,从而形成与外界进行能量、物质和信息交换的熵流 $d_e s$。当 $d_i s < |d_e s|$ 时,系统逐渐向新的有序状态演化。随着系统熵的连续变化,融合系统的结构也会发生变化(如图5-5所示)。

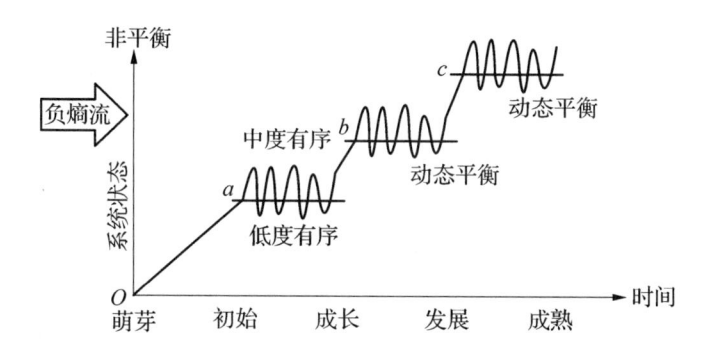

图 5-5　情报学范式融合系统的动态演化[1]

为了给耗散结构提供数学条件和分析方法,需要建立一个具有普遍意义的数学模型,普利高津带领布鲁塞尔学派经过10余年的努力,提出了著名的布鲁塞尔器(Brusselator)。布鲁塞尔器模型的化学反应表达式如下[2][3][4]:

$$A \xrightarrow{k_1} x \tag{5-1}$$

$$B + x \xrightarrow{k_2} D + y \tag{5-2}$$

$$2x + y \xrightarrow{k_3} 3x \tag{5-3}$$

$$x \xrightarrow{k_4} E \tag{5-4}$$

上述表达式中,A 和 B 是反应物,在化学反应中是逐渐被消耗的,但可以不断获得补充,因此,在整个化学反应中浓度不变;D 和 E 是生成物,一旦形成就立即被取出;x 和 y 是

---

[1] 王芳,邓明然.战略性新兴产业系统自组织条件:耗散结构研究[J].科技进步与对策,2016,33(01):64-68.
[2] Niclis G, Prigogine I. Self-organization in Non-equilibrium System[M]. New York: Wiley, 1968.
[3] Tyson J. The Belousov-zhabotinskii Reaction [C]. Heidelberg: Springer-Verlag: Lecture Notes in Biomathematics, 1976.
[4] 陈伟,李金秋.基于 Brusselator 模型的我国知识产权管理系统耗散结构生成机制[J].科技进步与对策,2017,34(21):7-15.

中间产物，其中 x 既是反应物又是生成物，在反应过程中浓度不断提高。式(3)相当于一个自催化过程，是 x 分子数量不断增加的过程。k_1、k_2、k_3、k_4 是催化剂，影响化学反应速率。[①]

耗散结构理论解决了许多体系演化问题，但应用该理论的数学分析方法的体系毕竟是少数，如何应用这一理论并且少用或不用数学分析方法来解决情报学范式融合系统面临的问题，这是本文需要解决的一个问题。为此，我们借鉴了著名自组织理论研究学者吴彤教授的观点，按照耗散结构理论的基本思想抽象出它的基本功能性概念，按照它解决问题的次序，建立起运用耗散结构概念的方法程序。[②] 具体而言，就是利用耗散结构方法指导情报学范式融合系统构建的条件，并创造条件使融合系统不断开放，培育情报学发展环境中的能量、物质和信息，使得融合系统在它们的输入下，双方科学共同体的情报学思想和研究差异更加突出，促进两者越来越远离平衡状态，推动两者之间的相互作用越来越深刻地体现为非线性。系统耗散结构的形成和持续建立在以下条件基础之上[③]：一是开放性，也就是说，系统可以与周围环境发生物质、能量、信息的交换；二是远离平衡态，即系统需要处于可发生突变的远离平衡态状态；三是非线性，即系统重新进入另一个新的耗散结构状态中是在非线性交互过程中完成的；四是涨落现象，即"通过涨落达到有序"。

1. 在促进开放中获得动力

所谓的开放性，指的是情报学范式融合系统既有向内的信息流，也有向外的信息流，在与外界环境的信息交互过程中，在理论上，共筑学科发展共同体；在应用中，共筑国家安全与发展共同体。融合系统是中国特色哲学社会科学发展战略的子系统，吸收了这一战略的政策与制度资源，同时也为其提供了情报决策支持。融合系统的开放路径一般包括输入、输出和交互三条路径(见图5-6)。输入路径是由外向内的输入，这主要由技术环境供给，指的是通过信息技术的供给，丰富情报学的方法。特别是在大数据环境下，大数据思维、技术与资源极大地丰富了情报学的方法论资源，这构成了融合系统的推动力。输出路径是由内向外的输出，指的是情报学学术研究、人才培养能够满足国家安全与发展战略决策需求，国家战略决策环境构成了融合系统的牵引力。交互路径主要体现在融合系统周围的学科上，融合系统与这些学科是同盟的关系，这些学科主要包括知识系统(学)、安全科学、战略学、信息科学群、军事学、"老三论"及"新三论"等。通过与这些学科进行输入与输出的交互，实现它们理论与方法的相互借鉴，体现融合系统的开放性。例如，从波普尔的"世界3"理论来看，两种范式的情报学都具有一个共同的本质，那就是它们研究的对象是"世界2"(主观知识或精神状态的世界)和"世界3"(客观知识)之间的相互作用与影响，并对"世界3"中的各种记录下来的知识进行搜集和组织。正如，布鲁克斯所提出的，情报学研究的对象是"世界2"(精神世界)与"世界3"(客观知识世界)的相互作用问题。[④]这表明融合系统与知识系统具有很强的信息交换关系，并且由于"世界2"的主观性，情报学研究会随着不同主体以及同一主体的认知变化而不断发生着改变，这也是开放性的重

---

① 吴彤. 自组织方法论研究[M]. 北京：清华大学出版社，2001：33.
② 吴彤. 自组织方法论研究[M]. 北京：清华大学出版社，2001：38.
③ 贺建勋. 系统建模与数学模型[M]. 福建：福建技术科学技术出版社，1995.
④ B C Brookes. The Foundations of Information Science[J]. Journal of Information Science，1980，2(3)：4-6.

要方面。同时,情报学从诞生之日起,其发展就总是与相邻学科存在跨学科研究行为,许多新观点都与周围学科的发展相关,许多分支学科的产生(如信息经济学、情报心理学、信息社会学、战略情报学等)都是出现在学科交叉地带,这正是情报学及其研究开放性的直接体现。

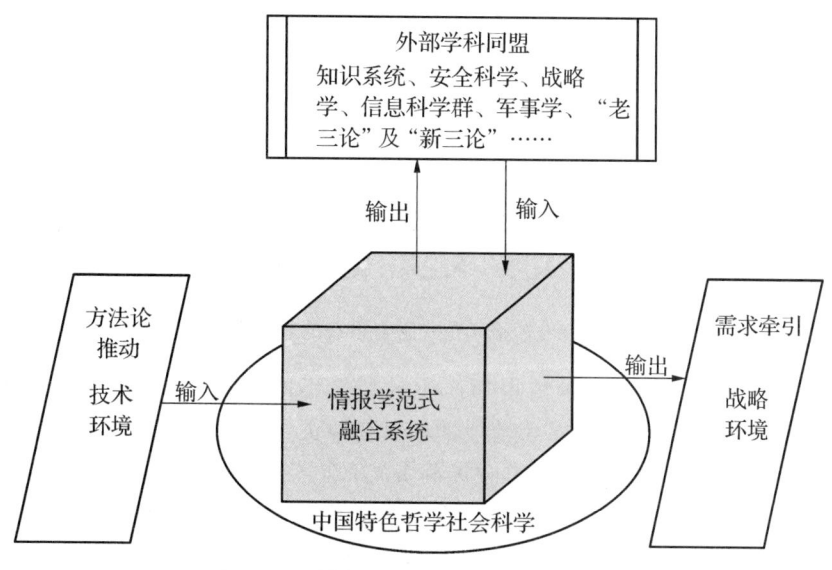

图 5-6 情报学范式融合系统的开放性

2. 在知识结构的非平衡中丰富知识体系

"非平衡是有序之源"[①],在情报学范式融合系统中,如果两种范式的情报学知识结构处于近平衡状态,那么它们向融合系统中输入的知识都在大致相同的"规范"之中,这只是增加了知识的数量;而当双方知识结构的关系处于远离平衡状态时,它们之间便会出现规范碰撞,由此便会形成新的知识,进一步地,也会推进新的知识有序结构,从而促进情报学的创新和持续发展。融合系统的非平衡性是由 Intelligence 范式情报学与 Information 范式情报学在产生与发展背景、研究思想和研究方向等方面的差异性所决定的,这样的非平衡性是融合系统有序和稳定的基本条件。正是由于它们之间的非平衡性,才使得它们存在竞争与合作的关系,并使它们在此过程中不断相互学习与借鉴,优化自身的知识结构,推动它们不断地进化,而这样的进化从整体上优化了整个融合系统的结构,从大情报观的角度促进了整体情报学学科的发展。

具体而言,可以从双方各自的输入和输出两方面来评估融合系统内部的不平衡性(见图 5-7)。需要说明的有两点,一是融合系统并非事先建立,而是在 Intelligence 范式情报学和 Information 范式情报学相互作用的过程中自发产生的,为更形象地展示非平衡性,图 5-7 中虚拟地将融合系统独立出来,以从"旁观者角度"将两者之间的不平衡性看得更为清晰。二是有些要素从表面上看更侧重于"情报工作"类,但是,情报学研究的一个基本原则是需要具备实践适应性能,也就是情报学研究是服务于情报工作的,情报工作也会为

---

① 谢嘉幸. 论社会系统中的非平衡自组织现象[J]. 系统辩证学学报,2003(03):66-71.

情报学研究提供导向,因此,这些表面看起来属于情报工作范畴的要素并没有偏离本文的"情报学研究"初衷,反而是一种补充和强化。

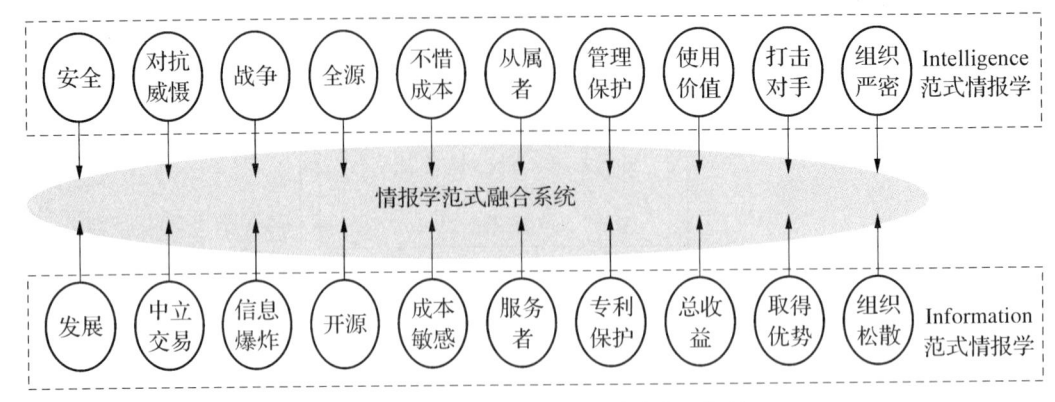

```
┌─────────────────────────────────────────────────────────────┐
│ 安全  对抗  战争  全源  不惜  从属  管理  使用  打击  组织   │ Intelligence
│       威慑              成本   者   保护  价值  对手  严密   │ 范式情报学
└─────────────────────────────────────────────────────────────┘
              ↕    ↕    ↕    ↕    ↕    ↕    ↕    ↕    ↕    ↕
                        情报学范式融合系统
              ↕    ↕    ↕    ↕    ↕    ↕    ↕    ↕    ↕    ↕
┌─────────────────────────────────────────────────────────────┐
│ 发展  中立  信息  开源  成本  服务  专利  总收  取得  组织   │ Information
│       交易  爆炸       敏感   者   保护   益   优势  松散   │ 范式情报学
└─────────────────────────────────────────────────────────────┘
```

图 5-7　情报学范式融合系统的非平衡性

从输入方面来看,首先,两种情报学产生的背景不同。Intelligence 范式的情报学产生于战争与安全背景下,特别是军事情报学的学科源头是《孙子兵法》和克劳塞维茨的《战争论》,肯特的《战略情报:为美国世界政策服务》开启了理论研究先河;而 Information 范式的情报学是应对信息爆炸而产生的,通常将首次应用自动化技术进行信息组织研究的《诚如所思》作为其源头,正如美国信息科学技术学会主席 Hahn 女士在回答美国科学协会委员会提出的关于情报学专业(Information Science)的主要贡献时总结到的,情报学研究的主要贡献是测度了信息爆炸——通过建立书目计量学领域,抑制了信息爆炸——通过发明引文索引系统,将计算机应用于文献和文献记录的处理——通过计算机存储和检索系统,研究了用户的信息查询、需求和选择行为,建立了国家信息政策。

其次,两种情报学的学科属性存在差异。Intelligence 范式的情报学更多地体现为对抗性,并有威慑作用,特别是军事情报学在这一点上体现得更为突出,这可从对情报的界定中看出。克劳塞维茨(1780)在《战争论》中将情报视为来自敌方的全部资料,情报为思考和行动提供了基础。[①] 2007 年,美国军方联合出版物 JP2-0(Joint Publication)——《联合情报》对情报进行了重新定义并作为官方正式用语收入新版 JP1-02 联合出版物《国防部军事与相关术语字典》中[②]。他们将情报界定为:对国外、敌对或潜在敌对力量或其部门、实际或潜在作战地域的可用信息进行搜集、处理、综合、评估、分析、诠释后所得的产品。[③] 即使是在非战争时期,在应对跨国犯罪、环境破坏、毒品走私、食品安全和社会安全风险等方面,Intelligence 范式的情报学同样表现出突出的对抗性。这种对抗性表现在情报工作中,而对抗性的情报工作又为情报学研究提供了导向。Information 范式的情报学更多地体现为中立性,并具有交易性,以取得己方的发展为宗旨,即使是竞争情报也侧重于以发展自己来取得竞争优势为主,而不是以打压对方为目的。

---

① 克劳塞维茨. 战争论[M]. 北京:解放军出版社,2008:78-79.
② U.S Joint Chiefs of Staff, Joint Publication 1-02, Department of Defense Dictionary of Military and Associated Terms. Washington, D.C.: GPO, 2001 (Amended 2008):268.
③ U.S Joint Chiefs of Staff, Joint Publication 2-0, Joint Intelligence. Washington, D.C.: GPO, 2007: iii.

再次，两种范式的情报学在应用上的管理体制存在区别。军事、公安、国防等从事 Intelligence 范式情报研究和工作的部门一般隶属于国防机构，是一种上下级关系；而 Information 范式的情报部门通常是作为服务者身份存在的。这样的管理体制区别构成了融合过程中管理体制与机制的不平衡性，而管理体制与机制是情报学研究资源管理和情报学研究文化塑造的根基。

最后，两种范式情报学的应用研究对成本的态度不同。Intelligence 范式的情报学研究与情报工作通常由国家和社会安全部门承担，其不惜成本，只要获得成功便达到目的；而 Information 范式的情报学对成本是敏感的，讲究成本效益，这实际上直接作用在情报学研究所依赖的资源（包括基础设施）开发与利用上。

从输出方面来看，Intelligence 范式的情报学研究以国家安全需求为导向，维护国防安全是核心，也涵盖社会安全、反恐怖主义等，最终目标是打击对手，使己方不受安全威胁。这类情报学研究课题一般来自上级委托的实务性项目，情报产品需求方通常是政府部门，这些项目通常着眼于"国家和社会"这样较高的层面。其研究方法既包括公开来源的数据挖掘，也包括人际情报、信号情报、图像情报等特定的情报分析方法，特别是在情报源获取与组织方面还需要加强国际合作研究。这类情报学的研究过程没有特别强的规范性，而是以解决现实中的实际问题为基本导向，专注于本领域的研究，特别是这种实际问题很多时候是被动接受的，也就是对已经出现的安全问题的破解。Information 范式的情报学研究以国家经济、社会发展为导向，促进国家经济发展是核心，并向全领域拓展，最终目标是取得竞争性优势和支持可持续发展。这类情报学所接受的委托课题来自政府部门、企业等多个类型的用户，这些项目的层次多样，有面向国家发展的，也有面向企业竞争的。其研究方法主要包括公开数据源的挖掘分析。此外，这类情报学的研究过程较为规范，学术性特征显著，所解决的实际问题很多时候是主动谋划的，例如，如何取得竞争优势？如何为发展策略提供决策支持？等等，也就是对未来可能发展空间的谋划。此外，Information 范式的情报学研究成果和产品的秘密性通过管理策略来实现，不需要知识产权的保护；而 Information 范式的情报学研究成果和产品的保护手段通常是知识产权。

3. 在非线性相互作用中加速知识聚合

非线性保证了系统的所有要素之间都存在相互联系和相互作用，使信息得以充分交流，进而可以充分利用信息[①]，而在所有要素中特别强调有别于另一方并具独立性质的要素之间的相互作用，这加剧了知识的碰撞，促进了知识成长和创新，避免了"知识＋知识＝更多'数量'知识"的线性累积。以不断达到更高水平的动态平衡、不断优化系统结构为目标，情报学范式融合系统中的非线性交互应主要来自双方各自特有的要素，非线性思维就是要从系统内外的多联系、多功能、多趋向、多领域的变量中去思考和求解问题，这些变量在两种范式情报学之间的交互中不要求是一一对应的（比如 Intelligence 范式情报学的对抗思想不一定非要对应于 Information 范式情报学的某一思想），这样有助于实现异质性知识的交互。交互的路径可包括系统范式、交流多样性和异质知识聚合，交互的核心旨归是在融合系统内形成无形学院（见图 5-8）。

---

① 邢军. 论自组织与企业管理效率[J]. 中外科技信息, 2002, (6): 65-66.

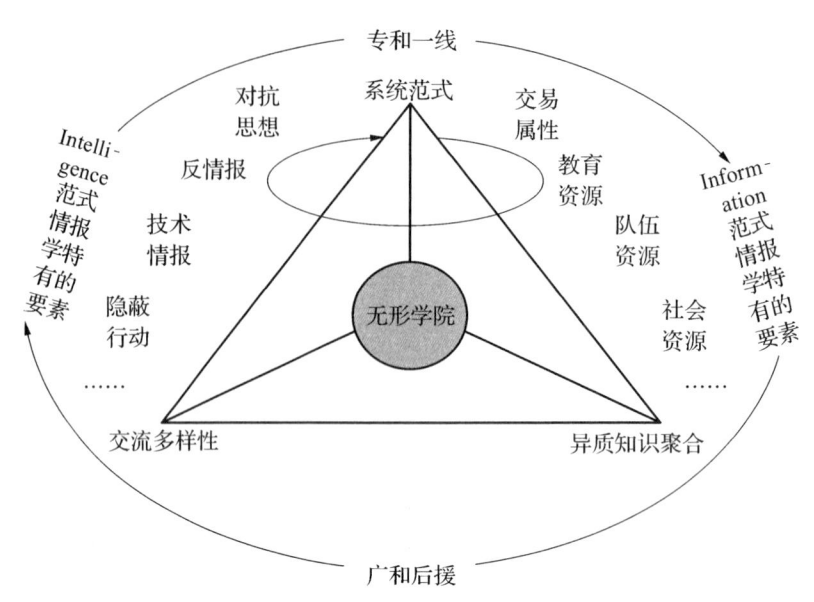

图 5-8 情报学范式融合系统内部的非线性相互作用

从应用角度来看，Intelligence 范式情报学体现为"专和一线"的特征。所谓的"专"，是指通常专注于某个特定领域，例如，国防安全、社会安全等；"一线"是指研究成果一般直接用于决策，即情报学研究与决策的一体化，情报与决策之间基本是融合在一起的。Information 范式情报学体现为"广和后援"的特征。所谓的"广"，是指民口情报学研究通常涉足全领域，例如，经济发展、企业竞争等；"后援"是指研究成果通常提供的是决策支持，而其本身不直接参与决策。两种范式情报学的这两个特征的相互作用是专与广的综合、一线与后援的配合，这其中涉及了很多要素之间的相互促进和制约，显然是一种非线性的相互作用。而这些要素中，最具代表性的是具有相异性和独立性的要素，Intelligence 范式情报学中典型的特有要素包括对抗思想、反情报、隐蔽行动、技术情报等，Information 范式情报学中典型的特有要素包括交易属性、教育资源、队伍资源、社会资源。它们之间构成了一种复杂的交互影响关系，例如，Intelligence 范式情报学的对抗思想作用于 Information 范式情报学的情报学教育和队伍建设中，可以指导情报学人才培养和情报学研究团队建设；作用于 Information 范式情报学的情报产品交易中，可以为情报安全特别是竞争情报的有效性提供借鉴（例如，通过反情报研究来保护并避免己方竞争意图和资源被竞争者获取）；作用于 Information 范式情报学的社会资源中，可以提高社会对其情报学专业化的认知水平，提升其情报学的社会影响力。

两种范式情报学之间的非线性交互是以系统范式来统领的，系统范式的方法论意义在于，运用系统思维去考察和分析两种范式情报学的交互影响，它们的各要素是具有普遍联系的，并且这种交互影响和联系是永恒发展的。情报学范式融合系统的未来发展并非由近期变化趋势的自然延伸所决定，而是由各要素复杂的非线性相互作用推动的。两种范式情报学学术多样性的交流和异质知识聚合是两者非线性交互作用的两种基本手段。从宏观上看，学术交流分为正式交流（通过文献）和非正式交流。随着网络技术的发展，后者越来越重要，无形学院就是主要在非正式学术交流中产生的。第二种手段是异质知识聚合。聚合原指化学反应中低分子量的单体转化成高分子量的聚合物的过程，这一过程中强调了联系和质变，也就是异质知识聚合主要指不同性质的知识通过非线性相互作用形成另外一种性质的知识。这里的知识包括显性知识（如理论与方法类知识等）和学者头脑中的隐性知识，正是因为知识的复杂性和多变性，才决定了两种范式情报学之间交互作用的非线性。无形学院是两者非线性交互的目标、结果，也是维持情报学范式融合系统稳定性和可持续发展的核心要素。非正式交流是无形学院形成的基本途径，鉴于很多 Intelligence 范式情报学研究成果的不公开或有限公开性（如军事情报学研究成果等），由非正式学术交流形成的无形学院便构成了情报学范式融合的基础性支撑和出发点，而实际上，近年来，这种无形学院已经通过科研项目合作、学术研讨会等形式初见规模。

4. 在诱发涨落中优化结构

普利高津认为，涨落是指自发地偏离某一平均态[1]，涨落是形成有序结构的动力[2]，因此，涨落对于情报学范式融合系统的进化而言至关重要，它使融合系统结构不断得到优化并推向更高水平的有序。融合系统的涨落既有外部环境与融合系统交互作用的牵引（外涨落），也有系统内部认知变化的推动（内涨落），前者在涨落中处于主导地位，内涨落和外涨落往往存在非线性交互关系。外涨落包括两个主要的方面，一是情报学以知识世界的变化为研究对象，具体而言，情报学主要是研究"世界 3"的组织与管理，以及"世界 2"与"世界 3"之间的相互作用。由于认识是一个螺旋式的上升过程，认识的方式具有多维性，并且认识的过程和方式会随着实践变化而发生改变，从这个意义上说，研究认识成果的情报学也具有多变性[3]。认知变化主要源于两种范式情报学双方在匹配外部环境变化过程中，对情报学基本问题和未来发展的理解和谋划。二是外部环境的随机性需求变化。情报学是时代的产物，其始终与当时的政治环境、经济环境、科技环境和文化环境等密切相关。同时，情报学的发展显著地受国情、政策等的影响，情报学研究是一项政策性很强的社会活动[4]。如今，国家安全与发展面临着复杂的环境变化，这为融合系统的外涨落提供了重要的牵引力。

融合系统的涨落包括微涨落和巨涨落两种类型。在微涨落阶段，系统处于相对稳定的状态，这样的涨落幅度不足以影响系统的宏观特性。例如，20 世纪 90 年代中期，以包昌火研究员为代表的极少量的情报学者认识到了我国以民口情报学为代表的 Information 范式情报学发展的偏离，一直倡导 Information 的 Intelligence 化，但由于那时信息环境的强势作用，以及对信息整序的需求，使得这种认知和倡议并没有阻碍情报学向信息领域泛化的趋势，力量的单薄和环境对 Intelligence 的需求薄弱，使得此时的融合系统的涨落处于微涨落的状态。微涨落在量变积累到一定程度后，会逐渐演变为质变，即

---

[1] 湛垦华，等. 普利高津与耗散结构理论[M]. 西安：陕西科学技术出版社，1982.
[2] 郭治女，等编著. 协同学入门[M]. 成都：四川人民出版社，1988：29.
[3] 靖继鹏，马费成，张向先主编. 情报科学理论[M]. 北京：科学出版社，2009：261.
[4] 贺德方，等编著. 数字时代情报学理论与实践——从信息服务走向知识服务[M]. 北京：科学技术文献出版社，2006：84-85.

巨涨落形成,巨涨落是影响融合系统的主导力量。例如,随着越来越多的情报学者加入Intelligence阵营,以及国家战略环境的复杂变化,原来的微涨落演变成了巨涨落。正如周晓英教授认为的,2017年前后是情报学发展的转折点,《情报法》《南京共识》以及"情报学与情报工作发展论坛"、国家社科基金重大项目立项等等一系列学科发展动态标志着中国情报学开始从粗放式发展走向精细化发展的道路。情报学开始厘清概念之间的交融关系,明确学科基本体系构成,构筑不同研究范式的基本框架,融合更多关联学科的学术资源[①],情报学范式的融合具备了实质性推进的条件。在结构上,近平衡区的涨落(远离临界区)是微涨落;反之,远平衡区的涨落(临界区附近)是巨涨落,巨涨落是推动融合系统向新的有序结构转换的动力。

库恩形成了一套关于科学发展模式的理论:前科学—常规科学—科学革命—新常规科学。[②] 这里,我们不去探讨情报学发展所处的阶段,但我们可以得出这样的判断,面对国家安全与发展战略的需求和大数据环境的兴起,现有的两种情报学范式相互封闭和割裂的研究已不能适应新的发展环境,以往单纯的Intelligence范式和Information范式已不能很好地解决情报活动的新问题,即库恩所谓的"反常"。反常的出现预示着科学革命的到来,而反常所在的时空区域就是情报学结构变化的"临界区"。度过临界区后,融合系统便形成了新的有序结构,原来的巨涨落变成了微涨落,然后在外部知识世界、外部随机需求和情报学者认知三者之间的新一轮变化及其相互作用中,融合系统又进入了下一个涨落循环(如图5-9所示),如此螺旋推进,使融合系统的结构越来越稳定、越来越优化。

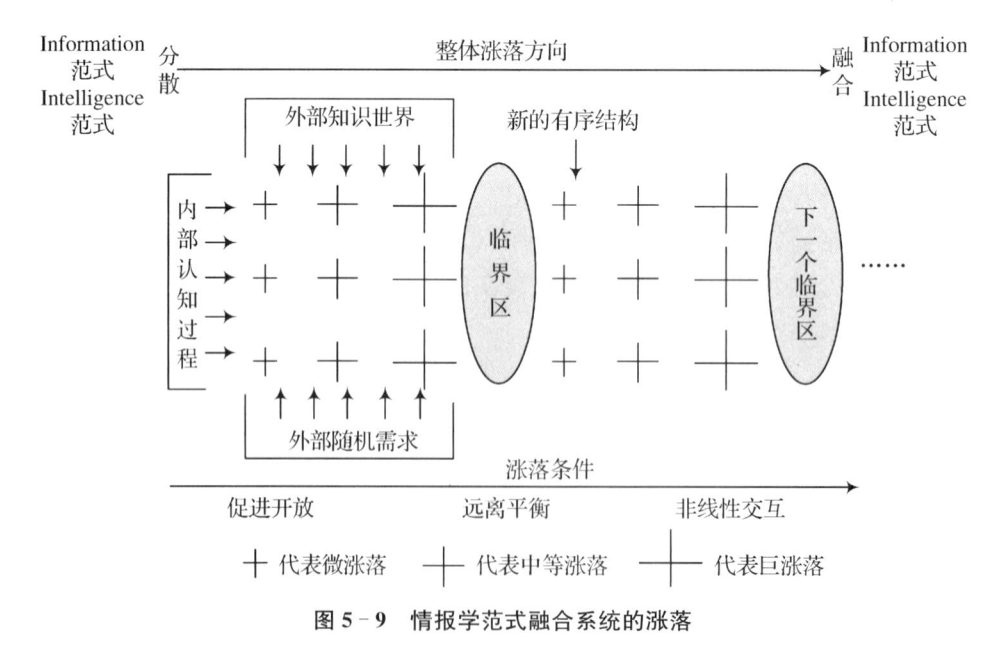

图 5-9 情报学范式融合系统的涨落

涨落是促进融合系统进化的主要动力,融合系统的整体涨落方向是由Information范式与Intelligence范式的分散向两者的融合方向发展,前面所述的促进开放、远离平和非

---

① 周晓英,陈燕方.中国情报学研究范式的冲突与思考[J].公安学研究,2019,2(02):27-44,123.
② [美]托马斯·库恩.科学革命的结构[M].金吾伦,胡新和,译.北京:北京大学出版社,2003:11.

线性交互为涨落提供了条件和动力,是实现两种范式情报学研究不断走向深入的基本保障和基本思路。

5.3.3 情报学范式融合系统各要素的协同机理

耗散结构理论方法论的精要在于通过这种方法论的研究去发现或促进耗散结构何时何地可以出现和发生[①],但是仅仅找到存在自发的条件或环境,还不能说明融合系统自发或自动地走向有序结构的内在机制。这是由于耗散结构理论只描述了系统的宏观特性,为弥补这一理论在系统微观性质研究中的缺陷,引入哈肯的协同学理论,这一理论搭建了从微观到宏观的通路,这就使系统的宏观规律与微观运动联系起来。[②] 1973年哈肯首次提出协同概念,1977年正式出版了《协同论导论》一书,协同论正式问世。

融合系统内部的协同机理主要包括两种类型,一是系统要素之间的协同,具体而言,包括两种范式科学共同体观点、资源、方法、理论等要素的协同,从协同学的视角来看,这些要素也称为状态参量。在协同学中,状态参量可以分为快驰豫参量和慢驰豫参量。前者是"短寿命"的变量,在系统演化过程中转瞬即逝,对系统结构变化的作用不大,例如,观点就是一个典型的快驰豫参量,因为它会随着人们对情报的理解而不断发生变化,更何况情报本身就是一个发展的概念,对情报认知的观点不会对融合系统结构的变化产生显著的影响。后者是"长寿命"的变量,在系统结构变化中具有举足轻重的作用。因此,慢驰豫参量是系统中需要重点关注的研究对象,特别是慢驰豫参量在控制参量的驱动下会发展成为序参量。

基于序参量的系统结构变化更具根本性。序参量是指使系统从无序趋于有序过程中起关键作用的宏观要素,融合系统协同的序参量是在状态参量协同过程中形成的,反过来又支配(或役使)状态参量的协同,从而使融合系统进入新的有序结构(见图5-10)。因此,序参量是融合系统的主要变量。

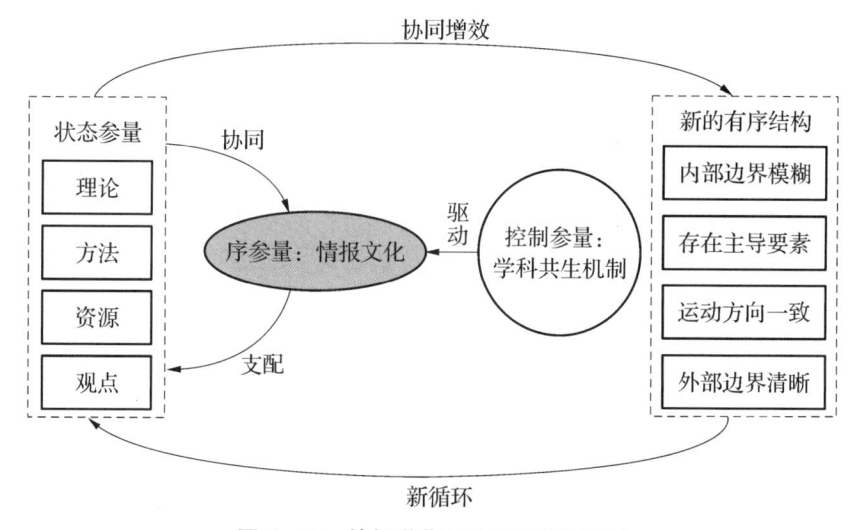

图5-10 情报学范式融合系统的协同

---

① 吴彤. 自组织方法论研究[M]. 北京:清华大学出版社,2001:46.
② 卢明森编. 钱学森思维科学思想[M]. 北京:科学出版社,2012:365.

具体而言,情报文化具备了融合系统序参量的基本品质:情报文化是一种慢驰豫参量,在整个融合系统演化过程中均起到关键作用;情报文化是在状态参量协同过程中从无到有逐渐形成的一种集体模式;情报文化对融合系统的状态参量的协同起到了支配作用。尽管本研究中还不能通过定量化的方法对融合系统建立序参量演化方程,但是它的确为我们认识融合系统,并从这一系统协同过程中推演出具有宏观性和长期性作用的变量,从而指导融合系统向新结构演化提供了十分崭新的视角和可行的思路。此外,在协同学方法论中,还存在着一类参量——控制参量,控制参量是序参量的一种驱动力量,在融合系统中,控制参量来自学科共生机制。

融合系统的新结构是由序参量统领而形成的,具体过程可描述为状态参量通过协同形成序参量,序参量受控制参量的控制,并且支配状态参量的协同,通过这样的参量之间的相互运动形成协同增效,即融合系统的新结构。新结构消除了要素之间的内部边界壁垒、界定了融合系统的外部边界,新结构中的要素在主导要素的引导下具有一致的运动方向。这一过程并非是一次循环即终止,而是在耗散结构条件支撑和协同动力推动下不断进行着新一轮循环,使融合系统结构不断优化。

1. 状态参量的多样性和不稳定性

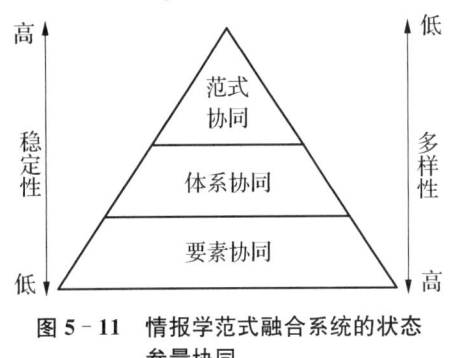

图 5-11 情报学范式融合系统的状态参量协同

观点、资源、方法、理论和教育等要素构成了融合系统的基础性状态参量,要素协同虽然从形式和内容上具有广泛的多样性,但是这种协同的稳定性和系统性差(见图 5-11)。这一阶段的协同需要深化双方的交流,可以以项目研究和具体的情报研究任务作为最初的基本形式,并逐渐开发出更加丰富的协同途径。要素协同是情报学范式融合过程中一个不可逾越的最初阶段,这一阶段的主要任务是,在观点上,缓和冲突性观点、提高共同认识水平。在资源上,寻求合作空间,特别是在维护秘密的基础上,探索秘密性资源的处理方法。例如,一方面,借助 Intelligence 范式下情报学者的隐性知识和理论素养来洞悉其规律性和原理性知识;另一方面,隐藏 Intelligence 范式下情报资源研究中的情报应用意图,特别是将应用意图与情报研究的方法进行断裂处理,抽象出情报研究的一般性方法和策略。这是因为,本质上,Intelligence 范式的情报资源秘密性主要缘于情报应用意图的秘密性,而这种秘密性主要缘于情报研究的策略和方法与情报应用意图相关联。在方法上,探索全源情报的分析方法,特别是将 Intelligence 范式情报学的对抗性思想和实务性价值取向与 Information 范式情报学的知识组织优势相结合,探索基于知识的情报挖掘方法。在理论上,以哲学思维与方法为统领,从矛盾的对立统一、辩证思想中获得思想源泉,共同构建情报学的基础理论。

融合系统结构要进一步稳定,需要情报学科体系的协同作为保障,情报学科体系协同是由要素这种基础性状态参量的协同进一步发展而来的,但情报学科体系本身仍然是状态参量,只不过相对于要素而言,它的结构更加稳定一些。我们突出这一点的意义在于,强调学科体系协同并不是维系融合系统稳定结构的主导因素,实现两种范式情报学学科融合为大情报学确实是我们的目标,但仅用学科体系协同来支撑学科融合是不稳定的,我们必须认识到这一点,否则我们集中力量建设的大情报学,或者仅仅局限于以应用为具体形式的外延融合,或者这样的大情报学的发展是不稳定的。情报学科体系的协同并不是各要素协同结果的简单叠加,它是一种问题导向的系统行为和群体行为,既然是问题导向就应是在解决共同面对的问题这一目标引领下,各要素相互渗透地通力合作,这需要整体性原则和系统观的指导,它是学术队伍、学科教育、学术期刊等多个载体共同作用的结果。

要素协同和体系协同是一种"实体"性质的内容或问题域协同,而情报学的很多研究内容和问题域是具有发展性的。例如,马费成教授所提出的情报学六大原理在大数据环境下需要加以变革,具体表现为情报学基本原理在使用范围、内涵、实现与验证等方面需要进行改变。又如,信息的离散特性、信息链(DIKW)中各个要素之间的关系、小世界网络动力学等均将发生变化。[1] 情报学具体研究内容的发展性必然带来融合系统的不稳定性。范式协同就是克服这样的不稳定性而演化发展起来的,简单地讲,范式是科学共同体及其约定[2],这种约定并非针对具体问题域或研究内容,而是对情报学整体性框架和价值标准的约定,是一个哲学范畴。从这个意义上讲,范式协同不仅在于学科理论与方法等客观知识世界的协同,还包括主体思维观念、心理特质等主体认知世界的协同,后者是情报学范式融合的思想基础,牢固而积极的思想基础是维系情报学范式融合不断走向深入的保障和动力。因此,范式协同不仅统领各要素协同的方向和结构,还被抽象为一种认知和心理层面的向心力和凝聚力。范式协同就是促进 Information 范式与 Intelligence 范式的协同发展,使两者在处理情报问题时基于同一目标的引领,在两者共同构成的科学共同体主导下能够各取所长、相互补充。但值得注意的是,范式仅具有相对稳定性,对于融合系统而言,范式仍是一种状态参量,因为范式在情报学研究中仍然不是一个长寿命的参量,特别是 Information 范式情报学的研究范式历经多次转换,且在自身内部始终没有达成一个高度的统一。库恩强调了符号通式、信念和共享价值等学科氛围对于范式的意义[3],这些对范式产生影响的学科氛围元素都隶属于文化范畴。因此,相对于文化而言,范式协同仍然是情报学范式融合过程中的一个过程性的路径,它还不能统领整个融合系统的发展。

2. 控制参量着眼于共筑学科命运共同体

从历史上看,学科是在持续不断地分化、综合以及学科与学科之间的交叉、渗透和融合中逐渐获得进步和发展的。"综合—分化—再综合"概括了现代科学的发展轨迹。特别是现代科学已进入高度分化和高度综合相伴共生的状态,聚散共生已成为现代科学发展的重要规律。[4] 有学者认为,情报共生呈现出自组织性,具备耗散结构和协同学特征。[5] 共生是一个来自生物学的概念,由共生单元、共生界面、共生模式和共生环境构成。在融

---

[1] 董克,邱均平. 论大数据环境对情报学发展的影响[J]. 情报学报,2017,36(9):886-893.
[2] T S Kuhn. Second Thought on Paradigms[A]. F Suppe. The Structure of Scientific Theories[C]. Urbana, IL: University of Illinois Press, 1977:459-482,500-517.
[3] 托马斯·库恩. 科学革命的结构[M]. 北京:北京大学出版社,2012:后记.
[4] 靖继鹏,马费成,张向先主编. 情报科学理论[M]. 北京:科学出版社,2009:419.
[5] 秦峰,符荣鑫,杨小华. 情报共生的机理与实现策略研究[J]. 图书情报工作,2018,62(09):28-35.

合系统中,共生单元指的是 Intelligence 范式情报学和 Information 范式情报学;共生界面包括双方进行学术交流和资源共享的平台、途径、机制等;共生模式主要指的是互惠互利模式;共生环境主要由信息环境构成。引入共生机制的目的在于,在共生原理的指导下,深刻认识双方之间不可割裂的部分,强化对情报学范式融合原理的认知基础,提升融合的动力。

这里需要澄清两个基本问题,这两个问题也为情报学范式融合思路提供了启示。第一,引入共生机制的必要性问题。如果不引入共生机制,我们是否能够认识到上述问题(两种范式情报学的紧密联系性、原理认知基础及动力等)？答案是虽然深浅有别,但确实是可以认识到的。但是引入共生这种自然界和社会系统中普遍存在的一般规律,能够使两种方式的情报学强化对两者融合的必要性和必然性的认知,提高思想认识,这是一种价值观念上共识水平的提升;在共生理论的指导下,能够更加深刻地认识到两者融合的本质规律和基本原理,并以此来指导融合过程,为两者的融合策略提供思路。第二,共生原理在情报学范式融合中应用的适用性问题。在生物界,共生指的是生物之间互惠互利地在一起生存,缺失彼此都不能生存的种间关系,若互相分离,两者都不能生存。但是必须认识到,这种生存是在特定环境下的适应的结果,所以说,从发展的角度来看,生物体之间的共生是以不断提高适应和改造环境能力为目标的。两种范式情报学还没有达到失去彼此便不能生存的地步,但是在整体的情报学发展大环境下,两者的可持续健康发展需要共生关系的确立,否则彼此独立的情报学因对环境的适应性差而将使它们的作用逐渐萎缩、社会地位不断下降,共生是两者提高适应和改造环境能力的关键路径。从这个意义上讲,生物体之间的共生与两种范式情报学之间的共生有其本质的相似性。

在融合系统中,共生机制构成了系统的控制参量,它为系统中的序参量——情报文化提供了驱动力。融合系统的共生是一种外部的管理机制,是一种外延性的交互,而不是从情报学内部凝练、抽象出来的共性问题,它对情报学范式融合的作用在于驱动而不是主导,因此,它还不能成为融合系统的序参量。共生机制对于融合系统的方法论意义在于:① 通过强调包容性,实现两种范式情报学的统一。包容性使我们能够认识到并认可两者之间的分离,将这种分离视为共生的前提和源头活水,特别是从文化和价值高度、具体思维观点与理论维度将不合理的分离通过双方的交互达成认同。也就是因为具有包容性,推动了两者之间的相互吸引与合作,在保持自身特色的基础上,相互补充和依赖,因此,共生强调了矛盾和合作的共同存在。② 通过强调整体性,实现两种范式情报学"命运共同体"。应用共生机制使融合系统中双方的排他性行为减少,双方均将自身置于情报事业的整体框架之中,强调情报学的整体性。将两者作为共生情报学突出了它们之间的渗透性和联系性,强调"要素共生"向"一体化共生"的发展,最终实现情报学的"命运共同体"。③ 通过强调进化性,实现融合系统的动态平衡。进化强调共生系统内的共生单元之间、共生单元与共生系统之间存在一种相互促进、相互激发的作用,这种作用可加速共生单元及共生系统的进化创新,并产生新的物质结构。[①] 因此,要将情报学范式融合视为一种动态进化的过程,而不是静止的状态,通过这个过程性的发展实现一种动态平衡性,即在融合过程中双方虽然存在或多或

---

① 袁年兴. 共生哲学的基本理念[J]. 湖北社会科学,2009(2):100-102.

少、或轻或重的冲突但均在可控和允许的范围内,不能将二者之间的互动视为简单的"和平共处",而是在碰撞中获得进化,使它们从互补共存向共同发展的共生转变。

3. 序参量的统领性

在融合系统中,情报文化是情报学要素协同过程中逐渐凝结出来并游离于它们之外的一种精神存在,情报文化又会反过来支配要素的协同,应将这种精神活动物化到要素中,使要素成为承载文化内容的物理存在,这是序参量形成的首要条件。其次,情报文化是一个长寿命的参量。不可否认,情报文化具有发展性,但这种发展性并不像范式那样是转换性的发展,而是围绕一定的本质进行拓展性和深化性的发展,是一种生命力激活强度加大的表现,而不是丧失生命力。也正是由于情报文化的这种发展性,才推动着融合系统新结构的不断循环进化。因此,可以认为,情报文化是融合系统序参量的不二之选。Deshpande 和 Webster 从组织文化的角度将文化定义为:一个共同的价值标准和信仰的模式,可以帮助其中的个人理解组织的职能并因此提供给他们在组织中的行为标准[①]。根据文化的界定,可将情报文化分成三个维度,即内容维度、动力维度和时间维度。这三个维度彼此相互影响,共同构成了情报文化系统(见图 5-12)。

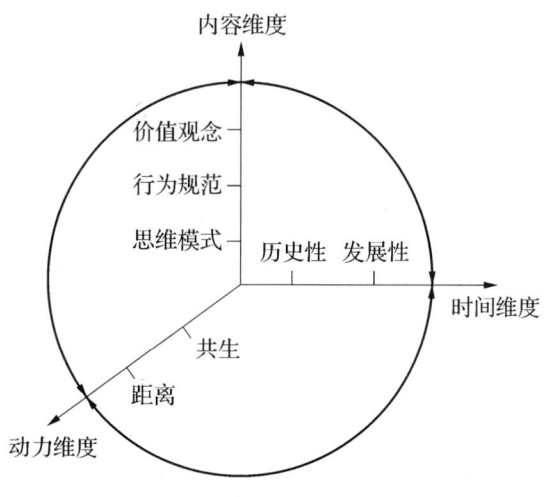

图 5-12 情报文化的三个维度

情报文化的内容维度主要包括价值观念、行为规范和思维模式。其中,价值观念主要指的是情报观,即对情报基本理论问题和功能定位的看法,目前这一点上还存在一定争议。深受现代信息革命与信息化建设的影响,情报学研究领域得到了显著拓展,对这样的拓展认知的侧重点差异是导致情报学基本理论问题争论的直接原因。侧重于对情报学发展起到积极作用的学者指出,情报学向信息领域拓展使情报学的研究范畴获得了拓展,充分发挥了情报学在信息搜集、组织、处理和分析等方面的优势;[②]持消极观点的学者认为,

---

① Deshpande Rohit, Webster Frederick E Jr. Organizational Culture and Marketing: Defining the Research Agenda[J]. Journal of Marketing, 1989,53(1):3-15.
② 李阳,李纲. 我国情报学变革与发展:"侵略"思索、范式演进与体系建设[J]. 图书情报工作,2016,60(22):5-11.

这样的拓展使情报学在学科内核、职业认同和教育等方面面临困境和危机。[①] 军口情报学领域刘强教授认为，我国学科设置中的"情报学"实则是"信息学"[②]，高金虎教授对此持有同样的看法。这样的争论因对大情报观的认同和对 Intelligence Studies 与 Information Science 融合的取向逐渐加深而正趋于缓和。例如，苏新宁教授指出，当前我国情报学研究及情报工作发生失衡与偏移，但是这并不意味着情报和信息之间的关系是对立的，实际上，情报和信息是相通、继承甚至可以相互转换的。[③] 而在多年前，沈固朝教授就提倡 Intelligence 与 Information 融合、包昌火研究员就力主 Information 的 Intelligence 化。价值观念的逐渐趋同使两种范式情报学之间的学术交流明显增多（以国家社科基金重大项目的合作研究、华山情报论坛和中国情报学与情报工作发展论坛中军民双方广泛交流等为主要标志），这在一定程度上证明了情报文化对于情报学范式融合的主导性作用。然而，在行为规范和思维模式上存在的差异性比趋同性更加突出。行为规范中的具体差异主要表现在非法律和法律的成果保护手段，作为下级与作为服务者的管理体制与机制，强调全源与强调开源的信息采集原则，成果有限公开与注重宣传的运行模式，意图隐藏与公开等；思维模式中的具体差异主要表现在对抗或威慑与竞争或中立的思想，打击对手与取得竞争优势的目标，安全观与发展观的指导原则，不惜成本与成本敏感的效益意识等。这些差异实际上存在交叉和关联性，具有协同的基础和融合的空间。同时也不难看出，缩短这些差异之间的距离直至在系统观指导下使它们相互渗透，主导着情报学范式融合的过程和最终的融合质量，但在此过程中应遵守双方各自的文化刚性，如某些军口情报资源的秘密性等。

情报文化的动力维度主要包括情报文化差距和学科共生，前者构成了情报学范式融合的牵引力，即致力于缩小这种差距为融合过程提供了方向指引，为双方情报学拓展了发展空间、增大了交叉面积；后者构成了驱动力，即学科共生驱动着融合沿着相互包容性、整体性和进化性原则发展，最终形成新的有序结构。情报文化的时间维度主要指的是历史积淀性和发展性，前者强调应该追本溯源，从情报学的产生过程中寻找融合的历史渊源，从"历史记忆"中获得融合的方法论指导；后者强调随着时代的变迁、学科范式的转换和学科发展环境的变化，情报文化在内容深度和动力强度上将有所改变，但这种改变并不一定全部是积极的，也存在消极的部分，利用情报文化的发展性来推动情报学范式融合的基本思路就是强化积极方面、扭转消极方面。此外，情报文化的发展性还要求强调情报文化协同的过程观，即沿着"初步共识—冲突趋向融合—重塑共同文化"这一过程进行协同，不能操之过急，也不可半途而废。

4. 协同增效中形成新的有序结构

"序"是事物空间结构中的排列组合、聚集状态、立体结构、结构层次及事物发展演化的时间序列。[④] 序化是融合系统新结构的主要特征。所谓的序化，是指在情报文化引领下，以融合为目标，各要素按一定规则相互之间竞争与协同的动态过程和达到的状态。从

[①] 吕斌，李国秋. 组织情报学[M]. 上海：上海世界图书出版公司，2013：1.
[②] 刘强. 中国"情报学"乱象和迷途的结束与选择——基于信息与情报的本源内涵和学科机理与边界[J]. 情报杂志，2018，37(11)：1，9，2-8.
[③] 苏新宁. 大数据时代情报学学科崛起之思考[J]. 情报学报，2018，37(05)：451-459.
[④] 马费成. 导言：情报学中的序[J]. 图书情报知识，2008(03)：5-7.

这个意义上说,融合系统新结构的序既具有绝对性,即新结构是有层次性的,每个层次以及层次与层次之间是有序的,它是融合系统存在的一种状态,这里的层次及层次之间的有序具体指"内涵—外延—学科关联"这一总体结构,以及"理念—理论—体系"这一内容层面的逻辑结构;融合系统新结构的序也具有相对性,即这种有序结构是不断变化的,从低级有序到高级有序进化,也就是说,融合系统的结构是随着时间的演进不断优化的。

图 5-13 是对融合系统结构进行抽象化的结果。图的左边描述的是融合系统的初始结构:各要素虽然同在一个系统中,但各要素之间的壁垒并没有消除,它们仍然是"自我"的状态,它们的运动方向也是杂乱无章的。图的右边是融合系统进入一定层次的新结构:两种范式情报学的各要素排列整齐并融合在一起,相互之间的边界模糊,处于"无我"的状态,它们之间在融合过程中存在竞争(根据颜色混合的原理,深浅颜色不同的节点分别代表着军、民各为主导或共同主导)。但这种竞争并不是"自我利益"的竞争,而是面向情报学学科融合与情报学学科进化发展的必然状态和必要过程,是一种力求走在前沿的目标意义的竞争,这样的竞争并不以拉后对方为目标和代价,因此对于情报学学科发展而言是一种力图创新发展的有序竞争。新结构中存在一个主导要素(即前文所述的"情报文化"),这一主导要素是两种情报学各要素运动方向的引领。情报文化是双方共同的价值观念、思维模式和行为规范,而这些是在情报本身所应具有的价值功能和属性规定下,双方在弥合差异过程中逐渐形成的。因此,很难说在情报文化形成过程中,双方中的哪个占据主导地位。此外,在新结构中,还存在着一些游离的节点,这些节点是那些不能够融合或者需要一个较长时间才能融合的要素,例如,学科管理体制上的融合、秘密情报共享问题等。同时也不难看出,新结构各要素还处于分散状态,并且是在这种分散状态下的同方向运动,因此,凝聚力和向心力还不够强。但是,这些游离的节点和分散的状态有可能成为融合系统的突变变量,从而促进情报学范式融合系统的演化。

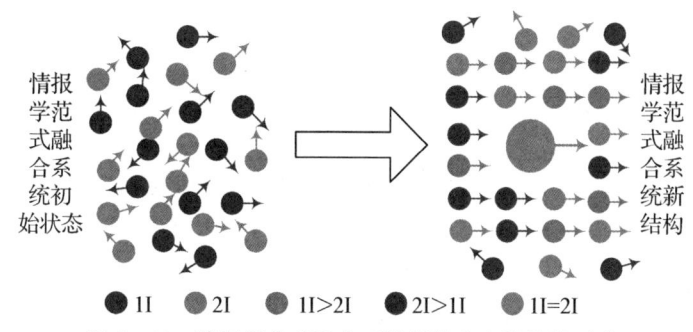

图 5-13 情报学范式融合系统新的有序结构的形成

注:"1I"指代 Intelligence 范式;"2I"指代 Information 范式。

情报学范式融合是一个动态发展的过程,这一过程中的最终目标是形成"大情报学",这一过程需要以问题为导向,强调情报学这一应用型学科的社会实践基础,即具有关注中国现实问题的宏观视野和具体行动。要将知识体系和思维方式的差异与分歧在服务于国家安全与发展中获得统一,并在这一过程中逐渐消除双反边界之间的壁垒。作为应用型学科,学科结构应服务于学科功能,情报学范式融合而成的大情报学首先应具有回应社会的功能,即对社会现实做出必要的反应,洞悉问题规律、提出解决之道,为情报工作实践提供理论支持。其次,要以认识功能为基础并将其提升为引导功能,也即情报学范式融合应该对国家安全与发展的战略决策等重大理论和实践问题进行解释、说明和指引,特别是生产出改造事物发展的知识。

5.3.4 情报学范式融合系统演化过程中的突变机理

耗散结构理论描述了系统宏观上科学共同体自发形成的条件和环境,协同论从微观上描述了系统内部的动力机制,重点在于持续的动力作用下,系统如何走向新结构。而在持续作用力下,系统会因量变的积累形成质变。也就是说,连续的原因会引起不连续的现象,而这样的原因和现象就是突变论方法论研究的对象,突变论是演化途径方法论,它能够揭示情报学范式融合的演进机理。突变理论由法国数学家 Thom 于 1972 年提出。突变论认为,系统所处的状态可用一组参数描述,系统的运动在参数变化的作用下,遵循"稳定状态—不稳定状态—新的稳定状态"这样的变化路径,在这个变化过程中,系统会发生若干突变[1]。这里的参数包括状态参数和控制参数,前者是系统内部参数,后者是系统外部参数。

在所有突变模型中,尖点突变模型应用得最为广泛,这一模型包括一个状态变量和两个控制变量,根据尖点突变模型的定义,可构建情报学范式融合演进机理模型[2],即:

$$f(x) = x^4 + mx^2 + nx \tag{5-5}$$

上式中,$f(x)$ 为融合系统势函数,描述的是系统变化的态势。x 为系统状态变量,表示系统内部知识,在融合系统中表现为融合系统的成熟度。m 和 n 为系统控制变量,表示系统外部知识,第一个控制变量 m 表现为需求牵引力,这是系统中的主要控制变量,因此对系统的状态变量影响较大;第二个控制变量 n 表现为社会影响力。情报学范式融合演进模型是由 (x,m,n) 组成的三维空间上方曲面(平衡曲面)和由 (m,n) 组成的平面(控制平面)构成(见图 5-14)。

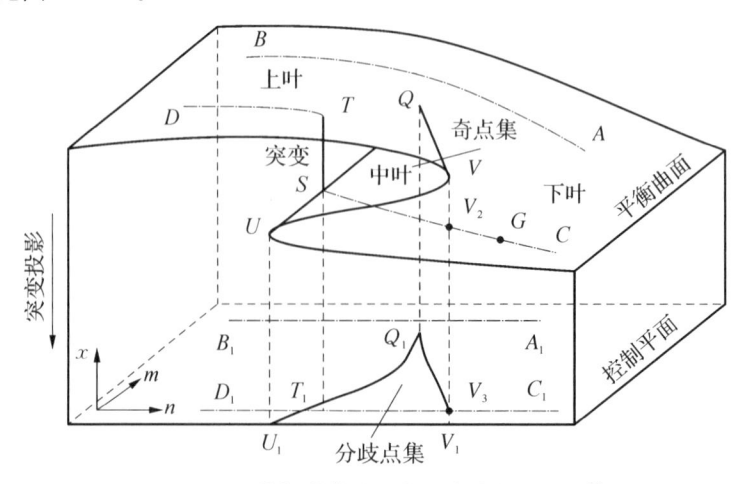

图 5-14 情报学范式融合系统的演进机理[3]

---
[1] 王继红,程春梅,史宪睿. 基于突变论视角的企业系统演化研究[J]. 科研管理,2015,36(S1):279-282,323.
[2] 苏屹,林周周,欧忠辉. 基于突变理论的技术创新形成机理研究[J]. 科学学研究,2019,37(03):568-574.
[3] 来源于苏屹等《基于突变理论的技术创新形成机理研究》一文,同时对这一模型的分析也参考了这一论文。

图 5-14 中上方的平衡曲面是一个有折叠的曲面,这一曲面上的所有点表示情报学范式融合的状态变化情况。利用 Q 点所在的折叠曲线可以将平衡曲面划分为三个区域,即上叶、中叶和下叶。下叶是在协同动力作用下,融合系统已经达到一定的稳定状态(即上节中的新有序结构);中叶为随着协同动力的持续作用和系统涨落的存在使系统处于不稳定的状态;上叶为系统达到一个新的稳定状态。下方控制平面中的分歧点集($Q_1U_1V_1$)是平衡曲面的奇点集在控制平面上的投影,这一区域是融合系统发生突变的决定性区域。G 点为系统外部知识引入的节点,V_2 为融合系统发生突变的节点。情报学范式融合演进是一个循序渐进的过程,这一过程首先来自系统内部知识的积累(系统演进孕育阶段 $C→G$),但这样的知识表现为熵增,随着熵增的持续,系统变得越来越无序,在融合系统的开放性基础上,此时引入外部知识作为负熵,有助于将系统逐渐推入有序(系统演进形成阶段 $G→D$)。根据熵增和负熵的比例关系,可将融合系统演进的阶段分为渐进性形成阶段 ($G→V_2$)和突变性形成阶段($V_2→D$)。

融合系统演进的突变路径表现为 V_2D 曲线,即从 V_2 点开始,随着两个控制变量的连续变化,融合系统曲线将会逐渐接近折叠边缘。这个时候,如果控制变量发生微小变动,上方平衡曲面中的状态变量将会从 S 点直接跃迁到 T 点,融合系统演进将发生不连续的变化,突变形成。从底部的控制平面上看,融合系统演进的路径表现为:从 V_3 点开始,融合系统开始进入可能发生突变的不稳定区域,随着时间的推移,在两种控制要素的作用下,稍有一些干扰,融合系统就很有可能跃过临界区,从下叶直接跳到上叶的 T 点,融合系统的突变形成,融合系统进入了上叶的稳定状态。

1. 主要状态参数分布的演进

融合系统的成熟度表征的是系统融合过程中的某一状态,成熟度是一个逐渐提升的过程,当成熟度发生不连续的提升时(见图 5-14 中的 S 到 T),就表明系统产生了突变,也就是情报学范式融合的演进实现了质的飞跃,这时成熟度的测量指标便成为关键。在融合系统成熟度表征中有三个指标较为重要,即研究范式、学术队伍和融合层次。

(1) 情报学术研究融合的演进

库恩指出,一种范式通过革命向另一种范式的过渡,便是成熟科学通常的发展模式。[①] 范式是一个系统,这个系统具有结构性特征,由观念范式、规则范式和操作范式组成,范式的执行主体是科学共同体。科学共同体是指在某一特定历史时期,某一特定研究领域中持有共同的基本观点、基本理论和基本方法的科学家集团。[②] 范式的核心是观念范式,逐步向外拓展到中间层的规则范式和外层的操作范式。观念范式是以价值观念和标准为基础的信念;规则范式是以观念范式为基础而衍生的一套概念、定律、定理、规则等;操作范式与外部环境直接连接,具体表现为科学成就、经典著作、已解决的难题以及未解决但已明确了解决途径的问题等。[③] 根据范式的定义,我们考察情报学范式的融合演进可通过两种途径,一个是两种范式的情报学科学共同体规模的壮大(成员数量的增多)

[①] [美]托马斯·库恩. 科学革命的结构[M]. 金吾伦,胡新和,译. 北京:北京大学出版社,2003:11.
[②] 垄耘. 从思维的视角看库恩的范式[J]. 科学技术与辩证法,1996(4):27-30.
[③] 孙启贵. 库恩"范式"的文化涵义[J]. 合肥工业大学学报(社会科学版),2000(01):29-32.

和凝聚力增强(目标的聚焦);另一个是寻找双方之间的共同约定(如研究内容、研究方法、理论基础等)等。这样的约定通常是一个逐渐演进的过程,即观念范式—规则范式—操作范式(见图5-15)。

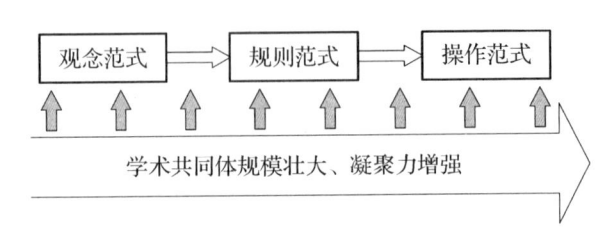

图 5-15 情报学范式融合的过程

(2) 情报学术队伍融合的演进

学术队伍是情报学范式融合的主体力量,根据考察的侧重点不同,其可分为学术研究队伍和学术教育队伍。学术研究队伍通常由学术团队与学术机构构成,学术团队聚焦于某一个专门的研究领域,而一个学术机构可能具有多个不同的研究领域。学术教育队伍主要包括情报学学科设置和教育机构。学术队伍融合表现为一个渐进的过程,在规模上,学术队伍融合开始于个人行为,特别是具有权威性和影响力的代表性研究人员的学术交流与思想汇合。在他们的影响下,学术队伍融合开始走向团队化,团队化的融合推动了双方情报学在具体某一研究领域的融合演进。随着团队融合的开展,学术队伍融合也开始向机构规模发展,这个时候情报学范式融合的研究领域更加广泛,特别是学术资源、教育资源融合就是在学术机构融合下形成的(见图5-16)。

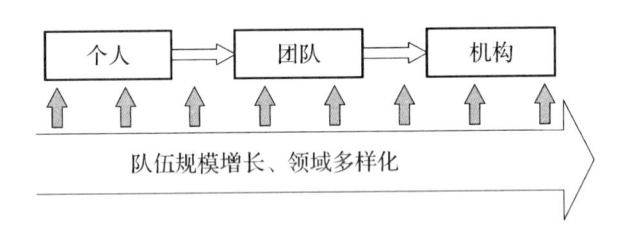

图 5-16 情报学研究队伍融合的演进

(3) 情报学范式融合层次的演进

在 Information 范式情报学领域,以包昌火、沈固朝为代表的个别学者早在 20 世纪 90 年代就开始倡导 Information 的 Intelligence 化和两者的融合,这里的 Intelligence 主要指的是安全领域的情报学,这是出于他们个人的研究兴趣取向。目前各领域情报学者的交流逐渐增多,特别是国家社科基金重大项目"情报学学科建设与情报工作未来发展路径研究"的研究过程中,各情报学领域专家展开了深入、系统的合作交流。从 2017 年开始的每年一届的情报学与情报工作发展论坛以及 2014 年开始的每年一届的华山情报论坛,为各领域情报学的学术交流提供了重要平台。此外,科技情报学的期刊中来自军事、公安等领域的研究成果越来越多,以《情报杂志》为代表,刊载的军事情报学、公安情报学、安全情报学等相关论文呈显著上升趋势。情报学范式融合已经由个人兴趣逐渐过渡到项目合作等多种形式。随着融合的系统化逐步深入,情报学范式融合将逐渐走向战略层面,从战略高度引领融合,战略层面的融合也使融合更加系统化和长效化(见图 5-17)。

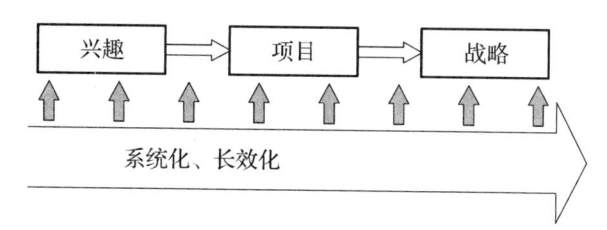

图 5-17 情报学范式融合层次的演进

2. 将需求作为系统演化的牵引力

一个学科的学术地位和该学科对社会发展的贡献以及解决社会实践中的具体问题等有很大关系。情报学也不例外,情报学的发展需要与国家、社会和组织需要紧密相连。中国已成为全球第二大经济体,国际地位不断攀升,向着科技强国的目标大步迈进,但同时面临的国际经济、科技和安全竞争也日益激烈。在这样一种国际环境中,实际上安全与发展问题并非各自孤立存在,而是两者交织融合在一起,发展与安全两者互为转化、同时并存,例如,科技封锁的最终目的是阻碍国防建设、抑制国防力量。这需要以安全情报见长的 Intelligence 范式情报和以发展情报见长的 Information 范式情报的融合,形成面向国家安全与发展全局具有战略高度和大情报意识的综合性情报,从而使情报在建设经济科技强国、推进中国和平崛起中发挥决策支持和引导功能。而情报学正是为在国家安全与发展中起到重要作用的情报工作提供思维理念、方法与理论等方面提供了指导。因此,需求牵引是情报学范式融合的重要力量,控制这种力量可以极大地推进两种范式的融合。实际上,国家战略需求是分层次的,相应地,情报工作也具有相应的层次,情报工作满足国家战略需求需要情报学不同层次的融合来满足(见图 5-18)。

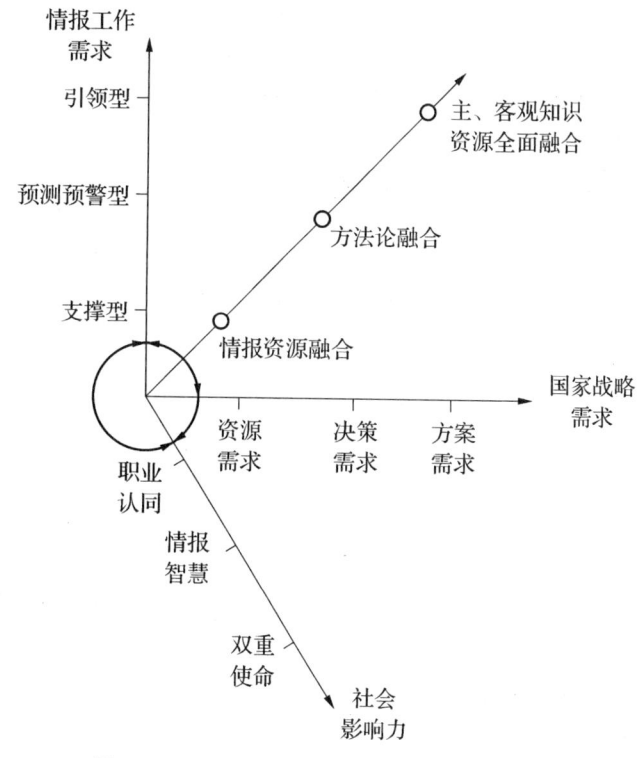

图 5-18 需求牵引下情报学范式融合的层次

具体而言,情报学范式融合是客观资源融合到方法论融合,进而上升到主、客观知识资源全面融合这样一个逐层深入和提升的三个层次,即为满足国家战略的信息资源需求,情报工作的任务主要是系统、全面地组织信息资源,此时融合的主要目标是实现双方情报资源的共享以支撑情报工作完成相应任务;为满足国家战略的决策需求,情报工作的任务主要是对发展环境进行预测预警,此时融合的重点在于通过方法论的融合来支持情报工作任务的完成;为满足国家战略的方案设计需求,情报工作的任务主要是在前面两个层次基础上,开发引导、引领型的支持决策服务,此时融合的主要目标在于通过主、客观知识资源的全面融合来实现情报工作的引领型服务。也就是说,在需求的牵引下,推动情报学范式融合从简单低级的情报资源融合向两者方法论融合提升,进而发展为主、客观知识资源的全面融合。

3. 将社会影响作为系统优化的反作用力

社会影响力的提升有助于两种范式情报学凝聚力的强化,影响力不足会使双方对融合的认识产生挫败感和危机感。情报学范式融合的社会影响力主要来自社会贡献及其传播,社会贡献的表现形式多种多样,既包括对具体情报实践的指导,也包括观点或方案被采纳,学科的社会知晓度和美誉度,学者参与重要决策活动,等等。如果说需求牵引力是情报学范式融合形成的动因,那么社会影响力就是其结果的表现,而这种表现又会反作用于需求牵引力,使之更加强化,进而推动融合的进一步发展。从这个意义上说,提升社会影响力对情报学范式融合系统的演化具有重要的推动作用,社会影响力是融合系统突变的重要控制变量。

必须强调的是,社会影响力是情报学范式融合的结果,而不是它们中的任何一个,也就是说,社会贡献有赖于双方的融合,单独的一方均不能形成这样的社会贡献。例如,军地协同的机构设置、军民联动的人员配备方式、军地共用的信息共享方式在美军社会文化情报支援中做出了突出贡献。[①] 美国前国家情报主任 James Clapper(2018)曾表示,中央情报局、国家地理空间情报局和国家安全局的情报工作协同在击毙本·拉登行动中功不可没。本·拉登事件的社会轰动性不言而喻,两种范式下的情报研究与行动共同合作参与到这一行动中,使人们深刻地认识到了情报学范式融合的重要性。因此,要提升我国情报学范式融合的社会影响力,两种范式的情报学研究应具有战略想象力和情报智慧,以回应国家战略中安全与发展之间辩证统一关系中的情报需求,系统、全面地支撑国家战略。具体而言,应建立情报学的双重使命,服务于社会发展和国家安全两大战略;应扩展双方情报学的研究领域,丰富情报学的内涵,协助增强情报作为"耳目、参谋、尖兵"传统的核心作用;应扩大情报学对面向安全和面向发展的情报界实践的理论指导,多途径培养情报人才;要通过服务于国家利益和重大战略,来提升情报学学科地位,改变业界的职业认同感。

5.4 两种范式融合的整体分析框架

耗散结构理论提供了条件方法论,即基于这一理论的指导为情报学范式融合系统创造更加开放的条件,通过培育外部物质、能量和信息的输入,使两种范式情报学之间某些要素差异越来越大,将系统推向非线性和非平衡发展,由此推进双方科学共同体自发行动。协同学理论提供了动力学方法论,即指导两者之间建立合作的桥梁和沟通的渠道,识别系统不稳定性的因素,在系统不稳定的时空区域,分析各要素之间的相互作用,挖掘统

---

① 林媛,童声,赵新. 军民融合视角下的社会文化情报支援研究[J]. 情报杂志,2019,38(01):13-18.

领系统发展的序参量,对这种序参量的发展规律及其对要素的支配作用规律进行深入分析,并通过控制序参量与控制参量的相互作用,激励融合系统有效运行。突变论提供了系统演化途径方法论,即分析系统运行过程中的各要素之间的分离和突跳现象,明确系统的演化途径,在系统演化的临界区域诱导系统突变,推动突变的发生,从而引导系统演化。在前面章节的研究中,这些内容基本在融合系统中均找到了具体内容定位。情报学范式融合系统形成与演化的整体分析框架见图 5-19。

"新三论"作用于情报学范式融合有两个着力点。一个是将融合基础发展为融合体。融合并不是要素的简单叠加,而是要素之间相互吸引并逐渐融为一体。融合基础指的是有助于融合的共通基础,包括关系基础、文化基础、动力基础、理论基础和活力空间等,共通的基础反映的是两者之间的紧密联系,它们实际上在基本思想、认知侧重点和基本方法等方面还存在不平衡性。例如,在 Intelligence 范式下,情报领域中的"侦察""监视""监测"等概念并非是 Information 范式下情报学领域中的"检索",尽管两者可以互补,但研究的侧重点、采用的方法和手段具有显著差异。虽然如此,这种联系为双方提供了交流的平台,通过交流将这些基础之间同质和异质的要素进行非线性交互作用并形成相互渗透的融合,以期在协同论和突变论的作用下提升融合的水平,不断优化融合的结构。

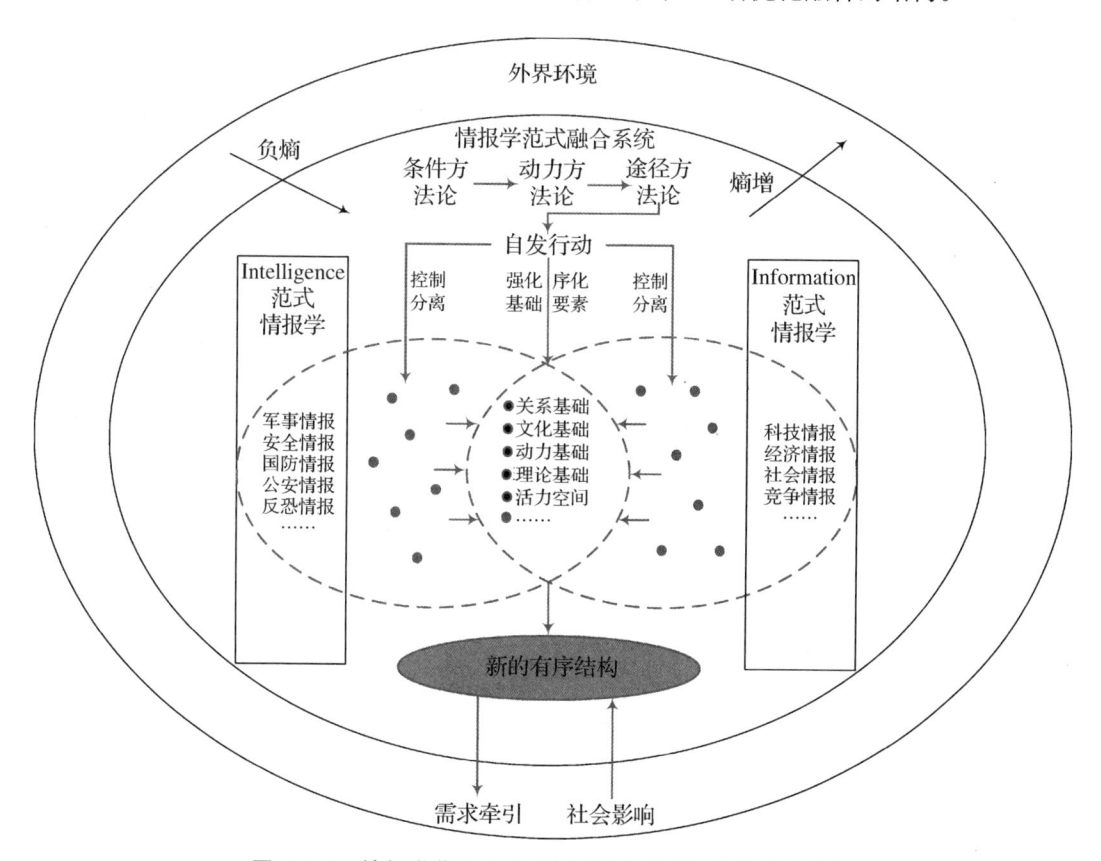

图 5-19 情报学范式融合系统形成与演化的整体分析框架

另一个是控制两种范式之间研究和资源不合理的分离,使这种不合理的分离在科学共同体自我觉醒和自发行动过程中相互之间具有吸引力,通过竞争与协同形成新的有序结构。双方之间的不合理分离主要存在于进行情报学学科建设中的资源优化配置和情报及其功能认知中的思维理念方面，其不合理性的判据在于解释国家安全与发展辩证统一环境下出现的新情报问题的困难。例如，在 Intelligence 范式的情报学中，军事情报侧重于解释现代战争和大国博弈中的情报问题，安全情报侧重于国家安全和反间谍，公安情报的焦点在于社会稳定；而 Information 范式的情报学则主要关注的是社会发展。在总体国家安全观下，安全与发展辩证统一，任何一门专门情报均无法胜任这一需求。唯有将目前学科建设的资源（如学术资源、队伍资源和教育资源等）的不合理分离进行融合才能适应当前情报问题所处的环境。

第6章 情报学范式融合的推进策略

"新三论"为情报学范式融合提供了重要的理论指导,耗散结构理论提供了条件方法论,其在融合中具体表现为学术研究过程中的信息流控制问题;协同学理论提供了动力学方法论,其在融合中具体表现为科学共同体的竞合管理问题;突变论提供了途径方法论,其在融合中具体表现为融合的路径问题。据此,本章提出信息流控制、竞合管理和发展路径三个情报学范式融合的推进策略,分别着眼于微观、中观和宏观层面。其中,信息流处于微观层面,其在整个策略中最为活跃,如同血液一样不断流动,它是其他两个策略的最基本单元;竞合管理处于中观层面,它对微观的信息流起到规范作用,对宏观的发展路径起到支撑作用;发展路径处于宏观层面,它将信息流和竞合管理囊括其中融为一体,并进行发展。本章的主要任务是解决情报学范式融合"做什么""怎么做"的问题。

6.1 基于"新三论"的范式融合推进模型

图 6-1 给出了基于"新三论"的情报学范式融合的推进模型。

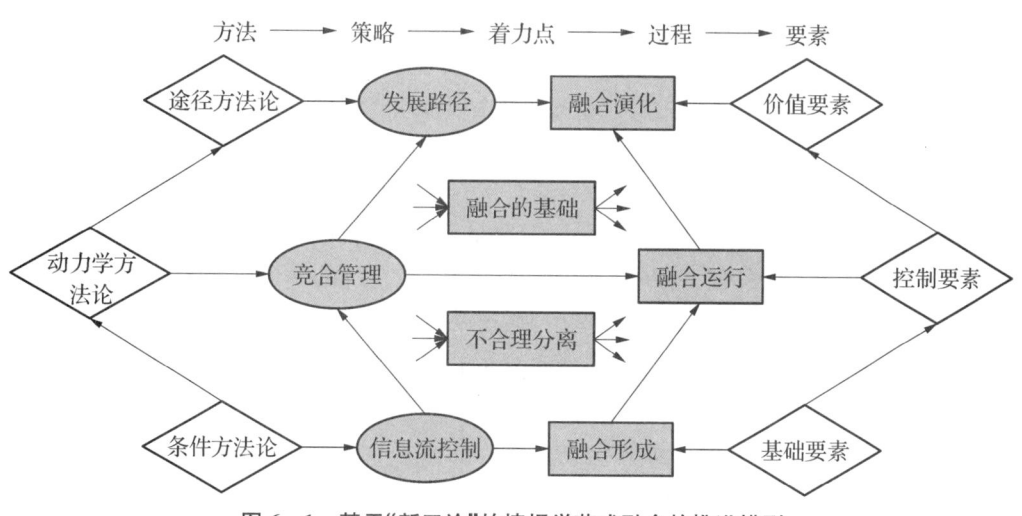

图 6-1 基于"新三论"的情报学范式融合的推进模型

1. 情报学范式融合推进是一个过程

这一过程主要包括融合形成、融合运行和融合演化三个前后衔接的阶段。融合形成阶段指向的是内容层面的基础要素融合,围绕情报学学科建设,基础要素主要包括研究的问题域、研究方法与工具、基本理论、学术数据资源、学术人才资源和教育资源等。融合运行阶段关注的是管理层面的控制要素融合,控制要素主要是通过一定的机制和交流平台的构建,强化融合的动力以使基础要素之间更具吸引力,消除"组织孤岛"和"情报鸿沟",打破两种范式情报学之间的"玻璃门",最终提升基础要素融合的层次和水平。融合演化阶段的目的是将融合推向价值的高度,从实践应用价值和功能中去理解情报学及其融合,并在理解与应用分析中,基于思维、观念的变化和环境需求的变化,促进融合水平向更高层级演化。

2. 情报学范式融合的两个着力点

这两个着力点前面已经进行了一些阐述,这里将进一步进行分析。一个着力点是融合的基础,这些基础包括关系基础、文化基础、动力基础、理论基础和活力空间,情报学范式融合需要强化这样的基础。融合的基础是两种范式情报学双方共通的理论与实践基础,这里的"共通"指的是双方处在同一个"思维与历史文化发展空间",在这个空间中,两者对某些特定问题的总体看法是一致的,但具体到相关要素上是存在相容和分离两种关系的。正因为融合的基础既存在共同的文化与历史的"传承",又存在相互分离,因此,它应成为融合的出发点,以此来逐渐拓展融合的广度。另一个着力点是控制双方之间不合理的分离。不合理分离是相对于合理分离而言的,后者包括双方刚性文化(如军事情报意图的秘密性、军事情报相关基础设施资源的保密性等)范畴中的那些要素。在尊重各自刚性文化的前提下,那些导致情报学在情报工作中指导作用弱化或无作为的学术、教育、队伍资源等要素的分离即存在不合理性。这里,不合理分离的要素一方面处在两个平行的"应用发展空间"中,主要指的是面向国家安全与发展的统一关系,在学术研究价值取向和理论方法上,面向安全研究与面向发展研究之间的分离。另一方面,处在两个冲突的"思维与文化发展空间"中,主要体现在对基本情报问题的理解上。两种范式情报学之间的不合理分离要素是融合的重要内容要素,也是融合中形成突变、推动融合演化的重要力量。

3. 情报学范式融合的方法论集合

情报学范式融合的方法论主要包括条件方法论(耗散结构理论)、动力学方法论(协同学理论)和途径方法论(突变论)。这三个方法论是一个具有逻辑性结构的方法论整体,具体逻辑路径为:融合形成(条件方法论)→融合运行(动力学方法论)→融合演化(途径方法论)。具体而言,情报学范式融合作为一个开放的系统,需要创造更加开放的条件,加强融合系统与外界物质、能量和信息的输入,增加负熵以使系统的发展结构不断优化。同时,激励两种范式情报学之间非线性交互作用,通过两者之间的竞争、合作来推动融合系统产生整体上的新模式和功能,通过突变渐变途径的识别和塑造来使融合系统呈现多样化的发展演化。

4. 情报学范式融合推进策略组合

如前所述,情报学范式融合是一个过程,各个过程的发展规律与特征存在差异。因此,不同的过程应具有不同的推进策略,而这样的策略是在相应的"新三论"提供的方法论指导下形成的。在形成阶段,主要解决的是双方及其与外界环境的交互问题,本质上是信息流的控制问题,以条件方法论指导信息流控制,为信息的有效流动创设条件。在运行阶段,主要解决的是双方相互吸引的动力问题,本质上是完善它们的竞争与合作管理,以动力学方法论指导竞合管理,为双方"组织孤岛"和"情报鸿沟"的弥合提供动力,增强它们之间的吸引力和合作的爆发力。在演化阶段,主要解决的是融合系统进化问题,这需要外界环境的牵引和反馈,以途径方法论指导发展路径建设,使融合系统产生突变,进而推动融合系统在突变中获得成长和进化。在这三个过程中,发展路径建设是重点,它具有综合性和逻辑完整性,信息流控制和竞合管理贯穿于发展路径的各个环节中。

6.2 范式融合的信息流控制策略

信息流是指情报学范式融合系统内部以及内部与外部之间的信息传递、共享、吸收、反馈等信息活动的过程。1994 年,系统科学专家顾基发教授等提出了 WSR(物理-事理-人理,Wuli-Shili-Renli)系统方法论,从物质运动、人们介入和人与人之间关系三个方面描述了系统中要素之间的关系。[1] WSR 的核心目的是实现知物理、明事理、通人理,进而系统性、分层次地研究复杂问题。[2] 在情报学范式融合的信息流控制中,引入这一方法论,有助于更加系统、全面、分层次地厘清信息流控制中的关键要素。本研究基于 WSR 方法论构建了情报学范式融合信息流控制模型(见图 6-2)。在这一模型中,物理主要指的是信息流控制渠道的建设,事理指的是信息流控制机制的建设,人理指的是学者在思维与价值方面的共识。

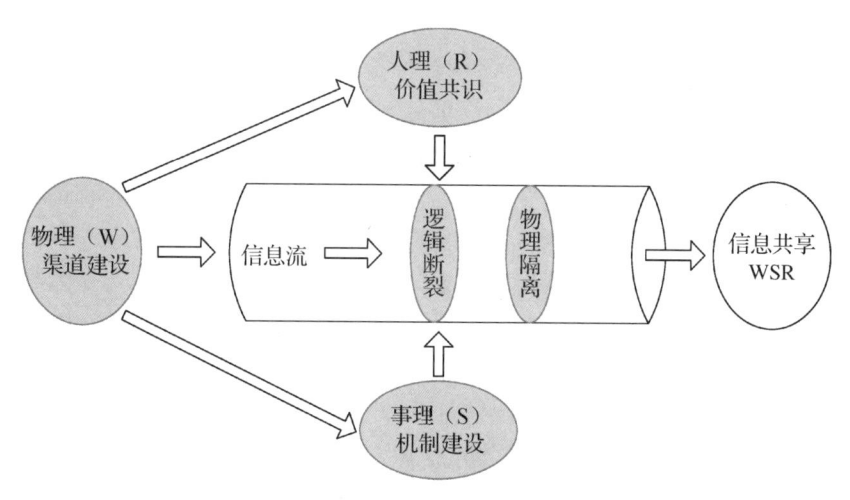

图 6-2 情报学范式融合信息流控制模型

这三个方面相互关联地推动了整个情报学界的信息流动:通过渠道建设为双方的信息流提供平台,在信息流控制机制的规范控制与推动下,使平台在信息流中发挥出最大效用,通过情报学者之间思维与价值的共识,使信息流渠道和控制机制不断升级和优化。此外,除了这三者的共同作用外,情报学范式融合的信息流还需要对客观上属于秘密属性的部分情报问题和资源进行逻辑断裂和物理隔离(保留合理的分离、避免不合理的分离)。

---

[1] 顾基发,唐锡晋,朱正祥. 物理-事理-人理系统方法论综述[J]. 交通运输系统工程与信息,2007(12):51-60.
[2] 朱志昌. 物理,事理,人理方法论国际系统的启示. 第 11 届中国系统工程学会年论文集. 北京:Research Information LTD,2000.

前者是指信息流中隐藏情报应用意图,特别是将应用意图与情报工作的策略与方法进行断裂处理,抽象出情报工作的一般性方法和策略,作为情报学研究的理论与方法。后者是指尊重情报中的组织及其管理的机密性,特别是对情报研究与实践中的秘密性基础设施资源进行隔离处理,逻辑断裂和物理隔离主要通过信息流控制机制来实现。通过上述一系列关键要素的联合运作,来实现两种范式情报学面向"物理—事理—人理"的系统化信息共享。

6.2.1　信息流控制的自发性

如前所述,情报学范式融合作为一个系统,具有开放性、非平衡性、非线性相互作用和涨落等耗散结构形成所具备的条件。信息流是融合系统耗散结构形成中必不可少的过程性变量,也可以说,融合系统的耗散结构是由信息流触发的。融合过程中既存在融合系统与外界发展环境之间的信息流,也存在系统内部两种范式情报学双方之间的信息流。信息流控制体系由控制渠道、控制机制和价值引领三个紧密联系的要素构成,处在这样一个耗散结构体系中,信息流控制体系本身也具备显著的耗散结构特征——信息流实际上是诸多"信息要素"在一定时间次序和空间结构中的流转。这里的信息要素包括融合系统内、外部所有相关信息,而融合系统的非平衡性、非线性相互作用和涨落实际上是信息要素本身的这些特征所决定的,同时,也正是因为信息要素的这些特征,才推动了它们在两种范式情报学内部和融合系统内、外部之间这样不同的结构中进行流转。

情报学范式融合中信息流的控制可以来自人类的创造,例如,为了实现双方之间的信息共享,由某些机构牵头人为地进行体制机制建设,然而其问题很明显。体制机制由哪些机构来牵头建设呢?这些机构是否在两种范式的情报学科学共同体中具有足够的跨领域驾驭能力和权威性呢?这样的体制机制与宏观上的国家相关机构的管理体制机制如何协调?怎样确保体制机制可以有效落实?双方情报学者的意愿和共识如何在体制机制中得以体现?等等,这样的一系列问题解决难度很大。即使是《国家情报法》这样的全国性的情报法律,虽然明确了国家情报工作的统一领导机构,但对具体的国家情报管理、协调等等均未做出细化规定,而对情报范式融合这样的具体领域更是缺乏顶层设计与统筹体制[①],更何况《国家情报法》更多的是安全情报的一个授权法。因此,基于这种"他组织"的信息流控制终因没有遵循双方信息流的本质和规律而难以实现或流于形式,成效难以保证。

信息流控制的另一个模式是自发性,如前所述,信息流具有耗散结构特征,这为信息流控制的自发提供了条件。自发性遵循信息流的本质与规律,自发的信息流控制是由两种范式情报学的无形学院主导的,无形学院是双方自发地在学术交流中逐渐形成的,因此,这反映了作为融合主体的情报学者双方共同的意志,这种共同的意志及其在学术研究中的共同约定是情报学范式融合凝聚力和向心力的决定性要素。在自发行动中,双方之间的不平衡性是其在非线性交流中通过合作与竞争这种自然的方式自行解决的,信息流

---

① 李辉,杨国立,樊彦芳. 我国军民情报融合的战略意义、制约问题与发展策略研究[J/OL]. 情报理论与实践:1-10[2019-08-27]. http://kns.cnki.net/kcms/detail/11.1762.G3.20190809.1839.004.html.

在解决双方情报学之间的不平衡性中如同血管中的血液一样，使双方能够各取所需，获得成长活力的营养，最终实现双方融合的新结构。这个过程并非线性的累积，而是要素之间非线性的相互影响和渗透。此外，正如前文所述，外界知识世界和需求环境不断更新变化，学界对情报学中各问题的认知也随之产生变化，这也推动了建立在此基础上的信息流的时序和空间结构的变化，从而为信息流的涨落提供了储备。

6.2.2 信息流控制的渠道

信息流控制渠道建设的总体思路是以"新三论"为基本指导，从两种范式情报学学术研究的正式交流、非正式交流和外界环境信息流三个方面来构建相应的渠道。基于情报学科学共同体的情报学融合委员会，是以自我觉醒和自发行动的正式学术交流形成的双方情报学科学共同体为内核；以兴趣社区为核心的双方情报学知识共享虚拟平台，提供了一种自发的、非正式的交流途径；这两种渠道实现了两者内部的非线性交流。为充分利用外部信息流以降低内部交流中的信息熵，需提供外部信息流控制手段，面向安全与发展双重使命的学科联盟，通过对国家安全与发展战略需求的回应，提供了外部信息流控制渠道。

1. 基于科学共同体的情报学融合委员会建构

（1）情报学科学共同体的识别

根据库恩的观点，科学共同体是指在科学发展的某一特定历史时期，某一特定研究领域中持有共同的基本观点、基本理论和基本方法的科学家集团[①]。马费成教授等曾将共被引分析法与多元统计技术结合用于识别和研究科学共同体[②③]。两种范式的情报学科学共同体是双方学术交流的基本载体。

如前所述，理论上，通过共被引分析方法结合多元统计分析很容易识别两种范式情报学的科学共同体，特别是 CiteSpace、Spss 等分析软件的聚类分析功能已经十分强大，所支持的数据源也都是国内外主流数据库，并且软件应用起来也十分简便，因此，基于此方法的情报学科学共同体的识别不难实现。但在识别科学共同体中需要解决的一个基本问题是数据源的问题，特别是 Intelligence 范式下的某些领域的情报学研究成果通常仅限内部流通，虽然近年来其中的一些学者将部分成果开始在公开流通的期刊上发表，但相比于他们丰富的情报学研究成果而言，这些公开发表的数量十分有限。数据源的不公开或有限公开发表给共被引分析法识别科学共同体带来了一个无法逃避的障碍：保密性的情报学研究成果未公开发表的文献无法被外部文献所引用，这也就失去了共被引分析方法的应用价值。

图 6-3 中提出了一个两种范式情报学科学共同体的识别模型。科学共同体的形成过程是两种情况共同作用的结果。第一种情况是，具有相同施引文献的 Intelligence 范式情报学共同体和 Information 范式情报学共同体，鉴于前者的部分情报学研究成果的有限公开性，引用其的施引文献只能是其内部，而公开途径无法获取其研究成果作为参考文

---

① 龚耘．从思维的视角看库恩的范式[J]．科学技术与辩证法，1996(4):27-30.
② 宋丽萍，徐引篪．基于可视化的作者同被引技术的发展[J]．情报学报，2005,24(2):193-198.
③ 马费成，宋恩梅，张勤．IRM-KM 范式与情报学发展研究[M]．武汉:武汉大学出版社，2008:22.

献,因此,所形成的共同体集中于 Intelligence 研究范式。这样的共同体是情报学的备选共同体。第二种情况是,具有不同施引文献的 Intelligence 范式情报学共同体和 Information 范式情报学共同体,这样的共同体是两个不同性质的共同体,因此,不能直接进入两种范式科学共同体备选中。这两个分别来自各自方的科学共同体是两种范式情报学科学共同体的重要补充,可以展开对话交流并争取成为科学共同体的备选。

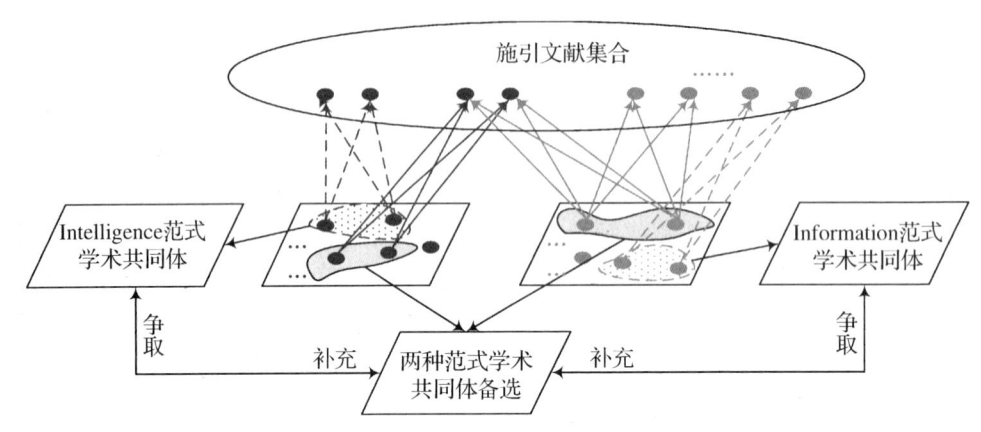

图 6-3 情报学科学共同体的识别模型

(2) 情报学范式融合委员会的建构

如前所述,科学共同体是以自我觉醒和自发方式在正式学术交流中形成的,是一种无形的学院。这种无形的学院有其自身稳定的研究范式,能够充分发挥范式对科研活动的定向与约束功能,使拥护者凝心聚力,同时可以逐渐影响那些游离在外的情报学其他共同体或者学者共同进入这一研究范式,使科学共同体的规模越来越大,这为情报学范式融合委员会提供了重要基础。那么,接下来的问题是,上述科学共同体识别中,仅仅停留在科学共同体备选阶段,由谁来从共同体备选中大体确定最终的两种范式科学共同体范围?解决这样的问题,需要具有"领袖"能力的情报学者来主导完成。近年来,两种范式的情报学双方相互交流的活动越来越多,一方面,这其中的重要推动者是国家社科基金重大项目研究过程中的各领域情报学合作,以及借助于此而开展的全国性的情报学发展论坛;另一方面,也涌现出了多个领域情报学者非正式交流的平台,其中最为著名的是华山情报论坛,这一论坛将情报学范式融合作为关键论题。在这些活动中,双方的情报学专家展开了丰富的情报学术活动,涌现出了一批致力于情报学范式融合的学者。今后,还可以继续以项目合作研究、学术会议交流等方式巩固这样的基础,并依据这种不断深化和频繁的学术活动为培育具有"领袖"能力的情报学者提供关键途径。

另外一个问题是,作为无形学院,两种范式的情报学科学共同体不能发挥协调作用,也就不能主动地吸引其他学者进入这一共同体,解决这一问题的基本方案就是成立情报学范式融合委员会,即以科学共同体为基本内核,构建情报学范式融合委员会,可由中国科技情报学会和国家安全委员会共同作为执行主体。委员会应具有广泛的包容性,由若干个不同范式的科学共同体组成,既包括两种范式的情报学共同体,也包括游离于这个共同体之外的双方独立的共同体,这些共同体在委员会的统筹协调下,逐渐打破内部壁垒,实现宏观上共融一体的目标。

2. 以兴趣社区为核心的情报学知识共享与服务平台构建

情报学知识共享与服务虚拟平台的主要功能是，为两种范式情报学界之间提供非正式的交流途径，强化双方的非线性相互作用，推动不同主体之间能够自发地共享知识。同时，共享平台还可以提供资源服务、学者信息行为分析功能。特别需要强调的是，共享平台的核心是从事两种范式研究的情报学者的兴趣社区，兴趣社区为双方学者的集聚和学术交流提供了重要途径，兴趣社区为具有相似兴趣的学者的聚集提供了一个平台。本书主要对知识共享与服务虚拟平台构建的三个关键问题进行阐述。

（1）学者知识兴趣相似度测量

知识兴趣相似度测量首先需要解决的是知识资源问题，因为这是知识兴趣相似度测量的基础。而知识资源的组织需要依据学者的兴趣，学者兴趣度量的数据源主要来自两个部分，一部分是学者在平台中的注册信息，如性别、年龄、学科专业、关注领域等，这部分数据源是固定不变的，但随着研究内容和学者认知的不断变化，学者的兴趣会相应地发生改变，也就是兴趣是动态发展的，因此，这部分数据会随着时间的推移而渐渐失真。另一部分数据源是通过对学者浏览信息的行为进行分析而得，Krishnamoorthy 认为，浏览行为包括验证行为和致动行为两类，前者是指可以判断用户有无兴趣的行为，例如，页面保存、打印、同一页面被多次访问等行为[1]；后者是指可以判断用户兴趣程度的行为，例如，用户在页面上停留的时间、鼠标和键盘活动等[2]。总体来说，那些停留时间越长以及被保存、分享、收藏、打印等操作行为的页面在学者用户兴趣度量中的权重更大。本研究借鉴了吉林大学丁梦晓和毕强等人的兴趣度计算公式[3]，即：

$$UI_i \text{Interest} = \frac{UI_i \mid time \mid \times D_i \text{content}}{\sum_{i=1}^{n}(UI_i \mid time \mid \times D_i \text{content})}$$
$$\text{If} \mid time \mid < T_{min} \, UI_i \text{Interest} = 0 \quad (6-1)$$

```
else {
if download/collect/share/print
U I_i Interest= U I_i Interest+ δ
}
```

这个公式主要是基于浏览时间而计算的兴趣度，$UI_i \mid time \mid$ 为用户浏览文档的有效时间，$D_i$content 表示文档的内容量，可以用文档的字节数计算。T_{min} 定义为一个极短的时间，表征误点击，如果用户浏览文档的时间小于这个时间，就视为无效浏览，兴趣度为0；如果浏览时间大于这个时间，则按公式计算用户的兴趣度。如果用户在有效浏览时间

---

[1] Krishnamoorthy R, Suneetha K R. User Interest Estimation Using Behavior Monitoring Measure[J]. Transplantation, 2013, 78(2): 651-652.

[2] Claypool M, Brown D, Le P, et al. Inferring User Interest[J]. IEEE Internet Computing, 2001, 5(6): 32-39.

[3] 丁梦晓，毕强，许鹏程，李洁，牟冬梅. 基于用户兴趣度量的知识发现服务精准推荐[J]. 图书情报工作, 2019, 63(03): 21-29.

内进行了下载、分享、打印等操作,则兴趣度会在原来的基础上加上一个调节数 δ。这个公式为发现个人学者的兴趣度提供了一个基本计算方法,将用户按照对某项学术内容的兴趣度依次排列,据此,为情报学知识资源的组织提供了依据,知识资源可以根据情报学研究过程中的相关要素进行分类组织,如情报源、情报检索、情报组织、情报分析、情报学理论、情报学方法、情报学教育等。

作为社区,还需要对不同学者之间的兴趣相似性进行比较,兴趣相似度高的学者才能同属于一个兴趣社区。本研究中的兴趣相似度测量采用西安电子科技大学李颖和王亚民的计算公式[①],即:

$$\text{sim}(A_i, A_j) = \cos(\vec{A_i}, \vec{A_j}) = \frac{\vec{A_i} \times \vec{A_j}}{|\vec{A_i}| \times |\vec{A_j}|} \quad (6-2)$$

基本解释如下:将用户的知识兴趣用一个 n 维向量表示,并通过对向量中的每个分量赋值来表达用户的知识兴趣,用户感兴趣的知识对应的赋值是 1;否则赋值为 0。然后用向量之间的余弦值来度量用户知识兴趣的相似程度。假设有两个用户 A_i 和 A_j,他们在 n 维空间中的知识兴趣分别用 $\vec{A_i}$ 和 $\vec{A_j}$ 表示,$|\vec{A_i}|$ 和 $|\vec{A_j}|$ 分别表示两者的向量模,$\text{sim}(A_i, A_j)$ 值越大,两者的兴趣越相似,越有可能被划分到同一个兴趣社区,这样的兴趣社区为两个范式情报学者之间的学术交流提供了十分有效的平台。

(2) 基于大数据的情报学类科学数据资源组织

数据密集型的科研范式推动了科学数据不仅存在于领域内的学术出版物(如图书、期刊等)中,学术出版物以外的其他数据源同样需要纳入科学数据范畴内,这其中包括:相关产业和行业数据资源、政务性数据资源,研究者社会网络数据资源及其衍生的其他数据资源(如研究者合作网络相关数据等),研究者行为数据资源(如网络查询行为和图书馆利用行为监测数据等),以及有助于获取经验类隐性数据知识的领域内著名科学家个人网站、博客资源等。这些数据源不仅是静态的存在,而且需要动态的跟踪监测。获取的数据应按照不同的标准进行类别划分,从数据安全的角度,它们可分为限制型数据、隐私数据和公开数据[②],并对获取的数据进行匿名化处理,按不同类别和规范来进行有针对性的使用。为使来自不同结构和类型的数据能够被更好地组织和利用,需要在一定标准和指标体系基础上,通过一定的算法和机制自动获取相关数据源的元数据。同时,为使数据能够被深度发现和应用于跨学科研究,需要对获取的数据源通过元数据、XML 模式、文件结构或其他主要关系的关联处理,尤其是语义层面的关联。当前,语义网已经提出了许多语义关联技术,其中基于本体的语义关联最为普遍,面向本体的语义关联技术比较流行的包括可扩展标记语言(eXtensible Markup Language)、资源描述框架(RDF)和分布式代理标记语言_本体界面层(DAML_OIL),这些技术均可以在数据的语义关联组织中借助运用。

---

① 李颖,王亚民. 基于兴趣社区的知识库构建[J]. 情报理论与实践,2014,37(09):86-91.
② Guidelines for Data Classification-computing Services ISO-Carnegie Mellon University Carnegie Mellon University[EB/OL]. [2019-7-12]. www.cmu.edu/iso/governance/guidelines/data-classification.html.

(3) 提供按需知识服务功能

按需知识服务即动态获取科研工作者的需求并进行随需而变,首先需要对科研工作者服务需求的动态化获取与挖掘,建立需求的演化成长模型,开展必要的需求管理与模型验证,这其中较流行的方法包括情景分析法、领域建模法、行为分析法、问题框架法[1];其次,在服务过程中,借助面向领域的规模化定制、语义 SOA(面向服务的架构)、服务自组织及其互操作性聚类、动态服务组合与优化等技术[2],在需求语义获取和互操作基础上,基于流程描述、角色描述和功能描述,进行异质性资源和动态服务的获取、匹配和联接,开展服务资源的聚合化生产,进行服务资源的按需产出。

实现按需知识服务功能需要借助现代数据管理技术,数据管理技术选择要与知识服务的功能定位和目标相匹配,在此基础上,应综合考虑预期数据采集方式、数据总量规模、数据的复杂程度、数据读写能力要求,以及可以满足上述数据处理要求的技术可扩展性与可用性问题。可以有效处理大规模、多重数据类型并具有高可扩展性和可用性的非关系型数据库系统(NoSQL),是知识服务技术中的关键技术之一。目前比较流行的 NoSQL 包括:简单易部署的键值存储数据库(如 Tokyo Cabinet/Tyrant、Redis、Voldemort、Oracle BDB 等),用于分布式海量数据存储的列存储数据库(如 Cassandra、HBase、Riak 等),允许键值嵌套的文档型数据库(如 CouchDB、MongoDb、SequoiaDB 等),以及图形数据库(如 Neo4J、InfoGrid、Infinite Graph 等)。

同时,还需要科学设计服务的应用模式,通常而言,服务应用模式设计是采用各种有针对性的方法围绕"以用户为中心"而开展的各种控制、评估和预测等活动,以满足用户内容和形式上的服务需求。具体而言,应用模式设计应包括三个方面内容,即用户需求识别、数据应用设计开发、数据应用迭代升级。用户需求识别主要是在各类调研方法(尤其是大数据方法)获取目标科研用户需求数据的基础上,通过采用结构化分析、数据流程图和数据字典等方法,明确他们的应用需求,并以此建立数据应用逻辑模型和应用体系结构,最终形成相应的技术解决方案。数据应用设计开发的流程通常依次包括功能设计、UE(用户体验)设计、UI(用户界面)设计、开发、测试、上线和版本管理。[3] 数据应用迭代升级是通过对用户需求变化的持续跟踪来收集用户反馈,通过技术更新和 API 改进,对已经交付的数据应用进行持续改进,从而逐渐贴近用户的真实需求。

3. 面向安全与发展双重使命的学科联盟建设

知识系统论视角下,学科联盟形成与可持续发展的核心途径是基于发展环境变化的知识适应性。以往 Intelligence 范式的情报学和 Information 范式的情报学分别面临的是安全环境和发展环境。在国际环境日益复杂化的今天,国家前所未有地将发展和安全两大问题同时放在了一起(以总体国家安全观为主要代表),对现实的回应会使各自独立的两种范式情报学失去生存环境,这意味着情报学范式融合已经不仅仅是学术问题,更不应该论谁先谁后、孰轻孰重。它关注的是整体性的理论对实践的反作用,由两种范式的情报

---

[1] 金芝,刘璘,金英. 软件需求工程:原理与方法[M]. 北京:科学出版社,2008.
[2] 文斌,何克清,梁鹏,等. 需求语义驱动的按需服务聚合生产方法[J]. 计算机学报,2010(11):2163-2176.
[3] COSR 编写组. 数据服务框架[M]. 北京:中信出版社,2016:43-44.

学构成的学科联盟是国家安全与发展统一这一重大历史发展背景的实践倒逼,它关乎双方的发展,也为情报学社会地位的提升提供了前所未有的发展机遇。

情报学作为一级学科的讨论无果而终,无果意味着情报学作为一级学科尚存在诸多无法克服的困难。而双方各有自身的管理体制,它们之间在管理体制上差异较大,将情报学范式融合为"大情报学"至少在我们可观测的时空范围内是无法达成的,但不能因此而消极。积极对待情报学范式融合,特别是在问题意识中推动两者的融合,是情报学学科发展的必然要求。因此,在保持双方各自的特点和优势、尊重各自刚性文化的基础上,借助一个冠以新名称的"学科联盟"来打造科学共同体、实现两者研究范式的融合,接纳两种情报学,通过学术交流、人才培养,形成在同质性问题竞争中升级、异质性问题合作中互补的竞合关系。这一框架既不触动现有的结构,不会出现在缺乏充分准备的情况下因改组而导致的混乱状况,也为将来"孵化"新学科酝酿了环境,在"充分交流,取长补短,各有侧重"的过程中,随着环境的变化和需要,队伍知识结构的完善,理论和方法论体系的健全,在自然形成的基础上再考虑以什么形式构筑新的情报学。这也许是尝试着走中国特色情报学建设之路的最优选择。特别是国家安全与发展决策支持这一共同的使命和任务,为学科联盟提供了强大的内部张力和外部牵引力。学科联盟建设应重点关注四个关键问题。

(1) 学科联盟的性质是功能性联盟

所谓的功能性联盟,是指以发挥情报学在国家安全与发展这一战略环境需求中的决策功能为线索进行组织的联盟。与之相对应的是制度联盟,不言而喻,它是以制度作为基本组织线索的,由于各自所属机构的管理体制与机制的障碍,以及两种范式情报学学科管理体制的显著差异性,使得制度联盟至少在短期内是难以实现的。认识到了学科联盟的这种功能性性质,就需要我们在建设联盟时,一切活动均围绕其功能展开:学科联盟的动力提炼从共同的任务和使命中产生,学科联盟的结构以功能的实现为组织线索,学科联盟的定位、布局、人才培养、学术研究等均以功能为指向。

(2) 学科联盟的管理

学术机构(需具有情报学硕、博士学科点)是学科联盟的最基本单元,学科联盟的机构组成必须是多样性的,即涵盖各领域的情报学术机构。以委员会制为学科联盟的主要治理模式,例如,成立学术委员会、教育委员会、专家委员会、发展委员会等管理协调组织,对联盟成员的各项学术、教育和管理活动进行协调管理。学科联盟要有一个明确的定位,这一定位需匹配国家安全与发展战略环境。此外,学科联盟要进行合理的布局,一方面,从学科发展上,学科联盟应注重学科和教育资源的特色和多样性布局,以此为学科的创新和变革发展提供基础,而不是同质性学科和教育资源的简单叠加;另一方面,还应关注空间上的地域布局,使地域均衡,这样有助于地域特色学科资源的互补。学科联盟的牵头单位是上文所阐述的情报学范式融合委员会。

(3) 建立学科联盟刊物

学术刊物是学术活动的重要载体,也是学科向外传播的重要窗口,学术刊物对于学科成熟的表征和在学科发展中的支撑作用已在学术界达成共识。情报学学科联盟需要建立一本彰显学科联盟特色的刊物,这样的刊物有别于目前已有的情报学刊物,必须体现情报学范式融合这一特色,例如,可以以《情报学范式融合研究》或《战略情报学研究》或《国家情报学研究》等命名，刊物要特别重视吸收各情报学领域和讨论情报学范式融合的相关研究成果。刊物由上文所提出的情报学范式融合委员会或学科联盟的学术委员会来承办。

(4) 吸收其他学科进入联盟

鉴于学科联盟作为功能性联盟的这一性质，为更好地满足国家安全与发展的战略需求，学科联盟不应局限于两种范式情报学内部的联盟，还应吸收有助于情报学发挥功能的上、下游学科或具有方法论意义的学科，这些学科可以包括知识系统(学)、安全科学、战略学、竞争论、信息科学群、军事学、"老三论"及"新三论"，等等。但需要注意的是，这些学科在联盟中处于从属的地位，以服务于两种范式的情报学研究为基本原则。为吸收它们进入，两种范式的情报学可以为它们提供方法论的支撑，在其研究评价与管理等方面发挥类似于横断性学科的功能。

6.2.3 信息流控制的机制

信息流控制机制的构建主要围绕信息流的动力和过程展开，信息流控制机制的价值在于保障信息流控制渠道的有效运行，使控制渠道能够发挥最大功能；此外，通过控制机制的建设，为信息流运转提供动力，并确保信息流运转规范和可持续。信息流耦合调节机制是一种动力机制，通过这样的动力机制建设，触发信息流形成并保证信息流不会因过程中的某些障碍而停滞；Intelligence范式下的某些情报问题的脱敏脱密机制针对的是两种范式情报学不合理的分离部分，为使这类具有一定敏感性和秘密属性的情报进入信息流中以获得共享和融合，需要对它们进行处理；过程与状态评估是保证信息流可持续的一种机制，两种范式情报学之间的分离已久，其中不乏有冲突性的观点，在情报学范式融合过程中难免会遇到一些困境和障碍，它们会对信息流产生消极影响，过程性和状态评估机制就是发现这些信号，从而采取有力措施加以避免、引导和补救。

1. 信息流耦合的调节机制

两个或两个以上的系统或运动方式之间通过相互作用而彼此影响最终协同的现象，称之为耦合。[①] 应用到情报学范式融合信息流控制中，表示Intelligence范式的情报学与Information范式的情报学之间各要素流动中的互补与兼容，以及情报学范式融合系统与外部环境之间各要素相互依赖与相互作用的关系。这里的要素指的是观点、资源、方法、理论、价值、文化等情报学研究与情报学学科建设中所涵盖的各种要素，以及安全与发展战略环境的需求要素等。信息流耦合是增强融合黏性、提升融合质量和效率的关键机制，也是融合系统适应和利用外界发展环境的重要机制。

(1) 信息流耦合调节的基本机理

信息流耦合调节的基本机理大体可以描述为：各要素本身具有一定的"知识存量"，在范式融合过程中，各方要素一方面要将自身的知识存量传递给对方，另一方面也要从对方吸收其他知识，各要素不会因为知识传递而使原来的知识存量减少，反而会因吸收他方知识而使知识存量增加。但是，随着时间的推移，各要素知识存量会因适应性或匹配性不足

---

① 王新华,车珍,于灏,吴梦梦. 网络嵌入、多途径知识集聚与创新力——知识流耦合的调节作用[J]. 南开管理评论,2019,22(03):28-39.

等问题而出现效用降低的现象。如果在信息流中的一个时间段内,某要素知识量增加很快,就可以考虑通过增强该要素与其他要素之间的耦合度,来使知识量输出的速度加快,让其他要素从中受益。例如,在双方情报学观点的不断碰撞过程中,随着时间的推移,越来越丰富的观点被提出来,这个时候就可以考虑增加观点与理论的耦合度,使观点能够指导理论的创新。相反,如果某要素知识量在一段时间内始终变化不大,增长缓慢,说明这个要素吸收知识的能力和动力不足,这个时候就需要考虑通过增加知识输入、增强该要素与其他要素之间的耦合度等激励措施,使其知识量增加。例如,当情报学理论始终原封不动时,就需要增强理论这一要素与情报学观点、资源、外部需求等要素的耦合度,来促进情报学理论的创新。就是通过这样的信息流耦合调节,来提高情报学范式融合中整体信息流的效率。

那么,根据这一机理,接下来重点需要解决的问题有两个。第一,发现某一个要素知识量的变化。这一问题通过后续将要提出的"过程与状态评估机制"来解决。第二,如何从整体上提高要素知识量的有效性。情报学是一门应用型学科,换句话说,它是一门学科,并且这门学科是应用型的,从这个意义上说,要素知识量的有效性主要取决于要素对学科发展的支撑和对社会需求的回应,提高有效性需要动力支持和提升吸收知识能力。

(2) 以支撑学科发展和满足社会需求作为信息流耦合的双重驱动力

在 2017 年情报学与情报工作发展论坛上,马费成教授指出,情报学应重视围绕国家与社会需求、学科建设需求来开展有价值的研究,以此来增强学科的话语权。在 2017 年情报学界凝练的《情报学与情报工作发展南京共识》中,从情报学学科发展、情报学教育、情报学理论和情报工作等多个方面提出了对我国情报学与情报工作重新定位的思想和思路。可见,情报学学科发展与社会需求并不是相互孤立的,情报学学科发展要置于社会需求环境中,情报学学科要因需求环境而进行学科定位、研究问题域设置。因此,将支撑学科发展和满足社会需求作为信息流耦合的双重驱动力,是一种力量纵深的强化,而不是力量范围的拓展,这使得这种驱动力量具有十分显著的集中性和聚焦性。

信息流耦合形成、发展的各个阶段均要围绕学科发展和社会需求而展开,这有助于使两种范式情报学能够将关注点集中到一处,使信息流耦合沿着这一条主线不断深入持续进行,以破解耦合过程中的障碍和冲突。

(3) 增强信息流耦合的包容性

强大的包容性有助于提升要素吸收知识的能力。较强包容性要素的基本表现是该要素既能够吸收同质性知识,也能吸收异质性知识,甚至能够从冲突性知识中获得创新源泉。因此,为增强信息流耦合的包容性,需要在信息流耦合的过程中,将耦合范围不断扩大,从耦合中提升学习能力。例如,在理论融合过程中,两种范式情报学双方的观点交锋、方法互补、范式冲突等等信息流,以及融合系统与外界环境之间的需求与回应信息流,都可以作为两种范式情报学理论交互过程中的耦合内容,从而创新情报学理论。

2. 敏感信息的脱敏脱密机制

"情报"一词在社会上并没有被理解为"信息",其含义在一般人的理解中是一种特殊的、类似于"谍报"的信息,带有秘密的色彩(几种著名的字典的第一义项就反映了这一普遍的看法）。Godson Roy 认为，情报包括四个相互密切关联的要素，即暗中搜集、分析与评估、隐秘行动、反情报；①Thomas Stafford T 在 *Intelligence Community for American* 中给出的三种情报解释中的第三种是将情报解释为秘密作业，基本方式包括谍报、反情报、秘密行动等；Lowenthal 指出，情报应包括四个方面，即避免战略突袭、提供长期的专家意见、支持政策制定过程和维持机密性、确保相对优势。② 上述所描述的情报指的是具有普遍意义的"Intelligence"。而在某些 Intelligence 范式下的情报学领域，McCandless B 提出，搜集、分析、报告、反情报和秘密行动是其五大工作任务。③

综上，我们可以看出，不论是理论上的"Intelligence"，还是实际工作中的某些具体情报领域，秘密属性作为情报的属性是基本共识的，虽然以美国为代表的几次情报失误以及对公开信息源的重视，对秘密情报的看法有所转变，但仍然有一些客观存在的秘密情报，有些秘密情报对于情报学研究而言是十分重要的，对情报学范式融合和情报学研究而言，这些秘密情报可以看作不合理的分离部分。我们有责任维护情报学的秘密性，但也必须应用情报学的资料来开展研究。因此，在尊重秘密性的刚性文化的同时，能够融合这些情报推动情报学研究的发展便成为情报学范式融合的一个重要问题。

（1）从公开与秘密的辩证关系中寻找突破点

从时间维度上看，情报的秘密性存在相对性，在某一历史条件下应用的秘密情报，在新的历史条件下就有可能失去其秘密性，这是由情报的时效性所决定的。也正因如此，目前情报学界出现了很多解密情报和情报应用方面的口述史等相关的研究成果，解密的情报变成了人人可以研究的公开信息，但是由于种种原因，这些情报传播的范围还不够大，大多解密的公开信息仍由那些具体从事相关工作和研究的情报人员和组织掌握。因此，在情报学范式融合中要重视这些解密情报资源的共享，从中获得方法知识和案例知识等。此外，秘密情报实际上是提升公开情报价值的一种重要手段。这是因为，只要是情报就具有一定的竞争性和对抗性，当己方情报被对方掌握之后，情报的价值将大大降低，甚至让对手抓住弱点有机可乘。因此，公开情报也需要秘密情报的保护，而保护公开情报的秘密情报工作方法通常而言不具有秘密性，在这点上，Intelligence 范式下的某些情报学研究具有很丰富的理论与方法以及实践工作经验，这应该成为融合的重要组成部分。正如缪其浩所言，保守秘密很有可能成为我国科技情报工作的新生长点，包括保护秘密的方法、方案、制度和系统的设计等。④

（2）充分发挥人的主观能动性

除了时效性外，情报应用的场景和意图是情报秘密性的另外一个重要原因，特别是情报意图的秘密性为情报实践蒙上了神秘的面纱，"秘密""保密""安全禁忌"也使很多情报机构在思想观念上游离于国家安全领域、国家安全议题之外，没有与部队、国安、公安部门

---

① Godson Roy, Intelligence Requirements for the 1980's: Intelligence and Policy [M]. Lexington: Lexington Books, 1986.
② M M Lowenthal. Intelligence: From Secrets to Policy[M]. Washington, D. C:CQ Press, 2000.
③ Mccandless B. What Key Learning Should Corporate Competitive Intelligence Specialists Acquire from Their Military Intelligence Counterparts? [A] Controversies in Competitive Intelligence: The Enduring Issues, 2003:45-55.
④ 缪其浩. 探索者言:缪其浩情报著作自选集[M]. 上海:上海科学技术文献出版社,2008:70.

打交道的意识。除了信息系统安全外，情报的保密性一般是由情报执行主体根据情报的应用场景和意图来界定的，因此，情报的脱密处理还需要发挥人的主观能动性。具体而言，可从两方面寻求突破，一是将应用意图与情报工作的策略与方法进行断裂处理，抽象出情报工作的一般性方法和策略，作为情报学范式融合研究和借鉴的内容。这是因为，本质上，某些情报工作的秘密性主要源于情报应用意图的秘密性，特别是将情报工作的策略和方法与意图相关联。二是与从事安全维护实践和研究的情报学者进行多种形式的非正式交流，挖掘他们在丰富的实战经验和高度的理论素养等基础上，形成的情报规律和原理性的理论与方法相关的隐性知识，将这些知识进行显性化和社会化，从而作为融合的组成部分。

(3) 制定知密与用密的规范和标准

通常而言，凡是不经处理的秘密情报均不可以作为情报学范式融合的内容。那么，知密和用密从何而来？没有知密和用密，便谈不上规范和标准。情报学范式融合的最终目标之一是通过两种范式的情报学双方的理论与方法融合，使情报学能够切实指导情报工作实践，推动情报工作能够在国家安全与发展战略中发挥重要价值，与情报工作实践反作用于情报学研究不同，这需要发挥理论与方法的先导作用。因此，所谓的知密和用密，指的是在特定的、重要的、急迫的情报任务中，需要融合来进行处理，但在此过程中可能会涉及秘密情报，如以往某些敏感情报实践资源的数据挖掘等。此时，需要对这些秘密情报的应用行为进行规制，建立一定的应用规范(如应用的范围、深度与情报任务的匹配，即避免过度应用；应用的时间、地点及其监测等)和应用标准(如标准化的应用流程、保密协议的签订、应用人员的规定等)来对这些秘密情报进行保密。而在此过程中，要注意提炼情报应用的一般方法、规律和理论等，将这些作为情报学范式融合的组成部分，指导情报学研究。

3. 过程与状态的评估机制

过程是指事物状态的变化在时间上的持续和空间上延伸，它与状态相对；状态是指事物特性的量度和描述。没有过程的状态和没有状态的过程都是不存在的。两者相互依存、相互作用、相互制约。[①] 过程和状态是情报学范式融合中信息流的两个主要变量，过程描述了信息流时间和空间上的动态发展，考察的是信息流运转的连续性；状态是指信息流在某一个过程中所表现出来的静止形态和态势，考察的是信息流在某一点上的表现。因此，过程与状态的评估主要围绕三个方面展开。

(1) 双方关系退出倾向的预警与抑制机制

两种范式情报学之间的关系是动态发展的，历经形成、成长、成熟和衰退等不同阶段，正如不仅需要保持健康，还要知道如何预防疾病一样，在情报学范式融合中，既要保持信息流的可持续发展，也要通过对信息流进行监测分析，发现双方关系所出现的衰退现象，从而采用有效措施抑制衰退。图6-4中给出了双方关系退出倾向的概念，其退出倾向的主要影响因素包括信息流渠道的有效性、竞争与合作强度和信息流耦合度等，其中，竞争与合作强度对其他要素具有调节作用，竞争与合作强度越高，越有助于改善其他两者。这

---

① 吕斌,吕国秋. 组织情报学[M]. 上海：上海世界图书出版公司,2013:266.

里的竞争指的是双方在共同的价值观下的有序竞争,而不是内耗。在关系退出过程中,情报文化起到总体的调节作用,双方之间情报文化的兼容能够从整体上统领其他要素向着有利于它们关系强化的方向发展。上述各要素为构建双方关系退出预警机制和抑制机制提供了依据,面向关系退出倾向的预警与抑制机制应是自下而上的构建,以此防微杜渐。当双方关系达到了正式退出的边缘或已经断裂时,抑制机制应是自上而下的构建,即从情报文化兼容治理开始,逐渐波及竞争与合作关系的修复、信息渠道重新搭建和提升信息流耦合度等,以此先抓住双方关系修复的主要矛盾。

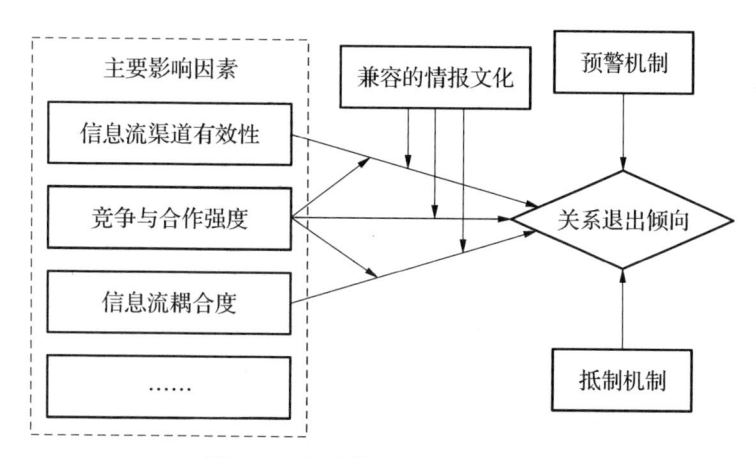

图 6-4 双方关系退出倾向的概念

(2) 知识组织机制

情报学范式融合过程中会产生丰富的显性知识和隐性知识,这些知识既包括情报学研究中所涉及的理论、方法、案例等各方面知识,也包括融合的过程性知识、管理类知识。对这些知识进行组织是融合过程中必不可少的环节,它们将成为情报学研究的重要基础,也会为后续融合的可持续发展提供经验和方法类知识。从知识转化(隐性知识—显性知识—知识内化——知识社会化)的角度来看,知识组织是信息流渠道中两种范式情报学交互过程中所产生的各类知识应用的基础。知识组织的目的有二,一是为情报学研究提供知识基础;二是为情报学范式融合的持续深入开展提供服务。基于这样的目的,知识组织的逻辑架构应包括两个主要部分,一部分是基于情报学研究过程各阶段而进行的分类;另一部分是融合方法类知识。知识组织过程应融入前述的知识共享与服务平台中,并以知识库的形式嵌入这一平台中,以提供相应的知识服务。

(3) 各要素平衡发展激励机制

情报学范式融合的最终目的是为孵化大一统的情报学提供基础,既然是为情报学学科建设服务,那么,情报学学科中所涉及的资源、理论、方法、教育等各个方面均是融合的组成部分,而不能偏废任何一个要素,唯有这样才能共同推进情报学学科建设,避免木桶效应。因此,在信息流控制中,需要关注每个要素的融合进程,对那些融合活力不强的要素要采取相应的激励措施,以激活其活力,增强其动力。

6.2.4 信息流控制的价值引领

如果说信息流控制渠道解决的是"在哪里做"的问题、控制机制解决的是"怎么做"的问题,那么,价值引领则解决的是"应当怎么做""最好怎么做"的问题,它为信息流的高效和持续运转指明了方向。因此,从逻辑结构上看,价值位于信息流控制的最高层,它引领着渠道和机制的建设(见图6-5)。基本一致的价值观对于情报学范式融合中的信息流运转具有凝心聚力的作用,很难想象价值观不同的双方应如何进行融合。价值是一个具有丰富含义的概念,价值引领主要围绕认识的统一、思维理念的共识和大格局观的树立三个方面展开。自诞生以来,情报学一直保持着与自身发展环境相适应的优良传统,因此,情报及其相关问题处在随环境变化的动态发展中,对情报观的统一需要借助于实践这个"桥梁";共享是社会发展的五大理念之一,共享能够促进发展,两种方式情报学均能够在共享中获得发展,秉持共享理念是两种范式能够实现融合的本质要求,共享发展的思维理念共识是价值引领的重要组成部分;情报学范式融合是学科发展和社会需求双重作用下的必然需要,其信息流控制也必须在科学价值和社会价值双重目标约束下进行,必须以此为目标约束才能使它们在融合过程中同心协力。没有目标约束的信息流是盲目的,仅以其中一个方面作为目标约束,不能遵循情报学与社会需求之间辩证统一的本质规律,将使信息流失去根基和灵魂,从而变得十分脆弱,生命力和活力必将不强。

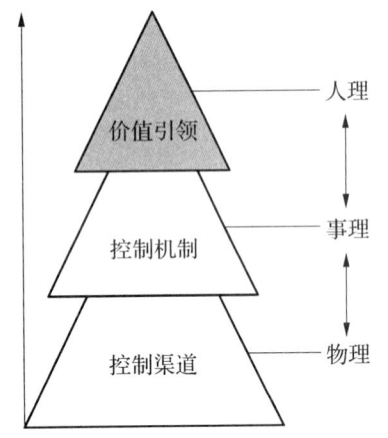

图6-5 信息流控制策略的逻辑结构

1. 实践中的统一情报观

情报观是对情报的基本看法,在情报学范式融合中,情报观不仅包括对情报本身的看法,还包括双方关于对方情报学研究及相关问题的认可,承认能够从对方中获得学习和发展资源,双方能够互相接纳。从情报学的发展历史来看,实践是先于学科或理论出现的,也是相对而言发展得更成熟的,甚至有学者称,即使没有理论,情报工作仍可以照常开展。虽然我们对这一观点的正确性持保留意见,但可以反映出情报实践的重要性,这是情报学作为应用型学科的必然趋势。情报问题分歧的"重灾区"在于情报的基本理论问题(特别是"情报"的界定),而在实践中,这样的分歧相比而言模糊了许多,特别是很多从事 Information 范式的情报工作实际上与 Intelligence 范式下的情报工作在基本原理和本质内涵上有很多相似之处,只不过所发挥作用的侧重点存在差异。竞争情报作为一种活动或产品的情报实践可以说横跨了两种范式。从这个意义上说,从实践中统一情报观是较为科学和有效的方式。从价值高度上看,统一情报观需在情报实践这种务实的情报研究中统一思维和意识两个关键问题。

(1) 在国家安全与发展的统一中完成战略思维的转型

第一次世界大战使人们认识到,决定战争胜负的不仅仅是常备军的数量,还要看一个国家的总体经济实力、战争潜力和抵抗侵略的民众士气,情报工作开始涉及经济因素、国民士气等非军事因素,战略情报观念开始形成。为战略决策服务的情报工作形成于第二次世界大战,战后科技的发展为情报工作带来了深远的影响。这时由英国战时情报官琼思提出的"科学情报"成为战后科技情报乃至经济情报发展的理论基础之一。冷战结束后,全球化和信息化兴起,国际安全与发展环境发生了巨大变化,非传统安全威胁成为国家安全的主要因素,传统的以动向分析、政治分析为主要内容的情报服务需要转向非传统安全威胁,以帮助决策者了解过去、监测动向、预测未来。

目前,非传统安全问题更加突出,在总体国家安全观背景下,安全与发展问题并非各自孤立存在,而是两者交织融合在一起,发展与安全两者互为转化、同时并存。美国发起的"301调查"、华为和中兴事件等经贸科领域的竞争与对抗,不仅是科技、经济领域的发展问题,也与总体国家安全和国防建设密切相关。以往Intelligence范式下的情报研究和情报工作在现代战争、大国博弈、国家安全、反间谍、驾驭复杂社会局势等方面具有突出的贡献,Information范式下的情报研究和情报工作在服务经济社会发展中的功能十分显著,在总体国家安全观背景下,两者均应具有安全与发展相统一的战略思维。

(2)在具体情报任务中强化融合意识

任务聚焦式的一般融合过程可以概括为决策任务—分发—搜集、处理、加工(各情报机构)—情报整合—分发[①],这种融合模式关注的是总体国家安全观下国家安全与发展决策需求这一共同任务。以任务聚焦式融合模式替代基于机构的线性模式,在"充分交流、取长补短、各有侧重"的情报任务协同过程中,随着环境的变化和需要,自然而然地加快了融合的进度、提升了融合的深度,并可以在一定程度上淡化双方的文化与体制壁垒。当前,可以将总体国家安全观、"一带一路"和创新驱动发展等国家战略中涉及发展与安全的综合性问题作为重要情报任务。这样的任务强化了两者融合的意识,因为失去任何一方的情报研究均很难实现安全与发展辩证统一的情报任务。

2. "共享发展"的思维理念共识

共享发展的本质是进行共享以共同享受发展的成果,在这里,共享的主体和享受发展成果的主体是一致的,因此,共享发展强调共建共享。在情报学范式融合中,贯彻共享发展的思维理念,意在倡导共建共享,旨在强调情报学发展的重要性,突出双方在融合中的平等地位。这一思维理念使两种范式的情报学既能携手共建情报学学科,又能从学科共建中获得发展利益,这既是学科建设和满足社会需求的一种责任,也是从资源优化配置中获取利益的一种权利。因此,这一共识对推进情报学范式融合具有强大的推动作用。共享发展思维理念的实现路径主要包括四个方面。

(1)采用宣传教育机制在双方普及这一理念

共享发展的理念得以普及需要进行相应的宣传教育。思想是行动的先导,思维理念在情报学范式融合中起着统领的作用。消极怠慢无视发展的重要、"一决高下"的无意义冲突、"独揽全局"的非合作态度、"固步自封"的封闭状态等等在融合中具有很强的破坏性,共享发展为融合找到了价值甚至哲学依据。这样的思维理念是在关系与秩序的基础上进一步关注了整体的价值与目的,只有双方在价值与目的趋同时,才能真正地实现融

---

① 杨国立,苏新宁. 迈向Intelligence导向的现代情报学[J]. 情报学报,2018,37(05):460-466.

合。因此,必须将这一理念深入从事两种范式研究的情报学界。目前比较好的方式就是加强宣传教育,仅仅依赖传统的说教式宣传教育未必能够起到特别显著的效果,需要辅以多样化的手段,例如,案例式的宣传教育、学界权威专家的推动、多种形式的非正式交流探讨等。

(2) 将信息流渠道作为共享发展实践的平台载体

共享发展毕竟是一个理念,这一理念落地生根需要相应的平台载体,前面讨论的情报学范式融合委员会、知识共享与服务平台和学科联盟等均可作为共享发展的实践平台载体。用共享发展的理念去建设这些渠道,使这些渠道在内容、形式等方面均能够贯彻这一理念。例如,在融合委员会和学科联盟的章程和愿景中将共享发展作为一条重要的指导思想;在知识共享与服务平台中以共享发展的理念去开发相应的功能,使学者能够有途径贡献知识、有途径享用知识。

(3) 以学科发展和社会影响力提升为动力基础

动力来源于利益,共享发展的主要利益即发展。如何体现发展?一方面,表现在学科方面,使学科得以不断完善;另一方面,体现在社会地位和影响力方面,这是双方情报学界共同的诉求。因此,谋求学科发展和提升学科的社会地位与影响力为共享发展提供了强大的动力,也正是这样的动力,使共享发展这一理念并非纸上谈兵,而是可以真正地被自觉地应用于实践中。问题在于,学界是否仅意识到发展这一利益,是否对发展的依据——共享给予了充分重视。这也是这一理念在双方情报学界进行普及时需要加以注意的。

(4) 以信息流控制机制为保障体系

理念会随着环境的变化而发生动态变化,共享发展这一理念也不例外,当从短期或瞬时来看,并没有从共享发展中获得预期利益,或者在共享发展过程中遇到一些障碍和困境时,就会导致共享发展的理念遭遇挫折,从而有可能产生消极影响。因此,需要一定的机制加以保障,前文所述的信息流控制机制为共享发展的理念提供了基本保障,在信息流耦合调节机制作用下,使共享发展不至于受到知识共享障碍的消极影响;某些情报的脱密机制为共享扫除了一定障碍;过程与状态的评估机制为共享的危机管理和共享的方法提供了保障。

3. 树立大格局观

情报观是从研究和应用维度对情报及其问题域的基本看法,而格局观是从价值和管理维度对情报格局的基本看法,具有大格局观的情报学主要落实到了胸怀国家发展大计、主动承担社会责任上。这是学科获得长足发展、取得社会地位和影响力的必然要求,同时也决定了情报学的涉足空间与发展潜力。情报学要以服务于国家创新、安全与发展为宗旨,推动情报服务在促进国家的创新、安全与发展中发挥越来越重要的作用,只有这样才能切实提高情报学的学科地位。以大格局观来发展情报学必然对情报学范式融合提出了切实要求。实际上,进行范式融合本身也是大格局观的一个具体体现,因为融合的根本目的是为了服务于国家战略决策,并且为了融合,双方必然会破坏各方自身原有的结构和发展节奏,这需要在大格局观的指导下去适应和调和。那么,问题是,如何在融合中树立大格局观?如何以大格局观来指导融合?

(1) 倡导追求真理与造福人类的双重价值追求

追求真理和造福人类是学术活动科学价值和社会价值的终极目标,这两个目标似乎是任何一个学科自觉的追求。为什么要在情报学范式融合中着重提出这一倡导呢？在我国,图书情报学、科技情报学、公安情报学和军事情报学具有两个不同研究范式和价值取向,它们之间在情报性质方面多多少少存在冲突和不和谐因素,之所以采用一个名称是有其历史渊源和基本道理的,那么,问题是,同一个情报学会有两个不同的原理吗？答案应该是否定的,或者说不应该有两个原理。多年来,Intelligence 范式的情报学侧重于面向安全的情报研究,,Information 范式的情报学侧重于面向发展的情报研究。在两者融合中,倡导追求真理的原因就是推进对情报性质认识的共识和情报学基本原理的统一,这是追求"情报学"这一个整体性学科真理的需要。与此同时,几乎没有哪一个学科所面临的社会问题像情报学这样领域跨度如此之大,虽然在很多社会问题上,需要跨学科的研究进行支持,但基本上集中于同一个问题域。例如,在经济发展分析中,需要研究人口对经济的影响,这需要经济学与人口学的跨学科研究,但问题域始终是经济发展,而不是人口问题。正如我们反复强调的,总体国家安全观背景下,情报学所面临的问题域既有安全问题,也有发展问题。从学术研究的角度来看,这是两个具有较大跨度的问题域,并且要寻求这两个问题域的辩证统一。独立的面向安全的情报学和面向发展的情报学满足这种统一性会显得力不从心,必须以融合来应对。因此,情报学造福人类必须倡导情报学的范式融合。

(2) 强化纵贯历史与未来的思维意识

情报是一个动态发展的概念,情报学也会因发展环境的变化而产生变化,这种动态变化并非与历史相割裂,而是历史的延续甚至突破,同时这样的变化是未来的基础,为未来发展提供了依据。关键是要从这些变化中洞察情报学发展的本质规律和基本原理,强化纵贯历史和未来的思维意识,这是从纵深上践行大格局观的基本表现。因此,当我们面对情报学当前要解决的问题时,不应将着眼点局限于当下,而是应从历史中寻找类比性和相似点,并以前瞻性的思维去预见未来发展的走向,据此来寻求当下解决问题之道。当然,在此过程中,要通过假设分析、数据分析避免镜像思维以及克服人认知的有限理性。在 Intelligence 范式的情报学领域,特别是军事情报学中,通过历史学方法、口述史方法进行情报学研究已成为十分重要的方法。美国安全领域很多著名的情报学家都来自历史学领域,他们从战争史中获得情报学理论方法的创新。在我国的 Information 范式的情报学领域,20 世纪 80—90 年代,情报学研究十分重视理论研究,那时情报学的理论研究非常重视哲学层面的统领作用,以及"老三论""新三论"等横断性学科的方法论意义,它们对于解释情报学的本质规律具有很高的应用价值。两种范式情报学历史上的方法论、理论和案例资源等为其融合指明了资源共享方向,这是大格局中对历史重要性认识的直接体现。同时,将预测、预见性情报方法和假定环节贯穿于情报研究中。例如,通过地平线扫描法获取和利用外部环境事件信息、趋势信息和描述组织与外部环境之间关系的信息[1],以及

---

[1] Aguilar F J. Scanning the Business Environment[M]. New York: Macmilan, 1967.

与观念类相关的信息和证据[①],来识别、处理战略性的威胁和机遇,预见可能构成或创造机会的新出现的问题和事件[②],根据这些信息来决定融合中的未来重点议题等,这是大格局观中对未来预判重要性认识的直接体现。因此,强化纵贯历史和未来的思维意识为情报学在资源、方法和理论上的融合提供了价值统领。

6.3　科学共同体竞合管理策略

竞合,顾名思义,就是竞争和合作的简称,竞合是协同学理论中十分重要的两个问题,竞合为情报学的范式融合提供了不竭动力。融合中涉及要素融合、关系融合和融合的推进过程。要素融合是内容层面的融合,关系融合是将要素之间的距离拉近,而这两者的融合是在一定的运动过程中产生的,这个运动过程中存在时间("间歇性—连续性—常态化")、空间("点—线—面")和逻辑("聚合—整合—融合")三者的交互作用(见图6-6)。

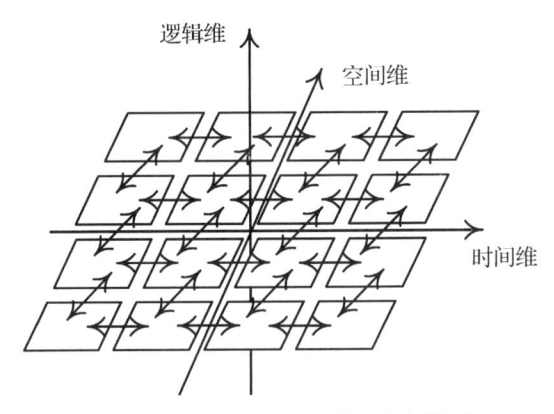

图6-6　两种范式情报学的竞合模型

6.3.1　情报学范式融合中的竞合关系及其自发特性

竞争与合作本身就是自发的行为,情报学范式融合中的竞合关系表现在不同的合作与竞争强度(见图6-7)上。整体上看,Intelligence范式的情报学研究中,"人"的思维在其中起到了十分重要的作用,正因如此,其研究会经常与心理学、社会学等学科产生跨学科研究;Information范式的情报学研究中,信息技术在其中具有重要的作用,特别是信息组织技术在其中优势显著。基于这样的考虑,思维参与程度和信息技术参与程度就构成了两种范式情报学研究中区分度较显著,并分别在各自领域内具有较强概括性的两个变量。从两者参与度"高"和"低"的组合比较中,就能够洞悉融合中主要的竞合关系。Information范式的情报学侧重于信息的提取、识别、变换、传递、存储、检索、处理、再生、表示、传播过程的一般规律,信息描述系统和优化系统的方法与原理,信息加工生成智能

---

① 王延飞,杜元清,钟灿涛,等. 情报研究论[M]. 北京:北京大学出版社,2017:62-63.
② Loveridge D. Foresight: The Art and Science of Anticipating the Future[J]. Foresight,2009(5):80-86.

的机制和途径,等等。① 由于情报的处理和分析都要以信息为基础,Intelligence 范式的情报学需要补充 Information 范式的情报学的理论来指导其业务实践。从另一角度而言,信息的处理离不开人,对人的分析不仅需要情报学理论流派中的智能过程派、认知学派、决策功能派等,还需要借助心理学、逻辑学、语言学等相关学科理论,这些理论在探索人类思维领域中信息加工和处理的内在机制、提升决策的知识水平和智能水平方面可以发挥很好的作用。因此,总体上看,这样的竞合关系中,两种范式的情报学保持各自的"生态"特性,各自占据一个生态位,形成合作中有竞争、竞争中有合作的相互促进的整体。

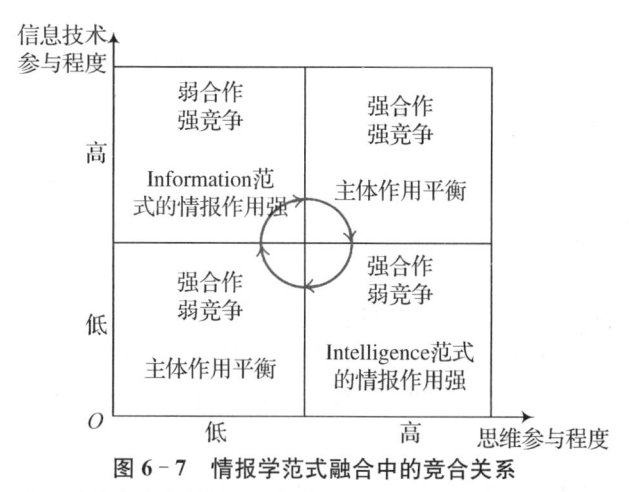

图 6-7 情报学范式融合中的竞合关系

注:这里的"竞争"是一种力求走在前沿的目标意义的竞争,以此推进共同的作用对象——情报学走在前沿,并不以拉后对方为目标。

合作是实现两者异质性资源的优势互补;竞争是某特定资源的某一方具有优势,为力求走在前沿,这一方占据主导地位,因此,这样的竞争是一种力求走在前沿的目标意义的竞争,以此推进共同的作用对象——情报学走在前沿,并不以拉后对方为目标。具体而言,在思维参与度和信息技术参与度都较低的领域中,两种范式情报学之间的竞合关系特征为"强合作、弱竞争",这样的竞合关系使两者在融合中的作用处于平衡状态。在信息技术参与度和思维参与度都低的领域,双方自发地加强彼此之间的合作,以获得优势互补。例如,在信息检索中,Information 范式情报学的信息检索技术与 Intelligence 范式情报学的情报侦察与监测技术相合作,从而获得全方位的数据源。但"弱竞争"并非没有竞争,此时的竞争更多地表现为数据源采集应用目的的差异性,这与两种范式情报学本身的应用价值取向相关。在信息技术参与度高而思维参与度低的领域,两者之间的竞合关系特征为"弱合作、强竞争",此时 Information 范式情报学的作用占据主导地位。例如,在信息组织与处理中,其拥有更先进的技术,此时,Information 范式情报学的方法会引领情报学范式融合研究的核心。这个时候的"弱合作"主要表现为 Intelligence 范式情报学思想的渗透,以使信息组织与处理能够更具目的性。在信息技术参与度低而思维参与度高的领域,

---

① 钟义信. 信息科学原理[M]. 北京:北京邮电大学出版社,2002.

两种范式情报学的竞合关系同样表现为"弱合作、强竞争",这时的强竞争是指在情报应用与分析领域,Intelligence 范式的情报学更贴近情报学前沿,因此,这个时候其作用占据主导地位,"弱合作"体现在 Information 范式的情报学作为信息链低端的信息检索与组织等方面的支撑作用。在信息技术参与度和思维参与度都高的领域,两种范式情报学的竞合关系表现为"强合作、强竞争",此时,双方的作用基本是平衡的。例如,在基于大数据的情报挖掘领域,一方面,需要发挥 Information 范式的情报学在大数据组织与分析技术中的优势,特别是利用其定量分析方法以及引文分析、模式分析、模型分析和数据挖掘等特定分析方法;另一方面,需要借助 Intelligence 范式情报学的质性分析方法,特别是利用思想与价值方面的知识,只有将两者融合才能更深刻地挖掘大数据中的情报价值。所谓的"两强",是指双方均在某一方面处在前沿,因此在作用上分别处在相应的主导地位。

6.3.2 要素层面的竞合管理

要素层面的竞合管理关注的是要素内容的融合,基本思路是从情报学研究、情报学教育和面向应用的情报增值过程三个方面开展竞合管理研究。情报学研究中的要素包括研究问题域、学术观点、学术资源、理论与方法和研究范式等;情报学教育主要围绕情报人才培养这一核心而进行的课程资源交叉引进、教师队伍互动和实践资源共享等;情报增值过程的要素包括情报生产、情报传递和情报使用等。这些要素的竞合管理是基于要素特征的竞合关系考察,来充分发挥两种范式情报学优势,力图通过融合,使各要素获得创新发展。

1. 情报学研究的竞合管理

情报学研究是情报学术活动的基本组成部分,因此,开展情报学研究的竞合管理是情报学范式融合的重要支撑。从融合角度来看,研究问题域、对情报及其相关问题的观点和情报资源共享是情报学研究需要关注的关键问题。

(1) 将理论研究作为问题域统一的出发点

简单地讲,问题域就是指情报学所关注的基本问题领域,问题域比研究对象更能系统、深刻地揭示研究的主要问题及其内部关系,也会动态地展示研究可能拓展的空间。情报学问题域框定具体需要回答两个问题,即什么问题?问题的范围是什么?著名军事情报学者高金虎教授认为,在我国军事情报学理论界,理论研究与实践活动之间存在明显的脱节现象,这既阻碍了深入的情报学理论研究,也对情报实践活动造成了明显的负面影响。重视理论研究,并发挥其在情报工作实践中的指导甚至引领作用,无疑可以显著地改进我国安全情报工作。[①] 在科技情报学领域,20 世纪 80 年代,特别重视理论研究,理论研究成果十分丰富,有力地推动了情报学学科的发展,情报学的社会地位也较高。而从 90 年代初开始,情报学开始关注信息技术,没有延续理论研究的优良传统,而是发生了断裂,情报学研究对象开始泛化,情报学学科的发展因理论的薄弱而开始遭遇困境。情报学学科发展获得推进、情报工作实践获得思想与理论指导,均有赖于情报学理论。情报学理论融合是情报学融合的本质性问题和出发点,因为各领域情报学的大多数差异和冲突均存

---

① 高金虎. 军事情报学研究现状与发展前瞻[J]. 情报学报,2018,37(05):477-485.

在于观点、思维和价值导向等这样的理论性问题中;同时,由于两种方式情报学应用价值的差异,两者理论融合最有助于推动理论创新,为中国整体性"情报学"理论创新提供了依据。著名军事情报学者张晓军将军高度强调了情报基础理论研究的重要性,他认为,情报学基础理论是情报研究的奠基性工程,是其他情报命题的研究起点和立论前提。[①] 此外,情报工作由具有不同管理体制下的情报组织来完成,基于管理体制的显著差异,相比于关注学术研究的理论而言,情报工作的融合很难在短时间内达成,需要在"他组织"下,从国家级别的顶层设计开始。因此,在情报学范式融合中要将理论融合作为出发点,将问题域聚焦到理论研究中。

Intelligence 范式下,在军事情报学领域,美国情报学理论研究处于国际前沿,形成了战略情报理论、国家情报观、公开来源情报理论、三重噪音理论、信号与噪音理论、情报预警理论和情报分析心理学理论等。我国也具有相应的理论基础,如毛泽东的"知己知彼、百战百胜"思想、周恩来的白区情报斗争理论、朱德和刘伯承的军事侦察理论等。虽然目前中国军事情报学还没有形成特别系统的理论体系,但张晓军的因敌变化思想和高金虎的战略欺骗理论影响颇深。在 Information 范式的情报学领域,国外较有影响力的理论包括:波普尔的"世界3"理论、布鲁克斯的知识基础理论、约维茨的决策系统论、米哈依洛夫的科学交流论,以及布拉德福定律、齐夫定律、文献分布与老化定律等。在我国,较成熟的理论包括钱学森的综合集成方法论、卢太宏的规范论、王崇德的原理论、严怡民的栈理论、马费成的六大原理、梁战平的十大原理,除了这些系统性理论外,中国情报学还形成了由信息转化理论、博弈理论、竞争理论、人际网络理论等构成的基础理论体系。

正是基于这些理论基础,以系统分析、要素重组为手段,以共性与特性识别、共同规律与属性揭示、特性的相互借鉴性融合、满足决策中的情报需求为基本思路,来实现理论的融合与创新。具体而言,以两种范式情报学的共同规律和各自特别的属性探究为切入点,面向情报活动具体阶段对双方既有理论的横向梳理与整合,厘清两者情报活动各阶段所涉及的理论(体系),探寻领域共性、阶段共性、理论关联性、理论差异性,凝练相互融合的情报学理论。并基于耗散结构理论和要素重组法,从基本概念、导向、作用、元素、流程等方面分别对两者的情报学理论内容进行系统分析与有针对性的分解,然后以情报的基本属性、发展背景和决策情报需求等为依据,对分解后的要素进行重新组合。系统化组织上述内容,以情报活动各阶段[情报源选取—情报采集—情报组织(情报整理与序化)—情报分析—情报存储—情报利用]为基本组织线索,将原理性理论作为理论内核,突显情报的本质属性,将哲学、数据科学和大数据生态要素嵌入基础性理论中,将数据分析、技术应用和场景性要素嵌入应用性理论中,将情报活动规范标准、情报活动体制机制、情报学教育管理与情报人才职业化管理等作为外延性理论,以层次化、系统性、完整性、关联性为基本原则,以"原理性理论—基础性理论—应用性理论—外延性理论"为基本框架组织架构理论体系。

(2) 避免观点先于论证

在我国情报学领域,对情报及其相关问题的观点因个人的知识结构、所关注的领域差

[①] 张晓军,等. 美国军事情报理论研究[M]. 北京:军事科学出版社,2007:5.

异性而产生差异甚至冲突,而这样的观点的提出大多是先于论证,更多的是基于思辨和假设基础上的。实践是检验真理的唯一标准,特别是作为应用型学科的情报学更是如此,正如前文所述,两种范式下的情报工作虽然有其各自的侧重点,但其本质取向实际上存在很多相似之处。例如,Intelligence 范式下的情报工作所关注的安全战略,与不少科技信息(情报)研究所所关注的发展战略实际上都属于战略情报(或国家情报)范畴内,虽然它们分别侧重于安全和发展,但都符合战略情报的一般规律和原理。因此,进行有效的情报学范式融合,应谨慎提出情报及其相关问题的观点,将思辨和假设的情报观点在共通性较强的情报工作实践中加以检验并进行充分论证后,再进行传播讨论,这会大大缓解双方在观点和思维上的冲突。

情报学作为一门学科,有其自身的发展逻辑和规律,它们是指导情报学发展模式的基础。但必须认清的是,情报学内部原理必须与外部环境相适应,新的发展环境要求情报学反思自身内部原理与之的匹配性,并在这一过程中,寻求情报学发展模式的重构。为此,在一些研讨会上情报学者给出了十分具体的意见和建议,例如,在情报学博士论坛上,赖茂生教授建议,情报学应以谨慎的态度和开放包容的心态求同存异、取长补短、协同发展;在情报学发展论坛上,李广建教授认为,要将军事、科技、医学、社科等情报融入情报学学科发展中。高金虎教授认为,未来情报学比较好的研究范式是竞争情报的研究范式结合科技情报学数据挖掘、情报分析等方面的先进技术。国家战略发展环境给情报学带来的影响更侧重于深入学科内部,涉及学科的定位、学科建设思路、学科发展模式等。例如,孙建军教授等提出,情报学要在学科、教育和业务上具有战略眼光,用战略思维统筹推进"硬件"与"软件"建设。[①] 张秋波教授认为,为国家安全与发展战略提供服务应作为情报学学科发展的定位。

(3) 克服情报资源共享困难

情报资源共享困难通常是由"烟囱式"情报体制和情报过度保密所造成的。就"9·11"恐怖袭击事件而言,美国联邦调查局和中央情报局在袭击之前都收到了一些情报,但他们没有共享所掌握的信息。例如,美国情报界清楚"基地"组织习惯于在多处同时发动袭击,联邦调查局没有把外国人进行飞行训练的古怪行为这样的片段信息放到这一背景中去考察。此外,国外很多政府情报机构对信息效率的重视程度远高于信息保密[②],不进行信息共享有其合法依据,但因共享信息而造成的损失将受到严厉的惩罚,这也是情报资源共享困难的重要原因。面向国家安全与发展决策的情报需求,需要加快建设并完善范式融合的情报服务体系,促进军工、军事高校、科研院所、企业、高等院校、信息服务机构、各地区情报所(或信息所)、民间咨询机构等多领域的融合,以推动情报资源共享,提高情报工作效率,降低情报失误。以方法、程序、实验数据、实验平台与设备、学术交流等形式的情报技能、设施的融合,避免因涉密问题带来的范式融合困难。例如,以色列在发展侦察卫星的同时,大力发展商用卫星,提出商业卫星情报支援计划,2000 年,以色列的国际

---

① 孙建军,李阳. 论情报学与情报工作"智慧"发展的几个问题[J]. 信息资源管理学报,2019,9(01):4-8.
② Rob Johnson. Analytic Culture in the U. S. Intelligence Community[M]. Washington, D. C: Center for the study of Intelligence, Central Intelligence Agency,2005:11.

影像卫星公司将其第一颗高分辨商业遥感卫星——地球遥感观测系统发射到太阳同步轨道,这种商业模式运作的卫星情报系统,获得了较高的情报回报。[①] 又如,美国情报界联合地方大学提出了"情报界优秀学术中心"计划,目标是培养21世纪专业情报人才,这是美国情报界创造性地利用地方资源储备情报人才的方式[②]。为了实现情报学范式的深度融合,可采取项目协同研发、资源共建共用等模式,综合运用政策制度、市场运作和法规标准等多种手段,注重战略性融合、要素渗透式融合。

2. 情报学教育的竞合管理

情报学教育是情报学学科建设的重要组成部分,情报学教育的科学合理性决定了所培养的情报学人才对于情报工作任务的匹配性。因此,在情报学范式融合中,需要把教育融合放在十分重要的位置,在情报学教育的竞合管理中,需要重点关注的内容包括课程资源、教师队伍和实验资源等。

(1) 课程资源的交叉引进

2017年情报学界所凝练的《情报学与情报工作发展南京共识》中指出,情报学学科的人才培养不仅仅要着眼于普通情报服务人员,还要注重高端情报人才的培养……,情报学课程体系应以情报为主导,充满情报元素……,培养学生敏锐的情报意识,提升学生的情报素养,增强学生的情报能力。[③] 从这段描述中不难看出,未来情报学人才培养的关键在于具有"情报能力"的"高端情报人才",这反映了科技情报学界对情报人才培养变革的呼吁。Information范式的情报学可以引进Intelligence范式的情报学关于情报学基本原理、基础和应用理论以及方法方面的课程资源作为硕、博士课程体系的组成部分,特别是在脱敏脱密机制的作用下,引进Intelligence范式情报学的案例资源作为课程教学的重要内容,以此训练情报人才的实战能力。Intelligence范式的情报学可以引进Information范式情报学的信息组织、知识服务等方面的课程资源,特别是引进相应的技术与方法课程,以此提高其人才的数据组织与处理能力。

(2) 教师队伍的互动

通常而言,教师既是教学者也是科研工作者,两种范式情报学的教师队伍在教学和科研中存在两个主要差异,一是由双方研究差异所决定的他们侧重方向的差别,反过来,这种差别又会反作用于情报学的人才培养和科研;二是Intelligence范式的情报学教学更注重实践性,其特色是"人"在情报学理论与方法中占有重要地位。Information范式的情报学更注重理论性,这样的理论是相对于情报行动而言的,指的是以信息技术手段对公开信息进行序化组织、知识化转化等。马费成教授所提出的情报学六大原理实际上都跟信息密切关联,而鲜见人在其中的作用。从这个意义上说,两种范式情报学教师的"非平衡性"为他们之间的互动提供了动力,因此,只要给予一定的平台,这样的互动不难实现。那么,问题是,这样的互动需要什么样的平台呢?除了传统的专家报告、项目合作牵引外,我们认为还可以采取以下措施:第一,与课程资源引进相配合,两种方式的情报学者交叉地向

---

① 高庆德. 以色列情报组织揭秘[M]. 北京:时事出版社,2011:353.
② 高庆德. 美国情报组织解密[M]. 北京:时事出版社,2016:293-295.
③ 《情报学报》编辑部. 情报学与情报工作发展南京共识[J]. 情报学报,2017,36(11):1209-1210.

对方开展相应的教学,例如,Information 范式的情报学在引进 Intelligence 范式的情报学课程资源时,也一并将承担该课程的教师引进来,承担相应的教学任务。第二,双方以教学单位的名义分别向对方委托教学项目研究,通过这样的项目研究,提高两者之间教师交流的深度。第三,进行直接针对教师的短期培训教育,双方情报学教师各自承担面向对方的教师培训项目,短期培训可以采用独立的项目制,集中进行培训;也可以邀请教师进入教学课堂听课观摩,通过这样的培训,使双方基本上了解对方的教学目标和教学模式等。

(3) 实验资源的有限共享

两种方式的情报学在实验室建设方面既各有成效,也各有特色。例如,南京大学信息管理学院具有数据工程与知识服务重点实验室,该实验室作为省级重点实验室,主要开展数据挖掘与知识服务研究,拥有丰富的大数据资源,掌握了大数据分析技术,这正是 Intelligence 范式的情报学所欠缺的。实验资源大体包括三个主要部分,即实验数据、实验设施和案例资源。Intelligence 范式情报学的一些实验资源具有保密性,可以实行有限共享方式,这里的"有限"是指限于非秘密性资源和秘密资源经脱密处理后可以进行共享的那部分。为达到实验数据和案例资源的可重复应用,实现其持续的教育功能,可以建立共享实验资源和案例资源的数据库,逐渐扩大数据库的体量,使数据库随着时间的积累,所收藏的资源越来越丰富,从而使其教育价值越来越大。此外,可以根据研究特色和专长,争取与相匹配的情报学机构共建专注于特定领域的实验室,充分发挥两者的特长,在攻克共同面临的课题过程中,实现实验资源的共享。

3. 情报增值过程的竞合管理

情报增值包括两个过程,即情报产生和情报增值。前者是信息经过处理、凝练并具备一定的使用价值后产生了情报,因此实际上是信息增值产生了情报,是信息链转化运动的结果;后者是情报以"情报身份"在运动过程中产生的。著名情报学者严怡民教授认为,情报运动包括情报的生产、组织、传递和利用四个环节。[1] 从这个意义上说,情报的产生是情报增值的基础,情报增值是情报运动过程中使用价值进一步提升的过程。在情报的产生与生产阶段,将 Information 范式情报学的信息组织作为基础,而信息组织的目标要由情报价值来统领。同时,在信息链向情报价值链延伸过程中的情报(产品)生产和情报组织中,也需要以 Information 范式下情报的信息组为基础,例如,研究报告的撰写、构建相关知识库等。在情报增值过程中,将 Information 范式下情报的分析(包括环境分析和用户需求分析等)用于指导情报的传递和应用,使其更加精确满足需求,从而提升情报的价值。

情报能增值使情报具有特有的魅力和无限的渗透力[2],情报增值是情报学范式融合的重要目的之一。情报增值中双方竞合管理主要应明确双方在情报增值过程中的功能定位,Information 范式情报学的功能在于从客观信息的整序角度为情报增值的形成提供信息资源基础,以数据挖掘的手段为情报增值的精准传递和应用提供用户与环境需求指向,以使 Intelligence 范式情报学的增值效果更显著;Intelligence 范式情报学的功能在于从

---

[1] 严怡民. 情报学研究导论[M]. 北京:科学技术文献出版社,1992:54.
[2] 朱庆华,倪波. 情报价值与情报增值分析[J]. 图书情报工作,1999(06):3-8.

"主观"特性需求角度为 Information 范式情报学的信息处理提供价值引领和目标统领,以使其信息处理更具目的性和针对性,最重要的是赋予信息以智慧,而不是简单的建网、建库、建平台。这样的功能定位从静态上看,使双方汇集到情报价值这一点上,各司其职并互为促进和制约,这将极大地加强两者的相互依赖性;从动态上看,长此以往的功能运行将会逐渐使两种范式的情报学实质性地相互渗透,从而随着时间的不断积累,使两者逐渐融为一体,形成你中有我、我中有你的态势,很难分清彼此。

6.3.3 关系层面的竞合管理

关系层面的竞合管理关注的是情报学范式融合的结构,它是推动要素融合的黏合剂,促使双方要素之间的边界模糊化进而融为一体。关系层面竞合管理的基本思路是,以情报文化作为统领,从意识、价值、思维和规范方面统领要素运动的状态;以共生原理揭示双方之间相互依赖、互惠互利的关系,提高他们对两者融合认识的重要性和本质规律,并在共生环境和共生界面构建中实现两者的深入交流和融合的务实性推进;以系统观和大局观为指导,统筹统管融合,力图使资源配置最优。

1. 发挥情报文化的统领作用

"文化相容"是奠定人与人之间合作的基础和提高合作质量的必备环节。[①] 情报文化是情报学范式融合的序参量,它是两种范式情报学要素协同过程中逐渐凝结出来并游离于它们之外的一种精神存在,反过来又会支配要素的协同,在情报学范式融合中具有统领作用。在前面章节的信息流控制中的情报观统一、"共享发展"的思维理念和大格局观等均是情报文化的重要组成部分,本节阐述另外三种重要的情报文化。

(1) 在国家战略需求中深化融合的责任意识和价值共识

我国新时代的发展背景滋生了许多国家安全问题。一方面,我国的战略特征逐渐由传统韬光养晦向道路自信、理论自信、制度自信、文化自信转变,持有"中国威胁论"的国家和势力通过经济、政治、军事、文化等多种途径企图对我国的安全与发展构成威胁[②]。此外,网络黑客、恐怖组织、跨国犯罪、公共卫生等全球化背景下的非传统安全问题也对我国的安全秩序提出了挑战。在国内外安全环境发生重大变化的今天,新时代的国家战略布局应运而生,推进了情报学研究领域的变革。

这样的发展背景需要呈相互分离状态的情报学范式走向融合,然而,两种范式的情报学在理论、方法、人才、技术等方面的融合形式、融合范围、融合层次都不够,难以形成优势互补。双方必须充分认识到国家安全与发展所处的国内、国际环境,在支持国家发展和维护国家安全中推动范式融合,加快建设可以适应国家安全与发展相统一需求下的"大情报学"。

(2) 遵循"继往开来,登高望远,多元并进,求同存异"的思维理念

这 16 个字的思维理念是历史观与未来观、多样性与统一性的辩证统一。历史上,第

---

① Stafford E R. Using co-operative Strategies to Make Alliances Work[J]. Long Range Planning, 1994, 27(3): 0-74.

② 马方. 加快建设国家安全学一级学科的路径研究[J]. 情报杂志, 2018, 37(10): 19-27.

一次世界大战前的人力情报、第二次世界大战的信号情报和冷战时的图像情报等均存在范式融合作用的影子。历史上的实践经验为情报学范式融合提供了依据,但在如今的和平年代,在非传统安全问题日益突出、国家安全与发展辩证统一的战略背景下,情报学范式融合应进入一个新的发展阶段,需针对当前的战略环境进行创造性发展。这是回应情报学体现社会价值的必然要求,也是满足学科发展的迫切需要。情报学范式融合应具有一定的战略高度和远见,不会因融合过程中的些许困境和障碍而失去动力。

情报学范式融合又是一个多样性的统一过程,融合过程中涉及多种要素,每一个要素均是情报学学科发展和情报学服务于社会不可或缺的组成部分。有些要素融合起来较为容易,例如,情报学的方法研究是一个较容易推进的融合领域,竞争情报已经为我们开拓了先例;而有些要素融合起来障碍较多,例如,在情报学教育融合中教育管理体制的显著差异,以及部分教学资源的保密性给融合带来了很多障碍。虽然如此,在融合过程中不能偏废任何一个要素,唯有所有要素均携手并进,才能从整体上推进融合进度,这是情报学学科发展的本质要求。同时,正如前文所述,我们需要承认合理的分离,即"存异",尊重各自的刚性文化。

(3) 构建情报学范式融合"交互空间"的约束规范

两种范式情报学交互作用的时空范围可以看作一个交互空间,进入和退出空间以及空间中元素的运动均需要一定的规范加以约束。在这个空间中,元规范是其他规范的基础,简单地讲,规范需要回答的是"应当怎样",而元规范需要回答的是"为什么应当怎样",元规范在规范产生之前就存在,已经被当作天经地义且不容置疑的"真理"。① 在情报学范式融合中,元规范就是我们一再强调的国家安全与发展辩证统一环境下的需求,这是双方共同面对的"真理",无论是否承认应该推动情报学范式融合,也无论这样的融合效果如何,这一元规范均是客观存在的。从这个意义上说,挖掘国家安全与发展战略决策需求,并以此作为融合的出发点和本质要求,是融合的"第一规范"。

情报学范式融合还需要一定的进入与退出门槛,以此来约束融合行为,这里的门槛不是对进入者所具备基础条件的限制,而是鼓励双方能够积极进入交互空间,参与融合。门槛主要指的是进入与退出的时间和活跃性规定,换句话说,就是规定一旦进入融合的交互空间就需要有足够的存留时间,并在空间中发挥积极作用,例如,积极参与融合委员会的建立,支持知识共享与服务平台建设,以及推动学科联盟建设等。这需要在进入空间前,进入者能够认识到融合的迫切性、认同融合的价值,并有兴趣、有意愿致力于融合。为此,需要建立进入与退出机制,以及考察评价机制。

在交互空间内部,需要建立三种机制,即空间成员的组织机制、"身份"可见机制和自我"身份"认同机制。组织机制包括两个主要方面,一是从交互空间中释放融合进展情况和吸纳新成员进入的信号,以此吸引新成员不断进入;二是交互空间的权威性机构或学者或相关的学会主导机制,通过他们的影响力和权威性来实现交互空间内各要素相互作用的有序性。"身份"可见机制的目的是使成员明确自身的权利和义务,并且成员的身份是别的成员都知晓的,以此来推动双方能够自发地履行自身在融合中的责任。"身份"认同机制意在使双方

---

① 丁社教. 试论公共生活空间行为规范约束力的前提性条件[J]. 中国行政管理,2016(11):71-75.

能够明确自身在融合过程中的定位,并认同这一定位,发挥其处于这一定位中的相关功能。

2. 建立两种范式情报学的共生机制

共生原理从本质上揭示了在面对共同的发展环境下各范式情报学之间的关系,情报学的共生是一种互惠互利式的共生,在共生中两者分别都能够从对方获得发展资源,同时两者的能量碰撞和整合也为融合提供了动力、为情报学的发展提供了基础。建立情报学范式融合中的共生机制的根本目的是优化融合结构、促进要素之间的深层次渗透。

(1) 深刻认识两种范式情报学之间的共生关系

各范式情报学要深刻认识到在当今发展环境下,两者具有共生的关系,离开彼此都将使自身的学科发展受损、使自身的社会价值和地位遭到削弱,不仅要认识到两者存在这样的共生关系,还要充分理解共生关系对于两者的重要性。同时,借助共生系统的质参量兼容原理、共生能量生成原理、共生界面选择原理与共生系统进化原理等共生原理,去深刻认识两者融合的本质规律和基本原理,以此来指导融合过程,为两者的融合策略提供思路。在共生理论的指导下,深刻理解各范式情报学之间的共生关系,强化对它们之间的包容性、整体性以及融合的进化性的认识,以此增强融合的动力和使命感。

(2) 以大数据环境下公开来源情报研究作为共生环境

共生环境的作用是提供情报学共生的土壤,使两者均能够从中获取养分,并以环境为中介,强化两者之间的交互作用。成为共生环境的基本条件是各范式情报学对它均具有足够的依赖性。从这个意义上说,公开来源情报研究这一领域可视为双方的共生环境。那么,我们一再反复强调的国家安全与发展环境为什么不能够作为共生环境呢？我们认为,就目前融合还处于初级阶段而言,Intelligence 范式的情报学和 Information 范式的情报学大多还局限于安全与发展领域,还没有将国家安全与发展的辩证统一作为自身关注的领域,或者说虽存在这样的设想和倡导,但距离实践还有一段距离,它们仍各自生长于安全环境和发展环境中。而公开来源信息是两者均需面对的客观存在,双方已将其作为重要的情报来源是不争的事实,并已经开展相应的实践研究。

大数据环境下,公开来源情报在两种范式情报学双方均显示出了巨大的研究价值,对公开来源情报进行研究成为两者共同关注的重点领域。特别是对于 Intelligence 范式的情报学而言,对公开信息源应用得越来越广泛、越来越深入,这与公开来源情报的情报价值密切相关:公开来源情报与隐秘源情报结合是以公开源情报为基础的[1];在信息行动过程中,整合公开源情报能够提高信息对抗能力[2];公开来源情报在提高国家安全决策能力和破除对秘密情报的依赖上也十分奏效[3];多种公开来源情报获得的弱信号,可为隐秘源情报活动做好准备和资源配置[4];公开源情报在保护隐秘信息源及其获取方法上也具有

---

[1] 高庆德,宗盟,任珊珊. 美国情报组织揭秘[M]. 北京:时事出版社,2012:214.

[2] Steele R D. Information Operations: All Information, All Languages, All the Time [M]. 2nd ed. OSS International Press, 2006. Book Brief [PPT/OL]. http://www.oss.net/dynamaster/file_archive/060228/3c68ac5756ac340d832c37eb6b64c42d/INFORMATION%20OPERATIONS%20BOOK%20BRIEF.ppt.

[3] Ellsberg D. Secrets: A Memoir of Vietnam and the Pentagon Papers [M]. Viking, 2002:237-239.

[4] Bowen W. Open-source Intel: A Valuable National Security Resource [J]. Jane's Intelligence Review, 1999, 11:50-54.

很高的应用价值[①]。以公开来源情报作为双方共生环境有助于化解秘密情报共享带来的障碍,甚至辅助秘密情报的获取和保护,特别是将两者的情报搜集、处理与分析的特有方法共同应用于对公开来源信息的情报挖掘中,推动了两者方法的融合。既然公开来源情报是双方的共生环境,那么,就要求在进行融合中要以公开来源情报作为出发点和支撑,也就是说,在面对需要解决的情报任务或研究项目时,首先应从公开来源情报研究出发,将两者的目光聚焦于这一环境研究。这并不意味着放弃那些存在不合理分离的秘密情报,反而是推动我们要通过脱密机制将秘密情报转化为公开情报,将秘密情报与公开情报在一定条件下加以融合,以此使共生环境多样化发展。

(3) 以大数据环境下的"两种范式情报学研究中心"作为共生界面

两种范式情报学中心的建立是在融合委员会推动下自发行动形成的一个民间性质的组织,研究中心可以依托具有丰富研究资源的从事各种方式情报学研究的高校来建立。随着中心的日趋成熟,这一中心可以争取在国家安全委员会等相关组织的推动下,上升为"国家情报中心"这样的官方性质的组织,从而寻求国家层面的资源与顶层设计支持。研究中心可以成为双方共生界面,使这个中心成为它们共生的通道,特别是通过这个中心实现两者数据分析方法的互动。研究中心是一种独立的实体性组织,它提供的不仅是信息交流,而且更为重要的是通过这样的实体性组织推动双方开展实质性科研合作,这不同于知识共享与服务平台和学科联盟这样的虚拟性质的信息交流渠道。研究中心主要在以下方面体现共生活动:

① 通过 Information 范式情报学的数据组织优势与 Intelligence 范式情报学的思维与价值优势互补,将大数据的相关关系分析上升为因果关系挖掘。也就是要将大数据分析与具体的应用场景相结合来进行解读,从而将相关关系提升为因果关系。

② 实现 Intelligence 范式情报学的质性分析方法与 Information 范式情报学的量化分析方法结合。提高数据分析能力不能单靠数学、计算机和统计学等定量化的数据分析能力,还需要加强质性分析能力的锻炼,特别是在复杂的动态环境中,类似于时间这样的问题,不能完全靠量化的方法来分析,需要将数据与个人不可预测行为和主观判断联系在一起进行判断分析。正如美国中央情报局 Heuer 和 Pherson 指出的,情报分析永远也不可能像真正的科学那样准确、那样具有可预测性,因为情报分析员所面对的信息很多是碎片化的、模糊不清的,甚至带有欺骗性的。[②] 此外,充分重视"假设"在大数据分析中的重要作用。无论是多么有经验的数据搜集者,受有限理性的制约,都对数据获取与分析存在"就近效应""定向思维"和"先入为主"认知等缺陷。美国虽具有强大的数据搜集系统,但并未避免"9·11"事件的发生。因此,数据收集与分析需要有假设作为指引。美国中央情报局前分析员 Heuer 指出,分析员不是将所有信息放在一起,从而形成图画,而是先形成一幅图画,然后选择适合的图片来拼凑,准确的估计不仅取决于所收集的图片的数量,而

---

① NATO. Open Source Intelligence Handbook [M/OL]. [2019 - 6 - 25]. http://www.oss.net/dynamaster/file_archive/030201/ca5fb66734f540fbb4f8f6ef759b258c/NATO% 20OSINT% 20Handbook% 20v1.2% 20-% 20Jan% 202002.pdf.

② Heuer R J, Pherson R H. Structured Analytic Techniques for Intelligence Analysis[M]. Washington:CQ Press,145.

且取决于形成图画时的思维模式（假设）。[①] 假设能帮助我们区别信号和噪音。Frick 指出,数据的含义和价值需要假设的指引才能有针对性地发掘。[②] 但是,正如 Silver N 指出的,有这么多容易处理的数据,人们可以发现非常多的相关关系,但这些关系的因果关系则不是都清楚的。没有假设指引的数据挖掘所获得的结果只适合解释,并不能提供未来的预见。但几乎任何事情都很容易做到解释[③],这样的数据资源实际上并没有发挥数据资源真正的价值。没有假设的指引,使用谷歌的搜索引擎数据,不但不能减少反而可能增加预测的失败率。[④]

③ 在挖掘公开信息源情报价值中强化两种范式情报学的情报挖掘方法的融合。美国的一份情报评估报告认为,利用公开资源能够搜集到以下情报:一是提供突发危机和地区不稳定事件的初期信息;二是详细研究主要领导人、持不同政见者和反对派领导人以及恐怖分子和犯罪人员;三是研究地理、人口和基础设施的国家安全影响;四是国内外政策调整的动向;五是有关军事力量组织、装备和部署的情况;六是分析民族、种族和宗教问题对国家安全的影响;七是信息战应用战略;八是调查犯罪组织[⑤]。公开来源信息在 1991 年海湾战争和科索沃战争中发挥了重要作用。在"沙漠盾牌"行动期间,美国中央情报局和其他情报机构发现,通过分析电视台对萨达姆和其他伊拉克高官的报道可以获得有价值的情报。中央情报局的医疗和心理专家通过分析电视访谈节目,发现伊拉克领导人有压力和焦虑的迹象。国防情报局的分析员研究了电视报道（尤其是来自巴格达的电视台的报道）背景中反映军事车辆的镜头。分析员会定格相关画面,将镜头中的车辆外形与计算机记录的伊拉克装备情况进行比对,以判断伊拉克军队是否装配了新型装备。

美国利用我国的公开信息来源获得了很多有价值的情报,这为两种范式情报学基于大数据的情报价值挖掘提供了借鉴。例如,2003 年的一份评估报告就是介绍如何利用研究目录、百科全书和地址名录、专著、杂志期刊、电子数据库等公开信息来源来研究中国人民解放军。该报告的作者认为,"通过公开信息来源的资料能够了解一般不透明的中国战略方向问题",并且"中国的公开信息来源能够提供大量解放军内部的兵力计划数据和观点"。可以作为情报来源的中国国内期刊有《舰船知识》和《船舶制造》。20 世纪 80 年代,《舰船知识》一般被认为是提供低质量且不可信的海军信息,不过偶尔会包含一些有用的数据。该刊登载的一篇标题为《导弹快艇在战斗中的作用》的文章认为,"决策者"正在考虑安排 6 艘编制的奥沙或柯马级导弹快艇中队的 1~2 艘负责承担防空任务。《船舶制造》主要关注舰艇发动机研究。根据一名分析师的研究,"该刊物能够提供有关中国舰艇发动机研究的最新信息,反映了中国技术发展是如何借鉴国外信息来源,以及在该领域实

---

① Heuer R J. The Psychology of Intelligence Analysis[M]. Washington D. C.：Center for the Study of Intelligence, Central Intelligence Agency, 1999.
② Frické Martin. Big Data and Its Epistemology[J]. Journal of the Association for Information Science and Technology, 2015, 66(4):651－661.
③ Silver N. The Signal and Noise[M]. New York：Penguin, 2012.
④ Nyman R, Ormerod P, Smith R, Tuckett D. Big Data and Economic Forecasting：A Top-down Approach Using Directed Algorithmic Text Analysis[C]. ECB Workshop on Big Data for Forecasting and Statists. Frankfurt 7/8 April, 2014.
⑤ [美]杰弗里·里彻逊. 美国情报界[M]. 郑云海,陈玉华,王捷,译. 北京:时事出版社,1988.

验的结果"。利用该来源的信息与其他情报可以"合理、准确地评估中国在该技术领域发展水平"。《当代军事》杂志也是情报分析人员关注的资料。该杂志会全面地关注太平洋和印度洋地区的安全威胁问题。其中最受关注的是《航天电子对抗》,该刊在2013年的首期中收录了15篇文章,其中有《对"全球鹰"及反制措施的思考》《早期预警卫星的定位模式及空间目标定位的误差分析》《有关聚式雷达信号分选的研究》①。

3. 情报学范式融合的统筹统管

《中国大百科全书》中将统筹解释为统一筹划,包含兼顾与立足于全局的意思。② 朱国林的《统筹学》一书认为,统筹是围绕理想目标对所完成的具体任务进行的总体筹划③,统筹统管是从顶层和全局角度对情报学范式融合进行竞合管理的基本策略。情报文化的统领作用体现在"应当做什么"的价值与规范指引,共生机制的作用在于挖掘彼此依赖与互利的关系,以寻求"破冰点"或"突破点"。统筹的作用在于以系统观进行资源布局与规划,以中长期发展规划为具体形式;统管是以整体性原则对统筹进行决策,需要制定相应的决策机制。

具体而言,统筹的目的是从全局角度促进双方之间的协调和兼容,优化整体情报学的资源配置,推动双方能够优势互补,使融合系统的结构更加优化,并在时间维度上既着眼于当下又具有发展性的眼光谋划长远计划。在制定相应的发展规划时,应以《中华人民共和国国家情报法》《中华人民共和国国家安全法》和《中华人民共和国反间谍法》等相关法律法规为依据,以3年或5年为一个时间阶段,从愿景、使命、具体内容、实施路径等方面形成在从事两种范式研究的情报学界产生广泛共识的规划文本。2017年,《情报学与情报工作发展南京共识》取得了广泛的影响力,遗憾的是,这一共识主要体现的是科技和社科情报学的思想和认识。为了促进范式融合,可以仿效这样的做法,形成《情报学范式融合发展共识》,以此作为融合发展规划设计的前奏。

统管的目的是通过一定的决策机制使统筹得以在情报学范式融合中发挥作用,为发展规划的落地实践提供保障。决策机制主要包括体制与机制建设,例如,两种范式情报学共建两者融合发展的管理体制,管理体制主要从治理、责任义务以及利益调和等方面对双方融合进行规制。机制建设主要是从文化兼容机制、资源共享机制、人员流动机制等方面保障融合的健康可持续发展。

6.3.4 过程维度的竞合管理

情报学范式融合是一个复杂的过程,要素融合解决的是实体内容的融合,关系融合解决的是要素之间"距离性"问题,过程则是对这两者融合在时间和空间上的规定。过程具有时间性和空间性两种属性,前者是将过程从纵向上分为多个阶段,并规定各阶段发生、发展的先后次序;后者是将过程从广度上拓展为多个模块、从深度上延伸为多个层次,模块的面积拓展和层次的逻辑加深是随着时间的推移逐步进行的。从这个意义上说,情

---

① [美]杰弗里·里彻逊. 美国情报界[M]. 郑云海,陈玉华,王捷,译. 北京:时事出版社,1988.
② 现代汉语词典[M]. 北京:商务印书馆,2002:1267.
③ 朱国林. 统筹学[M]. 北京:时事出版社,2010:5.

学范式融合的过程主要包括三个维度,空间维度上的"点—线—面"逐步扩展,时间维度上的"间歇性—连续性—常态化"联结频次逐步增加,逻辑维度上的"聚合—整合—融合"层次逐步加深。这三个维度中,"聚合—整合—融合"描述了融合运动从低级向高级的性质,"间歇性—连续性—常态化"体现了融合运动的时间从低频向高频的频次变化,这两者的多种组合共同服务于"点—线—面"这个逐渐深化、拓展的融合核心(见图6-8)。例如,"点"的运动轨迹包括间歇性聚合、整合和融合,连续性聚合、整合和融合,以及常态化聚合、整合和融合。这其中,"点"的常态化融合是"点"融合的最高级形式,"点"的间歇性融合和连续性融合是常态化融合的基础,而"点"的常态化融合又为"线"和"面"的融合提供了基础。

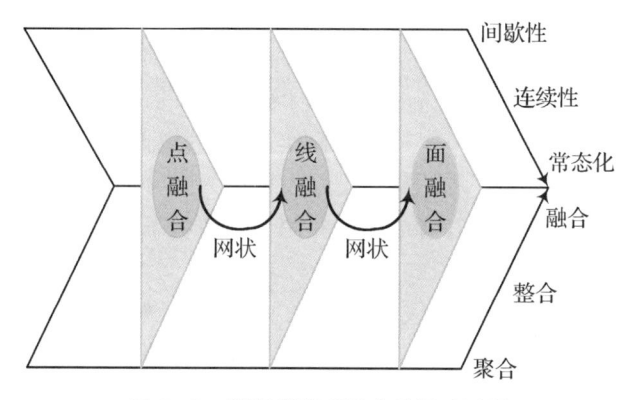

图 6-8 情报学范式融合的运动过程

1. 总体思路

从运动状态上看,情报学范式融合过程是从聚合经整合到融合的过程;从时间上看,要素或关系之间的交互作用频次遵循间歇性—连续性—常态化这一过程。融合过程实际上就是"点—线—面"转化的过程,因此,在融合过程中,需要重点关注三个问题,第一,对现有双方情报学要素和关系进行全面梳理,并对它们进行分类、分层,哪些问题属于点的问题?哪些问题属于线的问题?哪些问题属于面的问题?这样的分类、分层有助于从学科建设角度对要素和关系进行定位,对它们的未来融合方向有个清晰的认识,对它们各自的运动轨迹有个合理的规划。根据分层次管理理论,把握融合中要素与关系的层次,不仅需要从静态上分析层次构成及其分类,而且需要分清重点与非重点、近期与远期、基础与提高等多个层次,同时要从动态上把握层次的变化,推动层次的动态升级,避免错层管理和管理错层。第二,深入分析哪些"点"通过量的积累可以增加理论厚度?哪些点通过质的互通可以推动理论创新?方法、教育等其他方面依此类推,"线"和"面"同理。第三,注重挖掘"点"的"磁性"、线和面的"包容性",孤立的点对融合结构影响甚微,要将"点"归入"线"和"面"中。"线"和"面"的强大包容能力,一方面,有助于增强它们融合的厚度与宽度;另一方面,有助于形成交叉、新兴的理论与方法等。

从运动状态上看,聚合是将具有相互作用的要素集聚到一起,是一种物理性质的集成,此时要素之间的关系还十分混乱。整合侧重于对要素进行分类组织,使之形成物理上的有序性。整合多集中于利用方法和技术对不同空间、不同形式的要素进行汇总序化,对要素汇总的目的是发现一些规律性知识和认知,这一过程固然具有一定的创新价值,但深度还远远不够。融合相比于聚合和整合而言,更强调要素之间的"化学反应",从而改变原有要素属性与内容,形成创新与变革。要素融合的目的是强调新知识、新理论、新方法的产生,就是将多源、异构、碎片化、实时的、历史的等各种时空范围内的要素集合到一起后,再将它们打碎并重新匹配组合,从知识元的层面进行细粒度和精细化的元素重组,实现知识、理论与方法的创新。这一过程单纯依靠来自计算机、数学、物理学等学科领域的技术、方法和模型实现起来是比较困难的,需要借鉴心理学、社会学、战略学等多学科的方法,并重视人的思维在其中的重要主导作用。

从时间维度上看,在融合过程中,"点""线""面"之间的交互作用具有间歇性、连续性和常态化三种频次状态。间歇性的交互作用发生在初期,是一种要素之间的磨合状态,存在间歇性交互作用的要素是备用融合领域,应给予一定的动力和平台支持,促进这种交互作用向连续性转化;连续性交互作用的要素处于融合的发展期,这个时候重点需要做的是预警可能出现的障碍风险,给予一定的牵引力作为引导,以使处于这个状态的融合不退化并向常态化转化;常态化交互作用的要素已经发展成为融合的成熟期或接近成熟期,这个时候重点需要做的是评估反馈,并将成果反作用于其他状态的要素,以带动其他要素的融合进一步发展。

此外,"点"与"点"之间以及点、线、面三者之间是一种网状交互作用的方式。例如,双方情报学观点的融合可以作用于情报学理论、方法和教育等多条线中,而这些线又可以作用于教育体系、理论体系等融合的"面"中。

2. 找准着力点

着力点是融合的基本单元,构成了融合的基础。情报学范式融合中有哪些重要的着力点呢?从点的性质上看,这些着力点包括立足点、聚焦点、疑难点和突破点。立足点是融合的出发点,成为立足点的基本条件是两种范式情报学具有一定共通、共识的基础,这些基础可以是历史上的积累,如情报的功能等;也可以是对情报学未来发展具有共识的点,如发展环境对于情报功能的需求等。聚焦点是双方情报学界共同关注的点,这些点可能具有分歧甚至冲突,但双方对此的特别关注为融合带来了动力,如对情报的认识等。疑难点是阻碍融合的那些点,这些点可能分别存在于各方,例如,某些情报问题的秘密性障碍,长期 Information 范式下的观念问题等;也可能普遍存在于双方,例如,两者教育管理体制等。突破点是融合未来最需要取得突破性进展的点,这些点是阻碍融合的核心点,这些点的阻碍不消除,对融合的推进具有显著的消极作用,例如,情报学资源的共享问题等。综上,如果从融合的过程来看,则上述着力点是一个按从历史到未来的顺序推进的过程,从基于历史或预判未来的立足点出发,在共同关注的聚焦点和需要解决的疑难点中获得推进,并寻求面向未来的突破点演进。

情报学范式融合的着力点一方面需要以历史观和系统观从情报学发展、国家战略环境需求以及两者之间的相互匹配中挖掘、梳理和预判;另一方面,需要通过对双方情报学者进行广泛调查分析,从他们的认知和观点中分析着力点的构成。

3. 连"点"成"线"

连点成线是融合要素或关系序化组织的过程,通俗地讲,就是将融合的"点"连接成具体的问题域,更详细地说,所谓的"线",就是由各种"点"组成的范式、理论、方法和教育问题,此时它们还是以独立、个别的状态存在的,并没有形成相应的体系。"线"来自两个方面,一方面是由点融合而成的,各融合的"点"相互作用便构成了融合的"线",例如,将对情报的认识、思维模式、价值观、历史基础、环境需求等相融合,构成了情报学理论融合的重要基础;另一方面,原来的理论、方法和课程等这样的"线"经聚合、整合后,也会升级为融合的"线",例如,以往的双方情报学理论经聚合、整合并结合时代发展背景分析后,同样构成了理论融合的基础。

此外,在协同学理论章节中,我们已经论述了在情报学范式融合有序结构形成的过程中会存在一些"游离的点"。这些点有的是合理的分离,我们自可不必强行将其拉入融合结构中。而有些"点"是不合理的分离,并在双方协同过程中表现出了较强的冲突性,如情报学中的保密性问题等。这样的"点"需要将其拉入与之匹配的"线"中,从而增强其交互的性能,例如,可以将保密情报拉入方法这一条"线"中,鉴于方法这条"线"集中关注的是方法问题,因此拉入过程中会有目的地从保密情报中凝练出方法相关的情报,从而在研究保密情报时仅关注其方法,忽略其应用意图,由此提高了"保密情报"的共享性。

情报学范式融合由多种类型的"线"所构成,如前文所述的范式、理论、方法、教育等,"线"与"线"之间应该存在交叉,由此从不同方面为融合的"面"奠定基础。

4. 以"线"带"面"

情报学范式融合的"面"是由异质的线相交和同质的线填充而来的。前者指的是不同问题域中的情报学问题,如理论、方法等,它们的交叉形成了情报学学科体系的立体结构;后者是指同一问题域中的情报问题,如各种不同视角和应用范围理论和方法的集合就构成了理论体系和方法体系,它们形成了情报学学科体系的一个侧面。

那么,问题是,异质的"线"以什么样的依据进行相交处理呢?因此,这是一个基于融合的情报学学科建设问题。情报学学科建设包括学科范式、理论体系、方法体系、教育体系、社会价值体系等,其中的每一种体系都是由相应的"线"所组成。这些"线"的相交主要应从三个方面寻找依据点,第一,学科内部的发展规律,情报学的发展有其自身的规律,以历史的观点挖掘情报学发展的规律,这些体系的相交要服务于这一规律。第二,顶层的体制机制,就是要服务于相应的顶层管理制度与政策,例如,情报法、安全法等。第三,外部的社会需求,国家安全与发展战略需求为各种体系的相交提供了重要依据。

6.4 范式融合的发展路径建设

前面从微观的信息流控制、中观的竞合管理两个方面对情报学范式融合进行了研究,本节将从宏观的发展路径角度提出相应的策略。从逻辑结构上看,发展路径应包括目标、出发点和路线以及提供动力的牵引与相应的保障策略。

6.4.1　情报学范式融合发展路径的自发特性

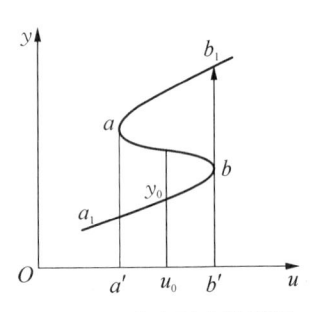

在突变论原理下,诱导突变的途径为发展路径提供了重要的方法论。图 6-9 显示了突变形成的基本原理。横坐标轴上,在区间$[a',b']$中取一值u_0,在曲线上相对应的值为y_0,且(u_0,y_0)位于曲线的下方分支上。此时,让u从u_0开始增加,如果将u推向b'外,那么,其内部状态会突跃到上方分支点(b',b_1)上,并且从那一点开始继续在上方的分支上增长。这就是托姆所称的突变,突变没有使系统消失,而是系统得以生存的手段。[①] 不难看出,这一过程揭示了一个本质问题:连续变化的原因引起不连续的结果。发展路径的建设正是创造连续变化的原因,以此来诱导情报学范式融合的突变,从而促使融合的演化。

图 6-9　突变形成的原理

情报学范式融合的基本原理可以抽象为(见图 6-10):输入上,两种范式情报学基本无相交地进入路径中,经过路径的作用后,双方以互相耦合的形式输出。而输入是两种范式情报学彼此在发展环境和情报学学科发展需求双重驱动下的自发行为。在路径中,通过一系列的围绕学术活动的相互作用,将两者打造成相互耦合的一个整体。不难看出,这个过程是一种自发行为。正如前文所述,路径是通过给予两者一系列持续推进的条件,使两者的关系发生突变。一方面,路径没有改变这个自发性质,而是对自发行动过程的强化;另一方面,路径建设的核心是围绕两者自发的学术活动。

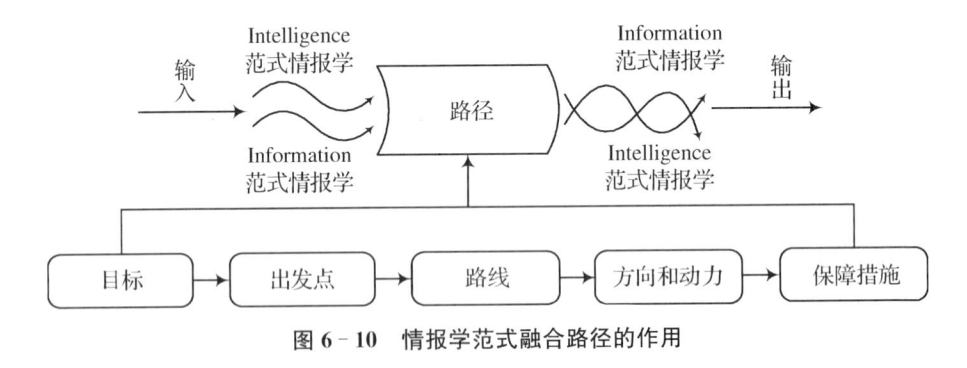

图 6-10　情报学范式融合路径的作用

6.4.2　目标着眼于为孵化"大一统情报学"酝酿学术环境

学科建设本来是自然而然的形成过程,但两种范式的情报学多年的分离和冲突导致它们融合为大一统的情报学难以在短期内达成。目前,最为重要的是通过情报学范式融合为孵化"大一统情报学"提供基础生长环境,这一环境主要包括制度环境和学术环境,前者涉及从国家层面进行的教育管理体制的变革,是一种"他组织"行为,实现起来障碍较多,需要自上而下的多方联动,所牵扯的要素也十分庞杂;后者是学术圈的自觉行为,是学者和学术团体在自发行动下实现的,这样的学术活动淡化了体制障碍。学术研究构成了

---

① 勒内•托姆. 突变论:思想和应用[M]. 周仲良,译. 上海:上海译文出版社,1989:105-106.

学科发展的核心,一个学科能否实现快速发展,关键取决于学术研究的发展,从这个意义上说,学术环境是孵化"大一统情报学"的重要环境。

1. 目标的约束条件

(1) 情报学范式融合研究的问题意识不强

马费成教授等认为,问题是一个学科研究的入口,无论是学科发展还是研究实践,问题都是其首要环节和基础要素。[①] 问题意识要求学科研究不仅要从问题开始,还要分析问题的影响、提出解决问题的方案,否则就失去了问题所应具有的实践价值,而局限于悬空状态。情报学范式融合在很多文章的内容中被提出来,在这样的研究中学者们都知道从问题开始,例如,从国家安全与发展战略环境中去分析融合,但实际上对融合没有什么贡献。这就让我们不得不怀疑研究中所认定的问题是否是"真问题"? 所体现出来的问题意识是否是"真意识"?

这其中特别需要注意两个关键问题,一是区分问题与话题的区别,目前的大多数融合研究更偏向于话题的性质,研究者根据个人的思考对这一话题进行描述、解释、分析和探讨。二是所研究的问题在领域内是否已经被反复提出,这样的问题有时可能加了学者个人的一些思考,但问题的本质仍然没有变化。例如,情报学范式融合的体制机制障碍问题曾被许多学者提出来,但这一问题产生的根源是什么? 能不能破解? 如何破解? 等等。这样的本质追问却很少获得解答,研究中提出了"构建融合的体制",但这样的体制即便建起来容易,但如何落地? 不能落地的体制形同虚设,毫无价值,这才是问题的本质,而这在融合研究中很少被触及。这样的问题解决起来难度很大,但无论如何是必须克服的,否则融合无法获得推进。即使当前还没有好的方案去解决,也需要采取"迂回""角度转换"等方式去探索,为这一问题的解决做铺垫。马克思说,"理论在一个国家实现的程度,总是取决于理论满足这个国家需要的程度"。[②] 情报学范式融合是情报学学科发展取向和国家战略需求相匹配的必然要求,它能够解决单一学科无法解决的问题,也能够解决其他学科无法解决的问题,需要从这一高度和角度去凝练问题并解决问题。

(2) 两种范式情报学研究的战略思维不足

战略思维包括两个方面,一方面是学科发展的战略,即从战略高度去考虑学科建设,这涉及学科建设的视野、前瞻性、长期规划性;另一方面是要将服务于国家战略作为情报学学科建设的终极价值取向,唯有这样才能使情报学学科具有鲜活的生命力和广泛的影响力。这样的战略思维不足会使两种范式的情报学各自局限在自身的"小圈子"内,不会充分认识到融合的重大意义。例如,在 Intelligence 范式的情报学领域,研究视角局限于安全领域,也更重视情报的务实性实践作用,理论与实践脱节明显。而在 Information 范式的情报学领域,其研究取向更多地与发展经济、科技相关,大多研究内容局限在诸如情报概念辩论、情报技术、信息资源建设、情报的内容形态、情报组织的结构类型、知识管理等分支领域。如若两种范式的情报学研究均能将视野置于国家安全与发展战略辩证统一中,力图为此提出情报学独特的解决方案,那么,将会极大地推进

---

① 马费成,张瑞,李志元. 大数据对情报学研究的影响[J]. 图书情报知识,2018(05):4-9.
② 马克思恩格斯选集:第1卷[M]. 北京:人民出版社,2012:11.

它们的融合。

(3) 情报学术资源共享的软、硬条件欠缺

资源共享一直是困扰情报学范式融合的一大障碍,产生这一问题的主要原因包括两个方面,一是共享文化没有建立起来,其中包括共享的意识、观念、理念和规范等,共享文化的建立需要以前文所述的问题意识和战略思维推动它们统一到情报文化中。二是缺乏必要的共享渠道,资源共享是一个在方式上沿着"共存共享—共生共享—共建共享"这一线索逐渐深化的过程,在面向问题的内容逻辑上沿着"问题共享—主观资源共享—客观资源共享"这一线索逐渐延展的过程。而满足这样共享的渠道还十分匮乏,目前仅有的项目合作研究和学术会议交流还欠缺系统性,还缺乏可持续发展的动力和机制保障,也不能深入融合的核心层。

2. 目标的影响变量

(1) 基础因素

基础因素是支撑情报学范式融合发展的根基。具体而言,这一要素主要包括客观存在的信息资源和教育资源,认知层面的情报分析理论、方法与工具资源,主体维度的人才资源。这些要素融合与否,融合的深与浅、广与狭决定了融合有没有根基、根基牢不牢、根基成长性强不强等。

(2) 控制因素

控制因素是维护情报学范式融合发展的工具。它具体包括双方进行信息交流与共享的机制与渠道,融合的流程、标准和规范。这些要素充实与否、落地与否和引导作用的大小决定了融合能否健康可持续地发展。

(3) 思维因素

思维因素是引领情报学范式融合发展的灵魂。它既包括双方对情报本身的思想、理念、观念等的认知,也包括对融合价值、格局等的认知。对这些要素认知的方向和深度决定了融合发展的水平和进度。

(4) 动力因素

动力因素是驱动情报学范式融合发展的引擎。它主要包括情报学学科发展需求,情报学社会价值体现和社会影响力提升需求,国家安全与发展战略需求等。对这些要素及其关系梳理的合理性、挖掘的深度和利用的有效性决定了融合发展前进方向的正确与否和鲁棒性能的强弱。

(5) 结构因素

结构因素是联系两种范式情报学之间的纽带。它主要包括融合过程中两者情报学之间的相互关系、相对地位和相互认可的定位等。对这些要素处理的科学性与否和认可度的高低决定了情报学范式融合冲突管理成效和协同效率的高低。

3. 研究任务与研究对象

长期以来,我国情报学研究以应用性研究为主,由于所面对的问题涉及的因素越来越多,在开展相关研究中往往需要综合运用多领域、多学科知识进行跨学科研究。长此以往,使得情报学研究领域越来越广泛,研究目标越来越涣散,研究边界不断拓展,研究对象飘忽不定,特别是在 Information 范式的情报学领域,几乎哪里有信息哪里就有情

报学的身影,新兴技术一旦出现,就会被情报学拿来应用,情报学俨然成了信息学的同义词,成了新兴技术的实验场。情报学研究广泛地关注其他学科领域,渐渐淡化了自身独特的学科领域,正如很多学者所比喻的"耕了别人的田,荒了自己的地",情报学研究对象始终未达成广泛共识,缺乏特有的研究方法、内在逻辑和知识体系,本学科的独特贡献难以突显。此外,在理论研究上,情报学研究呈现出碎片化、孤立性,缺乏系统性和完整性,至今没有形成对学科具有强大支撑作用的重大理论突破。缺乏稳定研究对象和基础理论研究的情报学研究在整体上陷于同质化、低水平重复的"假问题"研究中。

情报学学科建设要"有所不为才能有所为",情报学应用研究要"有为才能有位"。情报学范式融合的重要目标是能够使情报学研究边界有所收敛、研究特色得以呈现、研究问题域能够在广泛中聚焦、社会贡献独特。它是基于国家安全与发展大背景下对情报学需求的回应,因此,融合后的情报学的基本研究任务是全方位、系统性地研究与探讨国家安全和发展中的各种情报现象,揭示其客观状态、本质、规律和特点,服务和指导国家情报活动,协助与支持国家安全和发展战略的实施。研究对象主要包括国家发展情报和安全情报本身及其构成要素、影响国家发展和安全的因素。

6.4.3　以学术研究的问题为出发点

情报学范式融合应始于学术研究,而学术研究又要以问题为逻辑起点。要言之,情报学范式融合就是从两种范式的情报学学术研究与它们共同面对问题的关系出发。著名数学家希尔伯特把问题看作学科发展的灵魂,问题是科学分支生命力所在。[①] 关键是所提出来的问题必须是学科领域所共同面对的、尚待解决的且有引导性价值的问题。对于情报学范式融合而言,学术研究所面临的问题应具有这样的价值导向,一是这一问题是两种范式情报学双方都共同面对并认可的,并且尚未得到有效解决;二是解决这样的问题,双方都充满热情和兴趣,如果问题获得解决,将对两者的发展大有裨益;三是这一问题的解决必须依赖双方在同样的价值取向下共同完成,单纯依靠任何一方都无法获得圆满解决。波普尔说,"正是问题才激励我们去学习,去发展我们的知识,去实验,去观察"。[②] 从这个意义上说,学术研究的问题化自发地推动着情报学范式融合。

1. 意识问题:避免"思维局限"

(1) 思维局限是情报学范式融合中的首要障碍

思维在情报学范式融合中的重要作用在本书中已经从多个角度加以强调。思想是行动的指南,思维在情报研究中的重要作用已经在两种范式的情报学界取得共识,例如,决策者和情报机构对危机情势的认知判断会受到镜像思维的负面影响,即把己方的意识形态等不假思索地移植给对方,导致在判断对手真实的能力和意图时产生偏差。1973年以埃"赎罪日战争"期间,以色列情报人员仅按照军事实力对比概念推测阿拉伯国家不可能率先发动战争,而未将情报置于宏观的战略层面做出评估和预判,忽略了分析对手的意

---

① 希尔伯特. 数学问题[M]. 李文林,袁向东,编译. 大连:大连理工大学出版社,2009:38.
② 波普尔. 猜想与反驳:科学知识的增长[M]. 傅季重,译. 上海:上海译文出版社,1986:318.

图,险些使决策者误判而导致以色列陷入绝境。[①] 镜像思维在融合中的具体危害表现在,以这样的思维去看待情报学所面临的环境问题,而忽视环境的变化,认为以往自身能够解决的问题现在同样能够解决,这会导致对融合重大意义认知的局限。

另外一种思维局限就是缺乏系统观、大局观的思维,这样的思维不能从全局、整体和战略上去思考情报学所面对的发展环境及其情报需求,这局限了对情报学社会价值理解的深度和广度,限制了情报学学科发展的视野和格局,从而弱化了对融合迫切性和紧要性以及意义重要性的认识。此外,创造性思维在融合中也同样重要,在突变性理论中,创造性思维能够诱导融合突变,从而有力地促进融合演化。

(2) 从破除思维局限出发进行情报学范式融合

思维问题始终是范式融合的首要问题,在融合中,应将思维协同作为研究的出发点,这一出发点进展的顺利与否直接影响后续其他要素的融合。破除思维局限应从目前已经被实践所证明的、公认的且普遍存在的思维入手,如镜像思维、有限理性思维、非系统性思维等。这些思维均能够以有效的方法予以破除,例如,利用竞争性假设方法破除镜像思维,通过充分掌握情报资源破除有限理性思维,借助哲学方法、系统性方法破除非系统性思维,等等。

可以说,无论什么方法,其本质上均需要全面、可靠的信息源作为支撑,这就是本书前文所述将信息源作为两种范式情报学共生环境的道理。冷战时期,美国情报体系重视科技情报搜集,削减人员情报预算,且忽略提高情报分析人员从浩瀚如海的情报资料中撷取重大战略情报的分析能力,因而未能对苏联解体做出预判。后冷战时期,美国情报体系仍延续"重科技情报、轻人员情报"的搜集模式。[②] "9·11"事件反映了美国情报搜集中人员情报的严重不足与弱点,且主要是在情报搜集、分析、翻译及情报管理阶层,均缺乏精通阿拉伯语和伊斯兰文化的人员。[③] 随着我国企事业单位对情报重要性认识的加深,许多民间机构和组织也开始设立情报系统,他们的情报搜集能力十分强大,是情报源获取的一个重要途径。在情报学范式融合中,可以将 Information 范式下的信息组织优势和 Intelligence 范式下的情报价值挖掘优势相结合,对这些信息源进行研究。与此同时,单凭情报学的力量难以实现全面的监控和准确的预判,在一些专业领域,需要借助专业人员的领域知识优势来辅助进行分析预测,这就需要融合系统具有广泛的开放性,吸收其他学科进入系统进行合作研究,情报学范式融合中的跨学科研究也是一个重要的领域。综上,以破除思维局限的方法,特别是以情报资源获取方法为出发点是情报学范式融合十分必要的选择。

此外,开发创造性思维是推动融合演化的重要途径。创造性思维要求在遵守科学性、合理性前提下,破除惯性思维、传统思维的局限。例如,在融合中,假设有一类元素对于某

---

① Betts Richard K. Analysis, War and Decision: Why Intelligence Failures Are Inevitable[J]. World Politics, 1978, 31(01):61-89.

② Zegart A B. September 11 and the Adaptation Failure of U.S. Intelligence Agencies[J]. International Security, 2005, 29(4):78-111.

③ Loch K. Johnson & James J Wirtz, eds. Intelligence: The Secret World of Spies An Anthology[M]. New York: Oxford University Press, 2011:63.

些领域的情报学而言具有秘密性,但对于情报学学科发展而言又是不合理的分离,这类元素在融合中具有特殊的意义,需要将其吸纳进入融合系统中。这些游离的要素一旦进入融合系统会给原有的理论和方法提供新的视野,从而有助于推动理论与方法的创新。因此,必须利用创造性思维对这些要素加以利用,例如,前文所述的脱密机制以及利用秘密情报的方法和理论对公开情报进行保密研究等。Jequier 把秘密情报作为提高情报能力中最关键和最复杂的问题之一。他认为,保密是情报过程中的一个组成部分,需要进行管理和控制。[①] 对于情报学范式融合而言,情报保密的管理和控制不失为融合研究中创造性思维的重要体现。

2. 定位问题:突破"适应者身份"

(1) 适应和引领哪个是更具价值的问题

这里的适应和引领主要针对的是国家安全与发展战略需求。适应是一种被动行为,通常是环境需求倒逼下的产物,情报学范式融合中的适应一方面为两种范式情报学界定了共同的问题域,从而有助于两者的融合;但另一方面,也限制了两者融合的想象力和空间,两者的融合必须遵守当前国家战略决策的需求。从这个意义上说,"适应"对于融合有其应用价值,但这样的价值还有进一步拓展的空间。引领是一种主动行为,需要的是基于战略性、全局性和前瞻性思维进行预测、预判、预警分析的基础上,发挥情报所应有的智慧,以"先知者"身份引领国家战略决策与决策者站在未来看现在,发现自身的能力及其对未来的适应性,消除不确定性、发现所需、使用所知、预判未知、创造可能、占领先机。从这个意义上说,引领最大化地发挥了情报价值。"适应"需要情报学范式的融合,"引领"更需要融合,因此,两种范式的情报学在以适应者为基础、引领者为进阶的身份定位提升过程中,实现了两者的融合。

(2) 从引领者身份定位出发进行情报学范式融合

在这一身份下,情报学研究一方面应集中于正向引领,即从发现机会入手:预报潜在的冲突,发现潜在的竞争对手;推测未来的发展趋势以及可能产生的后果,并加以引导和干预;监视当前的情况,并对发展中的危机保持警觉,对即将发生的危险适时发出警告;帮助决策者识别、分类、理解和监控关键的动态发展,提醒决策者以前很少见甚至没见过的东西。情报发挥智慧功能的路径可以概括为:通过对历史静态环境的描述为决策者提供经验知识,通过对现在动态环境的分析为决策者提供问题框架,通过对未来潜在环境的感知与刻画,为决策者提供预判,最终在"经验知识—问题框架—未来预判"的相互融合中,为决策者提供灵感和智慧,从而支持决策者的决策。

另一方面,应集中于反向引领,即从维护安全入手:通过获得具有决定意义的关键性情报,或者通过反情报和欺骗性情报对敌方掌握的我方情报加以否定,可以辅助决策者做好应对战略突袭的准备,发现早期预兆,提供情报预警。尤其是可以认知和评估弱信号、问题端倪和风险防控。通过反情报可以识别、欺骗、利用、瓦解或防止由外国或非国家行为者实施的间谍活动和其他活动,它不仅可以防止对手获知己方情况,而且可以通过反情报发现对手可能采取的欺骗行动。具体而言,反情报的主要作用有三,一是评估,旨在评

---

① Nicolas Jequier. 情报-发展的一种手段[J]. 孙学琛,等编译. 科技情报工作,1982(3):25-29.

估对手针对本国开展情报工作的能力,以及敌我对比中我方情报能力的评估;二是防御,是针对对手的情报渗透而采取的情报保护和对对手的挫败;三是进攻,是主动识别对手的情报工作,必要时输送虚假情报,并操控其攻击活动。

欺骗性情报可以误导敌方情报分析,削弱敌方情报分析能力,并将其引导至有利于我方的情报工作。具体而言,欺骗性情报工作的主要作用包括:封锁自身信号,即对自身情报的保护,以防被敌方所识别;释放虚假信号,以误导敌方情报工作;反欺骗,即努力识别敌方可能释放的假信号,并采取必要的情报工作防止并利用被欺骗。

3. 共同面对的紧迫性问题:消除"社会地位危机"

(1)社会地位危机是两种范式情报学共同面对的紧迫性问题

说其紧迫,是因为社会地位是影响情报学被社会所正确认识、广泛认可的前提,没有社会地位,情报学社会价值的发挥将严重受挫,情报学发展资源的集聚力量将受到严重削弱。社会地位作为一种表象,其危机的本质原因在于情报学研究中的失衡、偏差等问题,消除社会危机实质上是由表及里地处理情报学学科发展中存在的问题。

情报学社会地位危机主要表现在三个方面,一是社会认知危机。苏新宁教授在对情报学人才被社会认知情况进行分析时指出,人们有时认为情报学是培养"间谍"的学科,有时又会认为情报学是培养文献服务的学科。[①] 在 Intelligence 范式的情报学领域,很多西方人眼中的 Intelligence 与 CIA、FBI、007 等这类概念相关。二是外部竞争危机。当前,与情报服务有着交叉甚至替代关系的智库服务影响力逐渐提升,数据科学与计算机科学等学科领域基于大数据的知识组织、知识发现逐渐兴起,与情报学竞争着原本属于情报学专属的领地。特别是 Information 范式的情报学专注于信息技术的研究,使与之相竞争的计算机科学等外行怀疑情报学所进行的知识组织、知识挖掘的深度。三是内部认同危机。长期以来,情报学界还未达成大多数人所认可并且长期稳定的研究范式,自然相应的规模性科学共同体也未形成。同时,无论是在 Intelligence 范式的情报学界,还是在 Information 范式的情报学界,理论与实践的脱节现象普遍存在,甚至有学者直言不讳地指出,没有理论研究,情报工作的开展就不受影响。此外,情报学研究对象泛化、漂移现象一直存在,没有一个稳定、聚焦的研究对象,情报学如何凝心聚力地共同发展呢?

可以说,长期以来情报学学科地位一直不够理想有其内部原因。例如,因专注于并非真正意义上的情报技术研究,而模糊了情报学的核心研究领域;[②]因过分吸收其他学科的研究成果,而缺乏独立性。[③] 总体上,情报学的研究对象、深度以及研究成果的影响范围和深度等都没有达到该有的学术地位所提出的要求。[④] 也有其外部原因。例如,对其他学科的贡献有限。[⑤] 情报学范式融合无疑是危机消除的重要路径,而危机消除也为融合

---

① 苏新宁. 大数据时代情报学学科崛起之思考[J]. 情报学报,2018,37(05):451-459.
② 张云,杨建林. 从学科交叉视角看国内情报学的学科地位与发展思考[J]. 情报理论与实践,2019,42(04):18-23.
③ 李亚波. 情报学独立学科地位辨析[J]. 情报科学,2008(09):1297-1300,1379.
④ 苏新宁. 提升图书情报学学科地位的思考——基于 CSSCI 的实证分析[J]. 中国图书馆学报,2010,36(04):47-53.
⑤ 王芳,陈锋,祝娜,等. 我国情报学理论的来源、应用及学科专属度研究[J]. 情报学报,2016,35(11):1148-1164.

提供了逻辑起点。

(2) 从消除危机出发推进情报学范式融合

上述危机是两种范式情报学界所共同面对并且关心的问题,这样的危机也并非单纯的各方力量所能够解决的,需要两者共同合作去面对和解决。例如,在对外传播方面,无论是 Intelligence 范式的情报学,还是 Information 范式的情报学,其实共用着一个核心词"情报学",社会上对两者是"捆绑式"的认知;在研究范式上,无论是 Intelligence 范式还是 Information 范式,在情报学的理论研究中,特别是国家安全与发展战略对理论指导作用的需求,两者的独立均存在局限性,单纯的任何一方都不能很好地破解理论与实践脱节问题。因此,消除危机过程中也自然而然地推进了情报学范式融合。

那么,问题是如何消除危机呢? 我们认为,应遵循如下的基本思路,即致力于社会价值提升,凝练独特的社会贡献。在 2018 年的情报学与情报工作发展论坛上,邱均平、王晰巍指出,情报学研究在国家战略、社会经济和科技发展等方面的应用价值还没有深刻体现出来。马费成教授和陆泉教授提出,为了辐射学科的影响,情报学研究可以在金融、健康、文化等国家重点关注的领域中选择研究论题,通过情报学的理论和方法来解决这些问题。可见,情报学社会价值的提升具体应落实到面向国家和社会所需的领域中,问题是,这样的领域单纯依靠 Information 范式的情报学自身力量是难以实现的。并且,同样的现象也存在于 Intelligence 范式的情报学领域。同时,情报学在社会作用发挥中应具有独特的地位。例如,在同样进行知识组织与挖掘研究中,计算机学科所关注的是技术层面的知识序化与集成,强调智能化;情报学学科应将重点置于知识组织与挖掘中,提炼出应用于社会需求的情报,强调智慧化。这是其他学科所无法实现或者不擅长的,而这一过程需要两种范式情报学的通力合作。

4. 大数据环境下的新问题:降低"数据应用风险"

(1) 大数据环境下数据安全风险的表现

大庆油田"英雄"和"金星"两厂抛光机、宣纸技术和景泰蓝制作技术、人造地球卫星的发射、云南白药秘方、两步发酵法生产维生素 C 工艺等案例中的情报泄露,无不是公开来源信息管理不善造成的。[1] 大数据时代,数据之间关联性的挖掘,使情报泄露风险更为严峻。数据安全风险防范大体包括两个方面,一方面为技术与方法角度,包括用户访问控制、数据隔离、数据完整性、隐私保护、安全审计、高级持续性攻击防范[2]等;另一方面为管理角度,这方面目前主要以政策与制度建设为主。技术与方法角度的数据安全风险防范具有一定的盲目性,特别是有些数据安全风险并非"硬性的",而是"软性的",也就是说,在大数据环境下,海量的公开数据通过关联分析,即可发现其中蕴含的决策者意图或涉密信息,例如,通过对多源数据的三角测定分析来推断个人身份信息[3]。单纯通过隔离、阻断等方式的数据安全风险防范更多的是防止数据基础设施与平台免受攻击以及避免保密数

---

[1] 李沐,卓尔. 全球经济间谍案[M]. 广州:南方日报出版社,2002.

[2] 王丹,赵文兵,丁治明. 大数据安全保障关键技术分析综述[J]. 北京工业大学学报,2017,43(03):335-349,322.

[3] Gerardg, Haasm, Pentland A. Big Data and Management[J]. Academy of Management Journal,2014(2):321-326.

据泄露,而对公开数据的泄密风险防范并不在其管辖范围内;并且数据获取更具隐蔽性,随处布置的传感器可以实时获取用户行为数据,名目多样的云服务也在不断吸引用户主动上传信息,数据获取越来越公开化、在线化。与此同时,大数据时代的数据获取方式更为隐蔽,往往通过大量数据关联来获取价值。[①] 政策与制度角度的风险防范具有一定的滞后性,特别是竞争与对抗性的国际环境,以及应急性社会事件与病毒式传播的网络环境,具有个性化、突发性、紧迫性等特征,面向普适性的具有一定建设周期的政策与制度很难在当时充分发挥效用。

(2) 从数据安全维护中推进情报学范式融合

应通过两个范式的情报学界共建数据的审核机制和评估机制,来确保我国公开数据资源尽可能保持安全,避免国家重要技术、政治、社会、外交等数据的泄露。此外,我们也经常使用大数据分析手段来获取对方的战略意图、能力和所要采取的行动等,而在竞争和对抗性等复杂环境下,数据具有不完整性、欺骗性,使得我们在进行数据分析中数据源存在安全风险。因此应分析如何获取完整数据、如何从不完整数据中获得重要情报信号、如何识别欺骗性数据,等等。所有从事情报搜集的机构都必须对搜集的信息的真实性保持警惕,这需要不断地对情报来源和信息进行评价,这也必须依赖 Intelligence 范式情报学的优势——反情报能力,反情报是捍卫情报工作完整性和涉密信息安全性的有力保障[②]。为此,可以通过情报学范式融合建立积极情报(即我们通常所说的"情报")、反情报与欺骗性情报联合工作网络,建立涵盖反竞争情报和积极竞争情报的国家竞争情报体系。

6.4.4 以学科层面的融合为路线

在内容上,学科由知识体系所构成;在结构上,学科是由各种知识单元按照一定的逻辑结构连接起来的整体。从这个意义上说,学科是内容及其关系的集合体。学科层面的融合强调整体性、要素相关性、结构的层次性、功能的专一性和开放性等。恩格斯说,我们抓不住整体的联系,就会纠缠在一个接一个的矛盾之中。学科层面的融合是系统观和整体观的体现,它使融合的稳固性更强、可持续性更长。与独立的知识单元相互作用相比,学科之间的相互作用是一种立体化的作用形式,会使学科之间的交互内容更深入、交互结构更稳定、交互界面更丰富。因此,在情报学范式融合过程中,不能满足于要素之间的融合,需要从立体化的学科层面进行融合,唯有实现学科层面的融合才能使范式融合结构最优、运行最稳、可持续性最长。在学科层面的融合中,要从共谋学科发展蓝图开始,一幅共同的发展蓝图绘制了两种范式情报学战略交汇的图景,发展蓝图的共谋过程也是两者战略合作伙伴关系建立的过程。发展蓝图要以要素的布局为基础,这里的布局是要素及其之间的关系在时间与空间维度上的坐标分布,而发展蓝图共谋过程中需要突破资源共享困境这一核心阻碍。

1. 共谋学科发展蓝图

共谋学科发展蓝图有其客观基础,也是两种范式情报学各取所需的必然选择。共谋

[①] 常小兵. 筑牢我国大数据管理的安全防线[J]. 求是,2014(24):55-56.
[②] 张晓军. 美国军事情报理论研究[M]. 北京:军事科学出版社,2007:57.

学科发展蓝图需要回答两个问题,即学科发展蓝图应该是什么?这样的蓝图如何落实?要回答这两个问题需要从学科发展的战略规划及其行动策略中寻找答案。

(1) 制定学科发展战略规划

学科发展战略规划是两种范式情报学未来共同的发展规划,是将视野置于"同一个情报学"下两者交互过程中共同作用的结果。"同一个情报学"的动力来源于在发挥情报学独特社会贡献过程中促进情报学学科的发展,而这种独特的社会贡献需要两者来共同实现。作为应用性学科,情报学的学科发展要与社会需求相匹配,因此,学科发展战略规划的制定要始终与国家战略需求相匹配。同时,作为一个学科,情报学必须有一个清晰的界定来避免研究对象的泛化。因此,情报学学科发展战略规划应该围绕"向外扩张,向内收敛,战略延伸"的策略。向外扩张是指向应用领域扩张,使情报学能够在国家战略中发挥指导作用;向内收敛是指清晰界定情报学学科边界,凝练情报学学科研究对象;战略延伸是指能够在国家战略需求中发挥独特的贡献,情报学学科资源与学科能力能够获得延伸。

学科发展战略规划的关键问题包括:① 谋划发展愿景。应该将发展愿景放在国家战略环境中和具有中国特色的情报学学科发展中去凝练。情报学的发展应致力于面向智慧型和横断性学科的发展。② 人才培养。涉及人才的能力水平和知识结构问题,由此又会牵涉到学科教育,例如,教育目标的设定、课程体系的设计、实践能力的培养等。③ 队伍建设。重点在于师资的学科结构,两种范式情报学师资之间的合作问题等。④ 社会贡献。就是在谋划情报学在国家战略需求的回应和引领作用中,情报学在理论、方法、人才、资源等方面的发展。⑤ 平台建设。涉及情报学研究的资源共享、学科教育、学术交流、学科服务等方面的平台建设,这些平台既包括实体的形式(如实验室建设等),也包括虚拟的形式(如网络平台等)。

(2) 发展战略规划行动策略

发展战略规划要发挥应有的价值还需要去落实,如何推动落实便成为一项十分重要的工作。首先,在发展规划制定过程中,需要发挥民主精神,需要双方情报学界在协商交互中共同制定,特别是发挥双方情报学界权威专家的作用。其次,要将发展战略规划在双方情报学界广为传播,特别是可以组织相关的学术会议,征求双方情报学界的意见和建议、讨论规划内容、学习规划精神,并在双方情报学界重要的学术期刊上进行报道。最后,要发挥"他组织"的作用,将发展战略规划以建议的形式呈交给双方情报学界上级管理部门,争取他们以正式文件的形式推行这一规划。

2. 布局学科融合要素

学科融合要素布局涉及的是要素内容和关系融合。要素指的是观点、资源、理论、方法、教育、范式、队伍等情报学学科建设中所涉及的各种要素;关系主要指前文所述的竞合关系。特别是要将内容和关系置于一定的时间和空间维度中加以约束。因此,布局学科融合要素需要遵循以下原则:① 整体性原则。要从学科层面注重要素布局的整体性,涵盖情报学学科中的所有要素。要素之间的关系要服务于整体性关系,要在整体性关系指导下挖掘同质性要素和异质性关系,利用这种关系创新情报学发展。例如,针对前文所述的两种范式的情报学之间不平衡性的要素,充分挖掘具有不平衡性要素之间的关系,从而创新情报学理论等。② 过程性原则。要根据各要素的特性以及融合的基础,确定融合要素的先后次序，遵循先易后难、先基础后应用的原则，首先关注那些容易融合并且对整个融合具有基础性支撑作用的要素，以它们的融合带动其他要素的逐步融合。③ 分层分类原则。服务于情报学学科内部构成的层次性，将两种范式情报学要素及其之间的关系进行分层、分类融合，各层之间相互衔接、各类之间相互连通，由此从整体上为情报学学科融合提供基础。

3. 实现多维度资源共享

在情报学范式融合中，资源共享障碍是融合推进困难最为重要的原因。从性质上划分，资源可以分为客观资源和认知资源，前者是客观存在的资源，如信息资源、基础设施资源、教育资源等，这其中最容易忽略的一类资源是"问题资源"，问题资源主要来自学科外部环境，是其他资源组织和共享的引导者；后者是经处理后的资源，如理论资源、方法资源等。从关系上看，两种范式的情报学资源之间的关系可以概括为共存、共生、共建。共存是指两者均拥有的资源，但是两者之间的这些资源有的没有建立联系，有的具有交叉关系，有的具有同质性等，共存资源是其他关系资源的基础，因此，需要对它们进行全面的梳理；共生是指两者所拥有的资源具有共生关系，在面对一定任务时，缺了任何一方均将极大地降低情报学学科的建设质量，例如，在进行高端情报学人才培养时，既需要 Information 范式的情报学信息组织理论与方法资源，又需要 Intelligence 范式的情报学面向 Intelligence 的思维与方法资源以及实践资源，唯有两者共同作用，才能实现高端人才培养这一目标；共建是指为进一步丰富资源构成，在原有情报资源的基础上，结合外部资源引入两种范式情报学共同建设的新资源，这类资源由于是双方合作完成的，因此共享是水到渠成的过程。

实现上述多维度资源共享，需要本书前文所述的信息流控制渠道的支撑。还需要对上述资源进行分类、分级管理，分类的方法包括两种，一种是根据资源本身的特性，例如，理论资源、方法资源、案例资源等；另一种是根据具体的情报学任务来分，例如，为进行理论创新，需要将资源分为思维类认知资源、原理类理论资源、基础理论类理论资源、应用类理论资源以及可用于理论创新的外部需求理论资源等。分级是对资源共享的优先级别进行规定，有些资源是融合中的基础资源，没有它们的共享和协同，融合几乎无法进行下去，如情报文化类资源，如果两种范式的情报学在情报文化上无法协同，那么资源共享将会遇到极大的困境，因此这类资源共享应该优先级别最高，先解决它们的共享，或者其他类资源共享的目的均为解决这类优先级别高的资源共享做铺垫。资源共享的难点就是秘密资源的共享，这在前文提出的"脱敏脱密机制"中已有所涉及。还有另外一个难点就是学者的隐性知识资源共享，这一般通过非正式交流渠道来实现，例如，研讨会、日常学术交流等方式。

6.4.5 制定保障措施

情报学范式融合中，需要时间和空间维度的基本保障来维护融合的健康可持续发展。保障存在于融合过程中的各个环节，作为自发的融合，保障关注的并不是顶层的体制问题，而是双方面对共同的目标在融合进程中进行的自觉交互作用。

1. 以时间换空间：提高两种范式情报学的交互频次

情报学范式融合是一个复杂的过程，两种范式之间分离的长期存在，使得它们的融合过程变得缓慢。由于管理体制上的差异,特别是教育和科学研究的管理体制差异更为明显,对融合的影响力度更大,这要求情报学范式融合应该是一个自下而上的过程,即先由双方自发地推进融合,进而影响顶层设计。

(1) 时间换空间是情报学范式融合长期规划的一种体现

在自发的融合缓慢推进过程中,需要以时间换取空间,即在长时间的交互作用过程中,逐渐扩展融合的"面积"。以时间换空间意味着要在融合中做好时间规划、做足时间准备,不能因为进展缓慢就对融合失去信心,要清楚地认识到融合的长期性,用我们所能积累的时间去换取不那么容易控制的空间,逐渐实现由量到质的蜕变。这其中需要我们特别注意的是,要一步一个脚印地去融合,所进行的每一步都是在严密规划下完成的。尤其是进行融合的分类、分层管理,先抓主要矛盾,并逐渐向外拓展,对于融合"卡脖子"的重点问题,可以采取迂回、更换处理问题的角度等方式进行破解。例如,情报学管理体制问题,国家层面的顶层设计涉及的因素繁杂,在短时间内无法破除这一障碍,如果国家顶层设计不改变,那么双方所出台的任何管理体制均会受限,此时更应该做的是采取迂回策略,即通过双方自组织地开展融合活动,进行实质性、实践性的接触、交叉、融合,由此逐渐扩大这一融合的社会影响力和社会贡献(例如,可以合作进行精品情报服务工程建设、大型研究项目合作等)。当影响力和贡献足够大时,会对顶层设计产生重要影响。又如,某些情报问题的秘密性问题,双方都有责任去维护秘密情报,但对于情报学学科发展而言,有些秘密情报可能属于"不合理的分离"那部分,对于这部分应该通过前文所提出的"脱敏脱密机制"来从另外的角度进行处理。

对于具有决定性基础问题的融合,必须首先进行,否则其他要素融合将会根基不牢。例如,双方学者的思维问题,思想是行动的先导,思维问题不解决,其他要素的融合将步步受挫。绝大多数情报学者思想不共识,将对融合造成极大障碍,或者说,即使在领军专家的倡导下开展了某些融合,没有更多学者的认同、参与和跟进,终究是小规模的融合,这样的融合也只可能是零散的、随机的、短暂的,对于融合以及学科发展而言不会造成太大的积极影响。又如,资源共享问题,这里的资源包括客观资源和主观认知资源,唯有资源共享才能为融合奠定根基;唯有资源共享力度逐渐增大,才能推进融合的进度。如果资源共享受限,那么,即使融合也是各方为攫取自身利益的小圈子、封闭的自我利益保护主义,这样的融合注定意义有限、生命力有限;如果资源共享的力度始终得不到增长或者逐渐衰弱,那么,有限的资源共享必将阻碍融合的拓展,这样的融合将得不到进化发展。

(2) 提高双方的交互频次是时间换空间的具体执行方式

情报学范式融合过程中,力求达到"融合即一体"的效果,而不是为了追求速度进行板块式随机拼装的松散型融合、铺摊子上项目扩大规模的粗放型融合。时间换空间的具体执行方式就是提高双方的交互频次。这里就要涉及如何创建交互界面的问题了,这一问题在前文中已多次提出,例如,构建信息流渠道、建立情报学研究中心等,但这些交互界面更侧重的是双方之间的交互已经达到较高频次后,为强化这种交互作用所采取的一些途径和手段。而在融合的起步阶段,更多地应该采取项目合作、会议研讨、学者互访、师资互培等较容易实现并且不需要牵扯太多复杂因素的交互。在这一过程中,特别需要从双方的权威专家中培育"面向融合"的情报学权威专家,由他们去带动乃至影响整个情报学界,例如，可以仿照《南京共识》，在整个情报学界达成《情报学范式融合发展共识》，在共识中充分体现各要素融合的愿景、目标和执行策略等。此外，还需要更多的项目像"情报学学科建设和情报工作发展路径研究"这样的国家级重大项目一样，推动双方合作研究来"捅破窗户纸"；需要更多的期刊像《情报杂志》一样，通过组织类似于华山情报论坛这样的研讨会来推动双方"面对面"。

2. 以高度生角度：解决情报学范式融合中的难点问题

在情报学范式融合路径中，难点问题得不到有效解决犹如平坦道路上的一块拦路石阻碍着车辆正常行驶，因此，解决融合的难点问题是融合运行顺畅的重要保障措施。破除拦路石的阻碍可以彻底将其清除，也可以将其进行某种程度的移动。融合中的难点问题解决也是如此，有些难点问题可以一步到位地解决，但有些难点问题并非能够彻底消除，甚至会长期存在，这些难点问题需要从其他角度进行解决甚至利用它促进融合。

（1）情报学范式融合中的难点问题

总结起来看，融合的难点主要包括三个方面，思维理念共识难、情报资源共享难和体制机制协同难。在思维理念上，双方情报学界对情报基本问题的看法存在一定差异和冲突，并且这些差异和冲突长期存在，加之双方之间相互交流有限，使得思维理念共识难度不断加大。其原因主要在于历史遗留问题，Intelligence 范式下的很多情报领域从诞生之日起就具有明显的秘密性、对抗性和竞争性，无论是在战争年代还是如今的和平年代，它们的这些特性一直是其本质属性；而 Information 范式下的情报学产生于信息爆炸，具有较强的中立性。特别是 20 世纪 90 年代后，其开始向信息领域偏离，对信息技术的热衷，甚至使其本来的社会科学性质被自然科学的某些特性冲淡。再加之图书情报一体化，使得情报学与图书馆学研究领域的重合度越来越高。这样的问题使得双方对某些情报基础问题的认知分歧越来越大。甚至在美国，属于安全领域的情报学与图书情报中的情报学根本就属于两个不同的学科。此外，Intelligence 范式的情报学注重务实性的实践研究，其研究的重心在于行动，人的思维和行为在其中发挥着极其重要的作用；而 Information 范式的情报学实践研究的重心在于服务，侧重于增强人的信息能力和认知功能。两者研究侧重点的差异，使得双方情报学者对情报及其定位的认识产生差异。

情报资源共享难是融合的显著障碍，在学界几乎是共识。情报资源共享难主要源于以下三个方面，一是情报的秘密属性，特别是在 Intelligence 范式下的某些情报学领域，情报与安全直接关联，情报公开将会给安全造成极大威胁，这样的情报当然不能与以公开情报研究为主的 Information 范式下的情报学进行共享。二是利益驱使。这包括美国情报界在内的大部分政府情报机构，更多强调的是信息保密而不是效率。[①] 这是因为，不进行信息共享有其合法依据，但因共享信息而造成损失将受到严厉的惩罚，这是其一。其二，两种范式的情报学界对情报共享的错误认识，情报共享并不会给自身发展带来多大的裨益。对于 Intelligence 范式下的某些情报领域而言，情报行动研究中所需要的资源几乎不

---

① Rob Johnson. Analytic Culture in the U. S. Intelligence Community[M]. Washington, D. C: Center for the study of Intelligence, Central Intelligence Agency, 2005:11.

需要从 Information 范式下的情报学那里共享而来,通过一般的途径便可获得;对于 Information 范式的情报学而言,其研究的核心在于为情报服务提供理论与思想指导,而情报服务并不需要多少 Intelligence 范式下情报的所谓特色性资源,Information 范式的情报学研究中所需要的资源几乎都来自公开信息源。三是牵引力不足。这其中利益驱使性弱是一方面,还有一个重要的方面是,双方对环境需求认识不足,对匹配环境需求带来的资源与方法论升级要求认识不足,这样的不足使他们存在镜像思维、惯性思维,认识不到双方情报资源的优势,或者说,没有认识到情报资源共享对于自身突破性发展带来的重要意义。

体制机制协同难是双方国家顶层管理上造成的。管理体制问题在一定程度上决定着思维认识问题和资源共享问题。如果有国家相应的管理体制进行引导、规范和约束,两种范式情报学之间的交流必然增多,相应地,思维理念共识弱和资源共享程度低也会逐渐得到解决。然而,Intelligence 范式下的某些情报领域的特殊属性和对国家的特殊意义,使得双方的管理体制分离很难得到有效解决,也极有可能长期存在,对于以此为土壤的情报学自然也会如此。因此,将过多的精力放在管理体制协同上会收到事倍功半的效果。

(2) 从更高的视角去观察情报学范式融合中的难点问题

任何问题均存在多个侧面,当我们以平视的眼光去观察融合中的难点问题时,看到的只能是阻碍融合前进的那一面。而当我们将眼光调到更高处后会发现,其实这些难点问题有其另一面,我们从这一面去处理,会使难点问题迎刃而解。

思维理念难以达成广泛共识是一大难点,但是不得不承认,两种范式所各执一词的思维理念大多都有其实践作为依据,均有其道理,也都有其用武之地。此时我们要做的不是试图让谁处于上风而战胜另一方,而是寻找冲突中的思想火花,从中获得情报学创新发展的苗头。当然,我们还可以从整体上去观察,决策性是情报的本质属性,这是大多数情报学者所认同的,当我们从决策的过程去观察情报后就会发现,唯有发挥两种范式情报学各自的优势才能真正履行情报的这一决策属性。

资源共享难在情报学范式融合中是一种具有基础性特征的障碍。在上述三个原因中,如果我们能够对秘密情报进行深刻认识(例如,前文所述的秘密情报的相对性、秘密情报的转化性等)、对秘密情报进行必要处理(例如,前文所述的脱密机制等),甚至对秘密情报加以有效利用(例如,前文所述的秘密情报维护方法等),将会使秘密情报的有限共享成为融合式发展中非常重要的创新源泉。如果我们能够从中国特色的情报学学科建设角度出发,就会意识到,双方情报学资源共享对于自身学科发展的重要性、对于自身学科地位提升的重要性。当 Intelligence 范式的情报学认识到 Information 范式的情报学在信息组织方面的传统优势和未来的发展空间与自身在此方面的不足,以及 Information 范式的情报学认识到 Intelligence 范式的情报学在战略性、对抗性、竞争性上的优势与自身在此方面的不足后,双方就会发现情报学资源共享实际上是各取所需、相互促进,特别是情报学教育、情报学科研更是如此。如果我们能将视角放在国家战略需求上,Intelligence 范式的情报学所侧重的安全领域和 Information 范式的情报学所侧重的发展领域,均不足以满足国家整体战略需求,唯有两者不断加大资源共享的力度才能更好地满足国家战略需求,也才能更加彰显出自身学科的价值和地位。

体制机制协同难在短期内难以克服,主要是由于其需要国家相关部门的"他组织"干预,而"他组织"干预又会涉及诸多方面的问题。协调、引导、规范无疑是体制机制的重要作用,能否有其他的途径发挥同样的作用并且容易实现呢?这个时候,我们应该充分利用自组织模式,利用自组织中形成的学会、学科联盟等途径发挥同样的作用。

综上,在情报学范式融合中会遇到很多难点问题,这些难点问题均脱离不了思维理念、资源共享和体制机制这三个核心。如果我们在融合中能够从更高的高度去观察这些难点问题,就会形成观察这些难点问题的其他角度。上述我们仅提供了一种思考的方向或者点滴的阐述,希望以此来为破除融合可预期和不可预期的难点问题提供方法和思路上的启迪。

3. 以评估察动向:建立情报学范式融合效果评估机制

评估既是对情报学范式融合发展过程的监测,也是从结果和整体性上把握融合存在问题的重要途径,无论是前者还是后者,都是融合的重要保障措施。前文的"过程与状态评估机制"一节已经详细论述了融合的评估问题,提出了两者关系退出倾向的预警与抑制等机制,力图通过这样的监测及时发现融合过程中出现的问题。过程评估侧重于考察信息流问题,效果评估侧重于考察融合对情报学学科发展(或者某一方面)的实际推动作用,效果评估的重要性不言而喻,如果认识不到融合的效果,将会使前面的融合工作模糊不清、后面的融合工作不知所措。

情报学范式融合是一个过程,过程是由阶段组成的,无论是按时间持续性划分还是按要素划分,每一个阶段都会有一定的成果产生。例如,按照融合的发展规划计算,若每3年或5年作为融合的一个阶段,那么这段时间内必然会产生相应的成果,即使没有相应的成果也是融合效果的一种体现;按照理论、方法、教育等要素融合来分析,相应地也会分别产生一定的成果,这些成果也都是效果的直接体现。当然,效果并不局限于正式交流中的文献类成果,还广泛地存在于学者观念、认知、隐性知识变化、双方交互情况等多个方面,前者通过文献调研便可较容易地获得,后者需要通过问卷调查和访谈等方法进行分析。在效果评估中,前后比较是一个重要的过程。效果评估免不了要进行评估指标设计,在指标中既要有反映客观数据的量化指标,例如,融合相关的文章数量、作者合作文章数、相互引用文章数、情报学者研讨次(人)数、相关文件数、情报学融合平台建设情况等;也要有反映学者主观变化的定性指标,例如,学者对情报基本问题的看法,学者对融合的认识等。

第7章 "图书情报与档案管理"学科中情报学的创新发展

2017年6月27日,第十二届全国人民代表大会常务委员会通过了《中华人民共和国国家情报法》,国家层面的情报工作顶层设计拉开了帷幕,情报学前景变得十分明朗。多年前,以包昌火、苏新宁、沈固朝等为代表的情报学者高瞻远瞩,一直倡导情报学的回归,尤其是苏新宁教授创新性地在情报学"耳目、尖兵、参谋"功能基础上,又增加了"引领"功能[1]。多年来的华山情报论坛以及2017年情报界凝练的《南京共识》极大地推动了情报学的发展。近年来一系列研究动态表明,进行情报学变革、推动情报学的现代性发展已成为情报学未来发展的重要趋势。以《情报学报》等为代表的情报学刊物也刊载了体现这一趋势的大量研究成果。这其中既包括情报学理论体系重建的探索[2][3]、情报本质的认知[4],也包括对情报工作变革的思考(如情报3.0[5]、平行情报体系[6]、情报工程学[7]等)。这些研究成果从不同侧面给出了现代情报学的某一具体特征。

总体上,现代情报学深受新技术环境的影响[8],大数据和人工智能技术的应用,推动了情报学迈向现代性发展环境;现代情报学应与国家安全与发展需求相关联,致力于解释、预测新时代国家安全与发展中的情报现象,指导国家安全与发展的治理[9],这促进了情报学进入现代性功能。美国情报学的发展值得我们借鉴,如在学科体系方面,美国形成了竞争情报、营销情报、市场情报、私人情报、政策情报、公共情报、国家情报、军事情报、工商情报和战略情报等丰富多样的下位学科体系[10];在情报学理论体系方面,形成了情报历史、情报控制、情报失察(失误)、情报心理学、情报分析等多个领域的理论体系;在情报工

---

[1] 苏新宁. 大数据时代情报学及情报工作的回归[J]. 情报学报,2017,36(4):331-337.
[2] 初景利. 新时代情报学与情报工作的新定位与新认识——"情报学与情报工作发展论坛(2017)"工侧记与思考[J]. 图书情报工作,2018,62(01):140-142.
[3] 包昌火,刘彦君,张婧,熊晓宏,赵芳,吴晨生. 中国情报学论纲[J]. 情报杂志,2018,37(01):1-8.
[4] 王忠军,于伟,杨晴. 科技情报机构实践创新发展专家访谈[J/OL]. 情报理论与实践,2017(12):5.
[5] 吴晨生,张惠娜,刘如,李辉,刘彦君,付宏,侯元元. 追本溯源:情报3.0时代对情报定义的思考[J]. 情报学报,2017,36(01):1-4.
[6] 王飞跃. 情报5.0:平行时代的平行情报体系[J]. 情报学报,2015,34(06):563-574.
[7] 张家年,马费成. 立足情报服务 借力工程思维:大数据时代情报工程学的理论构建[J]. 情报学报,2016,35(01):4-11.
[8] 马费成. 在改变中探索和创新[J]. 情报科学,2018,36(01):3-4.
[9] 赵冰峰. 论面向国家安全与发展的中国现代情报体系与情报学科[J]. 情报杂志,2016,35(10):7-12.
[10] Warner M. Wanted: A Definition of Intelligence[J]. Studies in Intelligence,2002,46(3):15-22.

作方面,形成了由 16 个各司其职的机构成员[①],并专注于秘密工作、科技情报、政治情报、军事情报、反情报、安全情报、电子情报和经济情报等多个专门领域的研究[②]。

因此,现代情报学应是胸怀国家发展大计,具有国际视野,与时代发展环境和需求紧密联系,并具有扎实的理论体系、完备的学科体系的情报学。现代情报学是一个十分重要的学术概念,它关系到情报学未来发展的取向,也是情报学今后发展的宏观框架指导,如何从宏观上多层面地构建现代情报学发展策略是一个值得关注的问题。而文献学的历史遗留[③]、情报研究与工作的偏移[④]、信息取代情报[⑤]、情报核心功能弱化[⑥]、情报元素淡化[⑦]等当前情报学发展的种种迹象,正在阻碍着情报学的现代性发展,这就要求现代情报学需强调以 Intelligence 为导向。例如,包昌火研究员呼吁 Information 的 Intelligence 化[⑧];沈固朝教授力推 Information 与 Intelligence"融合"[⑨][⑩]。那么,我们如何迈向以 Intelligence 为导向的现代情报学呢?

7.1 情报学理论的创新发展

20 世纪 90 年代以前,在科技情报学教育支撑和为经济建设服务牵引下,我国科技情报取得了良好发展势头。但 90 年代后,情报学者对信息技术的热衷,加之图书情报学改名为"信息管理"和情报所改名为"信息所",使情报学研究逐渐走向偏离。情报界对信息系统开发、信息技术应用等的热衷动摇了情报本质:情报中的"组织"要素发生了动摇,情报中的"知识"要素发生了变异,情报的竞争性、对抗性传统丢失。当前我们不必过多地谴责情报学对信息的专注,反而应当将信息视为现代情报学走向深入、实施变革的一个重要契机,将 Information 与 Intelligence 融合,并借助信息科学与数据科学的理论与方法,构建情报学以及情报研究与工作的发展策略。

7.1.1 情报学知识体系的创新发展

知识体系是支撑情报学发展的基础,也是决定情报学发展方向的关键要素。构建以 Intelligence 为导向的情报学知识体系,情报界应将我国现有"情报学"(主要指科技、经济、社会等领域)与"Intelligence"(主要指军事、国防、安全等领域)融合,找寻两者在理论

---

① 高庆德. 美国情报组织[M]. 北京:时事出版社,2016:48.
② 沈固朝. 从另一视角看西方国家情报分析类文献[J]. 图书情报工作,2005(9):13-17.
③ 邹志仁. 情报交流模式新探[J]. 情报科学,1994(4):34-37,80.
④ 苏新宁. 大数据时代情报学及情报工作的回归[J]. 情报学报,2017,36(4):331-337.
⑤ 高金虎. 论情报的定义[J]. 情报杂志,2014(3):1-5.
⑥ 沈固朝. "耳目、尖兵、参谋"——在情报服务和情报研究中引入 intelligence studies 的一些思考[J]. 医学信息学杂志,2009(4):1-5.
⑦ 付立宏,李露琪. 近年来图书馆学情报学核心论文主题分析[J]. 图书馆学研究,2014(16):2-6,12.
⑧ 包昌火,马德辉,李艳. Intelligence 视域下的中国情报学研究[J]. 情报杂志,2015(12):1-6,47.
⑨ 沈固朝. 两种情报观:Information 还是 Intelligence?——在情报学和情报工作中引入 Intelligence 的思考[J]. 情报学报,2005(3):259-267.
⑩ 沈固朝. 情报与信息:一船两夫——读《隐秘与公开:情报服务与信息科学的追忆与联系》[J]. 情报探索,2010(2):3-5.

基础、工作过程和实践方法等方面的"血缘关系",突出它们之间在知识体系中的"亲和力"。为此,情报界应面向原理、应用、基础三个类别的理论和知识组织分析相关资料;并从环境匹配性、影响因素、基本原理和发展趋势等方面对现有 Information 和 Intelligence 的理论体系进行系统梳理,分析两者的理论共性和特性,以此为两者融合奠定基础。尤其要关注国外 Intelligence Studies,国外情报学研究的载体主要包括情报学专业期刊和书籍(如 *Studies in Intelligence*、*Intelligence and National Security*、*International Journal of Intelligence and Counterintelligence* 等),以及重要情报组织、协会发布的研究项目(如美国科学家联盟)和研究报告(如《美国解密档案在线》中美国中央情报局发布的研究报告等)。

对情报学的相关成果和信息进行文本结构特征分析、内容定量分析,以方便进行知识内容抽取、组织与融合,其中知识抽取需在对文本结构与特征词识别分析的基础上,借助文本挖掘技术与方法(如基于语言模型的主题抽取法等)、可视化分析技术与方法,结合人工干预对文献内容进行挖掘分析;在知识组织中,需对抽取的知识按元知识、本质知识、实践知识和设计与行动知识进行分类和序化;知识融合需建构情报学本体,研究融合规则,挖掘 Information 与 Intelligence 之间的共通理论与方法。具体融合方法和线索可以围绕概念融合、实体融合、关系融合、关联推理、演化预测、遗传进化和社会网络分析[1]等展开。

7.1.2 情报学核心问题域的拓展

问题域是问题提出的范围,以及问题之间的内在关系和逻辑可能性的空间[2]。情报学的核心问题域可以简单地理解为情报学应主要关注的问题。情报学核心问题域的界定需确立目标导向、厘清组织线索和明确研究思路。

① 在目标导向上,情报学要破除在"研究领域偏移""偏重信息而情报价值淡化"和"图书情报一体化中的情报元素淡化"等研究中的失衡;纠正"以文献相关工作作为情报工作的主要任务""局限于小情报观而丧失决策话语权"等情报工作责任与任务理解上的偏差。实现"情报功能向'耳目、尖兵、参谋+引领'转变""大情报观全面树立"和"向情报智库转向"。

② 在组织线索上,宏观维度上,情报学要构建以情报学学科为主导的跨学科交叉性"××情报学"。例如,可将情报学从宏观上分为"安全情报学"和"发展情报学"两大类,前者可依据总体国家安全观,具体指向 11 个不同领域的安全情报,这需要相应领域资源与情报学的融合,同时也需注意各领域安全情报实际上是相互影响的,所以在具体实施中应以相应领域安全情报为核心,并与其他领域相关联;后者面向的是经济社会发展的情报学,以提供国家决策支持服务为核心,如竞争情报学、科技情报学、社会情报学等。"安全情报学"和"发展情报学"在面向国家发展与安全中应作为一个整体的"大情报学"。在微观维度上,以大情报观为理念,从"面向'耳目、尖兵、参谋+引领'的情报功能回归与拓展、深化""情报工作责任与任务的'情报化''智慧化''决策性'""情报研究领域向情报学理论

---

[1] 王日芬,岑咏华. 大数据时代知识融合体系架构设计研究[J]. 数字图书馆论坛,2016,(10):16-24.
[2] 白君礼. 论图书馆学研究中的问题、问题域、问题意识概念[J]. 高校图书馆工作,2012,06:18-23.

与方法聚焦化"等方面界定核心问题域。因此,情报学要强化情报共识,加强基础理论研究,重视情报学学科建设,深化与业界专家的广泛合作。

界定核心问题域应从三个方面寻求依据。一是要明确情报学发展的"新时代"背景。大数据思维、技术与方法推动情报工作进入了一个新的发展阶段,情报学要将大数据视为情报研究与服务的元要素;在国家创新驱动发展战略中,情报工作有望成为科技发展中的引领;总体国家安全观和军民深度融合战略下,军民情报工作、情报机构融合有待兴起;《国家情报法》的颁布为情报工作、情报机构发展提供了体制保障;非传统安全问题的日益突显,不仅要强调常态化情报体系的建立,也要十分重视应急性情报体系的建立,情报要支持对突发事件进行快速响应。

二是要加强对国外情报学研究、情报工作、情报学学科建设与教育体系的考察分析,从中获取相关理论参考和经验借鉴。如美国的情报史几乎与其国家史同样悠久,在多次著名的战争中(如二战、珍珠港事件等),美国情报学发挥了重要作用,但也暴露了一些明显的失误问题。"9·11"事件后,美国的情报学发生了重大变革,集中体现在对情报失察、失误的重视以及情报业务的调整,尤其是在安全、反恐等领域开展了情报众包,如"See Something, Say Something"的反恐全民行动等。不仅如此,美国情报学也产生了具有很深影响的情报学理论,如 Kent 的战略情报理论、Codevilla 的国家情报观、Steele 的公开来源情报理论、Handel 的三重噪音理论、Wohlstetter 的信号与噪音理论、Betts 的情报预警理论、Heuer 的情报分析心理学理论等。近年来,美国在情报体系一体化建设中积累了丰富的治理经验。美国的这些情报实战经验和理论如果置于中国环境中,则会在情报理论、情报活动管理、情报体系建设等方面提供重要启示和借鉴。

三是要加强军民情报学的融合研究。世界情报强国均十分重视军民情报的融合,日本官民情报结合为其对外侵略扩张做出了"突出贡献"。作为典型代表,以色列从 1948 年建国开始就坚持走军民情报融合道路。从 20 世纪 90 年代末开始,以美国和俄罗斯为主要代表,军事情报研究力量逐渐向经济技术情报领域转移,将军事情报研究的经验和方法应用到经济技术情报领域中。2017 年年底发布的《美国国家安全战略》强调了科技情报对美国军事力量的支援功能。世界情报强国中的军民融合大体围绕军为民用、民为军用和军民情报一体化三个路径。而我国情报事业从一开始就呈现出图书馆技术与军事情报思维的结合。① 抗日战争和解放战争时期,中国共产党领导的武装力量广泛组织群众实施军事侦察活动。对历史上具有代表性的国家军民融合的基本领域、模式等进行考察分析,同样可以为我国情报学核心问题域的界定甚至拓展、深化提供线索。

③ 在主要思路上,通过宏观把握和聚类分析、计量分析、可视化分析,凝练当前国内外情报学主要关注的问题;在此基础上,围绕国家、经济、社会、文化、企业的情报需求分析,采用"问题系统论"模式,首先梳理情报学的基本问题,然后采用思维导图等方法,以基本问题为核心引申出与之相关的一系列具有现实意义的问题,最终提炼出情报学的核心问题域;采用情景分析法,对知识体系与核心问题域之间的相互约束与促进作用进行验证,并通过领域专家咨询进行必要的人为干预。

---

① 吕斌,李国秋. 组织情报学[M]. 上海:上海世界图书出版公司,2013:34.

7.2 情报学教育的创新发展

新的时代，社会发展与国家战略对情报学与情报工作提出了新的要求，对其历史使命提出了新的命题。情报学教育承担着培养情报人才的重任，必然面临新的发展契机。近年来，情报学教育研究围绕三个方面展开，一是立足于国家战略需求，探索情报学教育的未来发展，如苏新宁教授提出了情报学教育的七大使命和四大定位[①]；柯平教授提出了情报学教育未来发展的战略定位、重点方向等[②]。二是对情报学教育所依赖的知识体系进行研究，如杨建林教授指出，要理性地将大数据思维、大数据方法与技术融入情报学的学科知识体系[③]。三是对情报学教育的发展进行调研分析，如王东波教授等对情报学人才培养进行了调查分析[④]；刘浏等对改革开放以来情报学教育的发展历程进行了回顾[⑤]。对未来的规划确立了情报学教育的发展方向，对新环境下知识体系的更新为情报学课程改革奠定了知识基础，对历史和现状的调研形成了情报学教育的反思和新时代的借鉴。上述研究表明，情报学人才培养必将发生变革。承担起情报学与情报工作的历史使命、满足未来社会发展对人才的需求，是情报学人才培养变革的立足点。

作为应用性极强的学科，培养能够适应情报工作的情报人才应是情报学教育的终极目标。而要实现这一目标，应将学校教育与继续教育相结合，采取差异化教育策略。

目前，情报学教育的主要阵地在高等院校，而高等院校在系统化的学科教育、理论教育等方面可以发挥优势，但在实践教育方面存在欠缺。为此，高等院校应与情报机构甚至企事业单位（如大数据分析公司、政府相关部门等）合作来开展理论与实践相结合的教育，并通过将培养对象置于实际工作中进行考察，以便有针对性地开展继续教育。情报教育的流程如图 7-1 所示，其中，继续教育可以采取多种方式开展，如 MOOC 教学模式等。情报人才可以实行职业化认证机制，具体可采取继续教育后经职业化认证走向工作岗位，或者走向工作岗位后进行与职称评定相关联的职业化认证等方式，以职业化认证来激励、规范情报人才的发展。

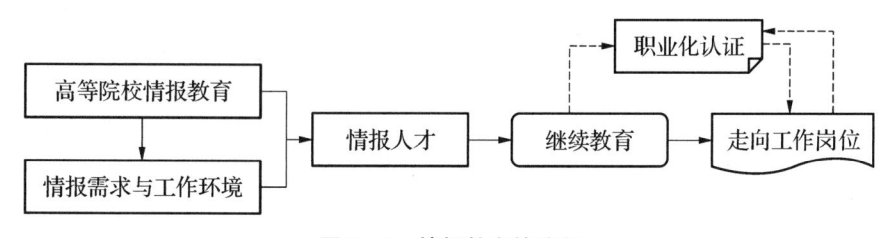

图 7-1 情报教育的流程

---

① 苏新宁. 新时代情报学教育的使命与定位[J]. 情报学报, 2020, 39(12):1245-1252.
② 柯平. 情报学教育向何处去？[J]. 情报理论与实践, 2020, 43(06):1-9.
③ 杨建林. 大数据浪潮下情报学研究与教育的变革与守正[J]. 情报理论与实践, 2020, 43(04):1-9.
④ 王东波, 朱子赫, 刘浏, 等. 学习视角下的情报学教育及人才培养调查与分析[J]. 情报理论与实践, 2021, 44(02):16-25.
⑤ 刘浏, 王东波, 沈思, 等. 大数据时代情报学教育的回顾与展望[J]. 情报学报, 2020, 39(12):1264-1271.

情报学教育可分为三级，一是通识型教育，以培养"情报素养"为目标，主要面向大学本科生，以提高他们的情报意识、情报认知和情报基础知识为主。二是应用型教育，以情报技术与方法教育为主要目标，主要面向硕士研究生，以情报规律揭示，情报分析理论与技术、方法等为主要教育内容。例如，可围绕"基础理论课—必修课—选修课"开展课程体系建设，将基础理论课程教学内容充满"情报元素"，在必修课中强化对方法与技术类课程的设置（如数据科学类、统计学类、认知科学类等），在选修课中强调领域知识的教育（如经济学、社会学、医学等）。三是高级型教育，主要面向博士研究生。邱均平教授对4所情报学博士培养单位进行调研分析后发现，他们的研究方向集中于经济信息与信息经济学、信息资源管理与网络信息资源管理、信息系统开发与信息技术应用、竞争情报与知识管理、信息智能化处理与智能信息检索等[①]，但远未达到要求。情报学博士教育应是以培养能够真正胜任情报工作的"耳目、尖兵、参谋"+"引领"式的高端人才为主要目标，为此，可以在情报学博士招生中，鼓励将其他学科的优秀硕士毕业生引入情报学领域，从而培养具有相关专业背景的高端情报人才；同时，可以以"项目制""任务型"为引导，加强博士生的情报实战能力培育。另外，还可以创造条件与军事、国防和安全情报学教育部门联合培养博士生。情报学博士研究生应是具有浓厚情报情怀、胸怀大局的高端人才。

7.3　情报学研究的创新发展

学术研究构成了学科发展的核心，一个学科能否实现快速发展，关键取决于学术研究的发展。为了实现情报学研究的创新发展，学界应重点围绕大数据思维的强化和历史经验的镜鉴两方面来推进。

7.3.1　强化情报学研究的大数据思维

大数据时代，对公开信息的利用与挖掘比以往任何时候都更为深刻，同时也提高了情报分析的客观性。在大数据环境下，情报学研究要进行适应性变革，要善于从大数据中提炼理论与方法。通过大数据思维在情报学研究中的应用，构建聚焦于 Intelligence 的、具有大格局的情报研究与工作体系。此外，情报学研究与工作要在大数据分析与价值判读等方面发挥重要作用，确立在各领域大数据分析与应用中的绝对话语权。

为此，情报学需做到，重视对开放数据情报价值的挖掘，如通过对开放政府数据的分析，进行政治情报、经济情报的研究；变革以往情报学研究与工作流程，如基于 DIKW 模型研究数据与情报之间的直接转化，缩短情报流程；研究信息组织、信息挖掘在大数据环境下的思维转变与方法革新，如加强对元数据方法的创新，重视全领域、复杂结构数据的关联性组织与分析；颠覆情报学传统理论与方法，如研究马费成教授所提出的情报学六大原理在大数据时代的匹配与拓展，加强复杂数据的序化、转化和关联化组织的理论与方法研究。尤其是在理论体系框架构建中，要以情报活动各阶段[情报源选取—情报采集—情报组织（情报整理与序化）—情报分析—情报存储—情报利用]在大数据时代的新变革为

---

① 邱均平，余以胜．我国情报学专业教育的回顾与展望[J]．情报学报，2007(1)：35-41．

基本组织线索,将原理性理论作为理论内核,突显情报的本质属性。将哲学、数据科学和大数据生态要素嵌入基础性理论中,将数据分析技术、技术应用和场景性要素嵌入应用性理论中,将智能化情报服务理论、数据安全理论以及大数据时代的情报活动规范标准、情报活动体制机制、情报学教育管理与情报人才职业化管理等作为外延性理论,构建由"原理性—基础性—应用性—外延性"四个维度组成的理论体系框架。

为支撑上述研究,情报学还需要研发适用于大数据分析的情报分析工具,打造支持情报活动的信息基础设施支撑体系,培养专属于情报学的数据科学家而非纯技术专家,重新思考情报机构、情报学教育和情报学期刊的功能、定位与设计问题等。

7.3.2 从历史中获得镜鉴

情报历史研究是美国情报理论研究的重要分支,历史学家甚至一度成为美国情报研究的重要力量,他们擅长从历史中提炼情报分析的基本理论与方法、挖掘情报失察(失误)的本质原因。而我国对情报历史的研究散见于对《孙子兵法》以及毛泽东、钱学森等情报思想的研究。比较系统的论述可见于高金虎的《中西情报思想史》和熊剑平的《中国古代情报史》等著作中。情报历史研究在我国尚属于小众化,并且历史不可停留于资料本身,从历史中获得认知、总结经验,从而指导情报实践,才是情报历史研究的最终目的。正如高金虎教授等在其著作《中西情报思想史》中提到的,情报思想源于情报实践,高于情报实践,最终可以指导情报实践。[1]

在人类 6 000 年的情报史中,无论是年代史还是专题史,都蕴藏着丰富的情报思想与情报实践,并具有特定的发展规律可循,这些历史虽然传统但从不过时,是回归情报功能、支撑我国情报学 Intelligence 化发展的重要依据。例如,在年代史研究中,可以将情报学置于历史背景中,对其产生、发展的演变规律、影响因素及其前后变化进行分析,以此来为情报学定位、情报学任务设置和情报学发展道路规划等提供启示,尤其应注重分析情报学发生变革的那些重要节点,它们构成了历史中下一阶段情报学发展的动力;在专题史研究中,可以对历史上的军事情报、科技情报、经济情报等进行横向比较与关联分析,发现它们各自的基本特征和优势,分析它们相互融合的规律,以及融合的理论、现实基础,为现代情报学的融合提供借鉴。将年代史和专题史相互交织、融合、佐证,来勾勒情报学的发展图景,图景中要重点突出两点,一是对重要情报事件在历史背景中的坐标进行定位,分析其发展规律与影响因素;二是描述分析情报学的知识体系、机构设置和行动策略等。系统化抽取并处理图景中的元素,通过元数据和关联数据技术形成情报案例知识库、思想/理论知识库和情报活动相关要素知识库等,这些对于情报学学科建设和情报工作路径规划具有重要的指导价值。

从历史中获得镜鉴,不仅需要我们研究历史上情报思想的基本内容及其产生的时代背景,发现两者之间的互动关系,从而发现情报之于时代背景的理解与响应,为情报活动提供方法论借鉴;而且需要从历史的情报实践中获得成功与失败的经验总结,并上升到理论层面,充实情报理论与方法。研究情报历史应引起情报界的广泛重视,并在情报学教育、情报学研究项目管理、情报学书刊和情报学研究方向设计上获得充分体现。

---

[1] 高金虎,吴晓晓. 中西情报思想史[M]. 北京:金城出版社,2014:1.

7.4 科学共同体的融合

我国情报组织主要包括两大类,即军口情报机构(含军事、国防、反恐、安全等)和民口情报机构。情报组织融合是打破两大情报机构情报学的平行发展局面,将民口情报领域的信息及其加工优势与军口情报领域的对抗性情报优势相整合,并将其与国家发展与安全决策的情报需求相关联,由此重塑和拓展"大情报观",充分发挥情报学在国家战略中的决策支持功能,推动情报学可持续发展。

情报学的情报组织融合是世界政治军事格局的大趋势,是国家发展与安全新变化、新矛盾、新征程中的必然所需,时代脉搏是引领情报组织融合的基本导向。情报学的情报组织融合必然互为促进,共生共荣,是国家科技、经济、社会发展的需要,也是国防建设的需要,国家战略需求是情报组织融合获得持久生命力的基本保障。情报组织融合应以国家发展与安全共谋为本,以理论共建为基,以资源共享和方法共通为路。具体而言,情报组织融合可采取三种方案,一是以任务作为情报工作的组织线索,变革基于机构的工作模式转向基于具体任务的工作模式[任务—分发—搜集、处理、加工(各情报机构)—情报整合—分发],推动情报机构职能的融合。为此,情报机构要具有主动意识、责任意识,主动发挥在国家发展与安全决策中的情报支持作用,发展"国家情报学",将总体国家安全观、"一带一路"和创新驱动发展等国家战略中涉及发展与安全的综合性问题作为重要情报任务。二是注重制度与文化建设,以国家军民融合战略的方针、政策为指导思想,谋划情报组织融合的体制、机制建设,破除两者融合的壁垒。三是加强情报资源共享,研究如何规避带有保密性质的"小核心"(如涉密资源等),强化具有原理性、规律性等特征的"大协作"(如基本理论、思维、技术、方法等);研究如何通过平台建设、部门重组等方式来为资源共享建立有效通道;研究如何推动情报人才流动和开展情报教育合作等。

7.5 情报学未来发展展望

学科发展的展望是对学科未来可能走向的研判,它是建立在这个学科已有的基础之上,并根据学科发展背景和学科发展逻辑规律而进行前瞻性推断。在 Intelligence 范式和 Information 范式融合的趋势下,以及国家战略需求牵引和大数据环境支撑下,未来情报学的发展取向可定位为在不同领域分别发挥独特作用的智慧型学科、横断型学科和大众型学科。

7.5.1 成为统领信息科学和数据科学价值建构的智慧型学科

IBM 公司顾问 M T Jones 把数据科学表示为计算机科学、数学与统计学、专业知识三者的交集。[①] 南京大学叶鹰教授等认为,信息科学还应包括上述三者中任意两者的交集

---

① Jones M T. Data Science and Open Source[EB/OL].[2017-05-22]. https://www.ibm.com/developerworks/library/os-datascience/os-datascience-pdf.pdf.

部分。[①] 信息科学与数据科学主要研究信息与数据的运动规律，并以帮助人们认识世界为目标，两者最终产出的是知识或智能。情报学应以二者产出的知识或智能为基本支撑体系，并上升到它们的顶层，统领它们的价值建构过程，成为智慧型学科，即强调情报需求的敏感性[②]，多源数据作为情报素材的组织与凝练，数据的智能化分析技术与方法，情报结论的谋略性[③]等，使情报产品能够发现信息与数据运动规律背后的深层次原因，不仅要消除不确定性，更要创造可能性，最终为决策提供支持。

成为智慧型学科，情报学首先要做的是从图书情报一体化中分离出来，成为一门独立学科，情报学者包昌火研究员曾对此大声呼吁[④]，《情报杂志》也曾分三次以焦点话题的形式探讨了情报学学科建设问题，累计10余位专家发表了情报学学科建设的观点。推动情报学独立发展，应重视情报学顶层治理研究，尤其是加强情报制度建设，重视情报活动研究，重新思考情报学专业教育。其次，要将信息、数据和文献转化为情报单元，从信息科学和数据科学中吸收方法论指导，破除经验式发展模式，以理论指导实践，从实践中提炼理论，尤其是要处理好传统理论的继承与发展之间的关系，重建情报学理论与方法。再次，要加强情报学术成果产出管理，尤其是发挥各级、各类基金和情报学期刊的风向标功能。在基金指南设计中，以充分挖掘情报学在国家各阶层、各领域中的"耳目、尖兵、参谋"功能为基本指导方针；在情报学期刊建设中，强调以情报属性为导向的情报学研究成果。此外，应鼓励系统性情报学理论与方法专著的出版，尤其是以大数据的时代背景和我国发展与安全的实际情况为组织线索，推动情报学专家打造一批具有强影响力的专著。最后，要采取"分合"相结合原则，一方面，要根据情报学应用领域或研究对象的差异，以跨学科为组织线索，形成层次分明、类别各异的情报学下位学科，尤其是抓住大数据、智库、总体国家安全观和创新驱动发展等重要战略，构建面向时代所需的情报学，以"分化"的情报学为某一特定领域发展提供智慧支持；另一方面，要促进各领域情报的融合，以"整合"的情报学面向国家发展与安全构建国家情报体系，为复杂性、综合性问题提供决策方案。

7.5.2 成为"指路人"和"智囊"角色的横断型学科

情报界应始终怀有一种抱负——成为一种横断型学科。我们并未试图侵入其他学科的原理和方法中，但我们可以成为其他学科研究与发展的指路人，以及其他学科处理与其相关的社会问题、经济问题、环境问题、国家安全问题等的智库。

要想成为横断型学科，情报学首先要修炼自身，充分继承跨学科研究的优良传统，重视支持情报发现的方法与工具开发。其次，要采取网络化多方联动策略，即实现军民情报组织的融合，培养适应大数据环境和智库战略的情报学人才，加强情报工作的职业化管理，从而使情报产生过程中的组织维度、知识维度和行动维度向一体化发展。再次，要加强平台化建设，将情报所打造成智库平台，争取企业、政府部门等的支持在高校共建实验

---

① 叶鹰，马费成. 数据科学兴起及其与信息科学的关联[J]. 情报学报，2015 (6):575-580.
② 化柏林，李广建. 从多维视角看数据时代的智慧情报[J]. 情报理论与实践，2016,39(02):5-9.
③ 王延飞，赵柯然，何芳. 重视智能技术 凝练情报智慧——情报、智能、智慧关系辨析[J]. 情报理论与实践，2016,39(02):1-4.
④ 包昌火. 对当前我国情报工作发展方向的几点建议[J]. 情报杂志，2014,33(5):1-3.

室平台;不仅要建立实体平台,同时要充分利用"互联网+"理念,构建网络虚拟平台,使其成为资源获取、交流协作与情报众筹的重要路径之一。最后,要强化情报学话语体系,使情报学真正被社会所认知、认可。为此,情报学要勇于承担社会责任,敢于就社会热点、难点在各种平台(尤其是网络平台)发声,提出有理有据的独到见解,加强自身形象建设。同时,情报学也可采取情报项目的品牌化建设,打造一批精品示范情报工程,深化情报功能的社会影响力。

7.5.3 成为惠及上至政府下至普通民众的大众型学科

作为年轻的学科,情报学一直被视为小众化学科,这是情报学的遗憾,更是社会大众的损失。其实,从个人到组织、机构甚至国家无不身陷情报决策中,我们的网上购物需要情报分析,我们需要反情报意识加强个人隐私保护;企业需要竞争情报、商业情报、市场情报等来获得竞争优势;政府需要战略情报、情报支援、情报预警等来获得对社会治理的支持。情报学理应成为惠及大众的学科,使上至政府下至普通民众,通过情报知识的掌握、情报技巧的运用来获得决策上的优势。

要想成为大众性学科,情报学首先要具有责任意识、使命意识、主动意识,要将提出竞争与冲突环境中问题的解决方案视为己任,并能够主动介入各类决策管理中;其次,情报学还需重视用户分析,将用户分级、分类,以加强情报学的分类管理与教育,并培养面向不同层级服务的情报学专业人才;最后,要加强用户驱动的情报学研究与情报活动,加深与用户之间的关系,使用户参与到情报活动以及情报产品评估中,将发展用户、管理用户视为用户驱动过程中的重点之一。

参考文献

[1] Steele Robert D. Private enterprise intelligence: its potential contribution to national security. Intelligence and National Security,1995,10(4):212-228.

[2] 曹智,李宣良. 习近平出席解放军代表团全会强调深入实施军民融合发展战略巩固发展军政军民关系,为实现中国梦强军梦凝聚强大力量[N]. 人民日报海外版,2015-03-13(01).

[3] 马方. 加快建设国家安全学一级学科的路径研究[J]. 情报杂志,2018,37(10):19-27.

[4] 习近平. 坚持总体国家安全观走中国特色国家安全道路[J]. 中国监察,2014(9):4-4.

[5] 袁建霞,董瑜,张薇. 论情报研究在我国智库建设中的作用[J]. 情报杂志,2015,34(04):4-7.

[6] 中华人民共和国国家情报法[N]. 人民日报,2017-07-14(012). [2017-05-22]. https://www.ibm.com/developerworks/library/os-datascience/os-datascience-pdf.pdf.

[7] [美]杰弗里·里彻逊. 美国情报界[M]. 郑云海,陈玉华,王捷,译. 北京:时事出版社,1988.

[8] [美]桑尼尔·索雷斯. 大数据治理[M]. 匡斌,译. 北京:清华大学出版社,2014.

[9] [美]托马斯·库恩. 科学革命的结构[M]. 金吾伦,胡新和,译. 北京:北京大学出版社,2003.

[10] 《情报学报》编辑部. 情报学与情报工作发展南京共识[M]. 2017,36(11):1209-1210.

[11] Abram N. Shulsky. 无声的战争——认识情报世界[M]. 罗明安,肖皓元,译. 北京:金城出版社,2010.

[12] Aguilar F J. Scanning the Business Environment[M]. New York:Macmilan,1967.

[13] B C Brookes. The foundations of information science[J]. Journal of Information Science,1980,2(3):4-6.

[14] Barki H,Hartwick J. Measuring User Participation, User Involvement, and User Attitude[J]. MIS Quarterly,1994,18(1):59-82.

[15] Betts Richard K. Analysis, War, and Decision: Why Intelligence Failures Are Inevitable[J]. World Politics,1978,31(01):61-89.

[16] Bowen W. Open-Source Intel: A Valuable National Security Resource [J]. Jane's Intelligence Review,1999,11:50-54.

[17] Broadbent M, Clair W D S. The Implications of Information Technology Infrastructure

for Business Process Redesign[J]. MIS Quarterly, 1999, 23(2):159-182.

[18] Brookes B C. New paradigm for information science[J]. Information Scientist, 1976,10(3): 103-111.

[19] Bruce James B and George Roger. Professionalizing Intelligence Analysis[J]. Journal of Strategic Security,2015,8(3): 1-23.

[20] Bulgurcu Burcu, Cavusoglu Hasan, Benbasat Izak. Information Security Policy Compliance: An Empirical Study of Rationality-Based Beliefs and Information Security Awareness[J]. MIS Quarterly,2010, 34(3): 523-548.

[21] Claypool M, Brown D, LE P, et al. Inferring User Interest[J]. IEEE internet computing,2001,5(6): 32-39.

[22] Cooper R B, Zmud R W. Information Technology Implementation Research-A Technological Diffusion Approach[J]. Management Science, 1990,36(2):123-139.

[23] COSR 编写组. 数据服务框架[M]. 北京:中信出版社,2016.

[24] Craig S F, David L B. Controversies in Competitive Intelligence: The Enduring Issues[M]. Blenkhorn. Praeger,2003:45-55.

[25] D Hawkins. Information Science Abstracts: Tracking the Literature of Information Science. Part 1: Definition and Map[J]. Journal of the American Society for Information Science and Technology, 2001, 52(1):44-53.

[26] D L Goodhue, R L. Thompson[J]. MIS Quarterly, 1995, 19(2):213.

[27] Daft R L, Lengel R H. Organizational Information Requirements, Media Richness and Structural Design[J]. Management Science, 1986 32(5):554-571.

[28] Daniela Baches-Torres, Efren R. Torres- Baches. Cross-domain Approach and Intelligence Analysis[J]. Journal of Mediterranan and Balkan Intelligence, 2017, 10(2): 121.

[29] David Gefen, Detmar Straub. A Practical Guide to Factorial Validity Using PLS-Graph: Tutorial and Annotated Example[J]. Communications of the Association for Information Systems, 2005,16(1):91-109.

[30] Debons A, Horne E. Cronenweth S. Information Science: An Integrated View[M]. Boston: G. K. Hall& Co. , 1988.

[31] Deshpande Rohit, Webster,Frederick E Jr. Organizational Culture and Marketing: Defining the Research Agenda[J]. Journal of Marketing, 1989,53(1):3-15.

[32] Dictionary of United State Military Terms for Joint Usage[Z]. Washington, D. C. : Department of the Army, Navy, and Air Force, May 1955: 53.

[33] Doll W J, Torkzadeh G A. Discrepancy Model of End-user Computing Involvement[J]. Management Science, 1989,35(10):1151-1171.

[34] E g P Tosh. The Pursuit of History [M]. Harlow, 2000.

[35] Ellsberg D. Secrets: A Memoir of Vietnam and the Pentagon Papers [M]. Viking, 2002.

[36] Eyal Pecht, Asher Tishler. The Value of Military Intelligence[J]. Defence and Peace Economics, 2015, 26(2):179-211.

[37] Farager, Ladislas, War of Wits (reprint) [M]. Connecticut: Greenwood Press, 1976.

[38] Ferguson J, Soekijad M, Huysman M, et al. Blogging for ICT4D: Reflecting and Engaging with Peers to Build Development Discourse[J]. Information Systems Journal, 2013, 23(4):307-328.

[39] Foreign Intelligence from the Dutch Papers, the French Papers, and the Hamburgh Papers [J]. The Times, 1805,6572:2.

[40] Frické, Martin. Big Data and Its Epistemology[J]. Journal of the Association for Information Science and Technology, 2015, 66(4):651-661.

[41] Gerardg, Haasm, Pentland A. Big Data and Management [J]. Academy of Management Journal,2014(2):321-326.

[42] Gill P, Phythian M. What is intelligence studies? [J]. International Journal of Intelligence, Security, and Public Affairs, 2016, 18(1):5-19.

[43] Godson Roy. Intelligence Requirements for the 1980's: Intelligence and Policy [M]. Lexington: Lexington Books, 1986.

[44] Goldman Jan. Words of Intelligence: A Dictionary [M]. UK, Oxford: The Rowman &Littlefield Publishing Group, Inc, 2006:78-79.

[45] Gregory F. Treverton, Seth G. Jones, Steven Boraz, Phillip Lipscy, Toward a Theory of Intelligence[M]. Rand Workshop Report, 2006:8.

[46] Griffith J M. Back to Future: Information Science for the New Millennim[J]. Bulletin of the American Society of Information Science,2000,26(4):24-27.

[47] Guidelines for Data Classification-Computing Services ISO-Carnegie Mellon University Carnegie Mellon University[EB/OL]. [2019-7-12]. https://www.cmu.edu/iso/governance/guidelines/data-classification.html.

[48] Halman Alexander. Before and Beyond Anticipatory Intelligence: Assessing the Potential for Crowdsourcing and Intelligence Studies[J]. Journal of Strategic Security,2015,8(5):15-24.

[49] Harold Borko. Information Science: What is It? [J]. American Documentation, 1968,1:3.

[50] Harold L. Wilensky. Organizational Intelligence: Knowledge and Policy in Government and Industry[M]. London: Basic Books, Inc. ,1967:3.

[51] Herner S. Brief-history of Information Science[J]. Journal of the American Society for Information Science, 1984, 35(3):1984.

[52] Heuer R. The Psychology of Intelligence Analysis[M]. Washington DC: Center for the Study of Intelligence, Central Intelligence Agency,1999.

[53] Holden-Rhodes, James F. Unlocking the Secrets: Open Source Intelligence in the War On Drugs [J]. American Intelligence Journal, 1993,14(2):67-71.

[54] Holmberg Kim, Thelwall Mike. Disciplinary Differences in Twitter Scholarly Communication[J]. Scientometrics, 2014, 101(2):1027-1042.

[55] Hu P J, Chau P Y K, Sheng O R L, et al. Examining the Technology Acceptance Model Using Physician Acceptance of Telemedicine Technology[J]. Journal of Management Information Systems, 1999, 16(2):91-112.

[56] Humint Osint. Defining Crowdsourced Intelligence[J]. International Journal of Intelligence and Counterintelligence, 2015(8):578-589.

[57] Hung S Y, Lai H M, Chou Y C. Knowledge-sharing Intention in Professional Virtual Communities: A Comparison between Posters and Lurkers[J]. Journal of the Association for Information Science and Technology, 2015, 66(12):2494-2510.

[58] Ilmola Leena, Osmo Kuusi. Filters of Weak Signals Hinder Foresight: Monitoring Weak Signals Efficiently in Corporate Decision-making[J]. Futures, 2006, 38(8):908-924.

[59] Jasperson J S, Carter P E, Zmud R W. A Comprehensive Conceptualization of Post-adoptive Behaviors Associated with Information Technology Enabled Work Systems[J]. MIS Quarterly, 2005, 29(3):525-557.

[60] Karahanna E, Chervany S N L. Information Technology Adoption Across Time: A Cross-Sectional Comparison of Pre-Adoption and Post-Adoption Beliefs[J]. MIS Quarterly, 1999, 23(2):183-213.

[61] Keen P. Information Technology and the Management Difference: A Fusion Map[J]. IBM Systems, 1993, 32(11), 17-39.

[62] Kent Sherman. Strategic Intelligence for American World Policy[M]. New Jersey: Princeton University Press, 1949.

[63] Kettinger W J, Grover V, Segars G A H. Strategic Information Systems Revisited: A Study in Sustainability and Performance[J]. MIS Quarterly, 1994, 18(1):31-58.

[64] Klein H K. A Set of Principles for Conducting and Evaluating Interpretive Field Studies in Information Systems[J]. MIS Quarterly, 1999, 23:67-93.

[65] Kris D S. The Rise and Fall of the Fisa Wall[J]. Stanford Law and Policy Review, 2006(17):487-522.

[66] Krishnamoorthy R, Suneetha K R. User Interest Estimation Using Behavior Monitoring Measure[J]. Transplantation, 2013, 78(2):651-652.

[67] L K Johnson, A M Shelton. Thoughts on the State of the Intelligence Studies: A Survey Report[J]. Intelligence and National Security, 2013, 28(1):109-120.

[68] Liang Huigang, Saraf Nilesh, Hu Qing. Assimilation of Enterprise Systems: The Effect of Institutional Pressures and the Mediating Role of Top Management[J]. MIS Quarterly, 2007, 31(1):59-87.

[69] Lim K. 冉德彤,真溱,汤珊红. 大数据分析和战略情报(节选)[J]. 情报理论与实

践,2016,39(07):145.

[70] Loch K. Johnson & James J. Wirtz eds. Intelligence: The Secret World of Spies An Anthology[M]. New York: Oxford University Press, 2011: 63.

[71] Loveridge D. Foresight: The Art and Science of Anticipating the Future[J]. Foresight,2009(5):80-86.

[72] M Buckland. The Landscape of Information Science: The American Society for Information Science at 62[EB/OL]. [2019-06-08]. http://www.sims.berkeley.edu/~buckland/asis62.html.

[73] M M. Lowenthal, Intelligence: From Secrets to Policy[M]. Washington, D. C: CQ Press, 2000.

[74] Manyika J,Chui M, Brown B, et al. Big Data: The Next Frontier for Innovation, Competition and Productivity[R/OL]. [2020-04-07]. http://www.mckinsey.com/insights/business_technology/bid data the next frontier for innovation.

[75] Mark M. Lowenthal. 情报从秘密到政策[M]. 杜效坤,译. 北京:金城出版社,2014.

[76] Marrin S. Improving Intelligence Studies as an Academic Discipline[J]. Intelligence and National Security, 2016, 31(2):266-279.

[77] Mccandless B. What Key Learning Should Corporate Competitive Intelligence Specialists Acquire from Their Military Intelligence Counterparts? [A]. Controversies in Competitive Intelligence: The Enduring Issues, 2003:45-55.

[78] Mizzaro S. How Many Relevances in Information Retrieval? [J]. Interacting with Computers,1998,10(3),303-320.

[79] Nato. Open Source Intelligence Handbook [M/OL]. [2019-6-25]. http://www.oss.net/dynamaster/file_archive/030201/ca5fb66734f540fbb4f8f6ef759b258c/NATO%20OSINT%20Handbook%20v1.2%20-%20Jan%202002.pdf.

[80] Niclis G, Prigogine I. Self-organization in Non-equilibrium System[M]. New York: Wiley, 1968.

[81] Nicolas Jequier. 情报——发展的一种手段[J]. 孙学琛等编译. 科技情报工作,1982(3):25-29.

[82] Nyman R, Ormerod P, Smith R, Tuckett D. Big Data and Economic Forecasting: A Top-down Approach Using Directed Algorithmic Text Analysis[C]. ECB Workshop on Big Data for Forecasting and Statists. Frankfurt 7/8 April,2014.

[83] Osatuyi B. How Vital is the Role of Affect on Post-adoption Behaviors? An Examination of Social Commerce Users[J]. Inteenational of Inforamtion Management, 2018, 40:175-185.

[84] P Vakkari. Opening the Horizon of Expectations. P Vakkari, B Cronin(ed). Conceptions of Library and information science: Historical, Empirical and Theoretical Perspective[C]. London: Taylor Graham, 1992:1-4.

[85] P. Becker. Corporate Foresight in Europe: A First Overview[J]. Working Paper

European Commission, European Commission, Brussels, 2002:31.

[86] Patrick J McGarvey. CIA: The Myth and the Madness[M]. New York: Penguin Books,1972.

[87] Petter Stacie, Straub Detmar, Rai Arun. Specifying Formative Constructs in Information Systems Research[J]. MIS Quarterly, 2007, 31(4): 623-656.

[88] Phillip Knightley. The Second Oldest Profession: Spies and Spying in theTwentieth Century[M]. London: Pimlico, 2003.

[89] Podsakoff P M, MacKenzie S B, Lee J Y. Common Method Biases in Behavioral Research: A Critical Review of the Literature and Recommended Remedies[J]. Journal of Applied Psychology, 2003, 88(5): 879-903.

[90] Posey C, Lowry P B, Roberts T L, et al. Proposing the Online Community Self-disclosure Model: The Case of Working Professionals in France and the U. K. Who Use Online Communities[J]. European Journal of Information Systems, 2010, 19(2):181-195.

[91] Prigogine. Time, Structure and Fluctuation[J]. Science. 1978,14(5): 438-452.

[92] R G Hughes, P Jackson, en L. Scott ed. Exploring Intelligence Archives: Enquiries into the Secret State [M]. New York: NY 2008.

[93] Ransom, Harry Howe. The Presidency and National Security Policy [C]//. The Intelligence Establishment Quoted in R. Cordon Hoxie (eds), Center of the study of Presidency, Proceedings, 1984, (2):65.

[94] Rob Johnson. Analytic Culture in the U.S. Intelligence Community [M]. Washington, DC: Center for the Study of Intelligence, Central Intelligence Agency,2005.

[95] Scott Len, Jockson Peter. The Study of Intelligence in Theory and Practice [J]. Intelligence and National Security, 2004,19(2):139-169.

[96] Seamon R H, Gardner W D. The Patriot act and the Wall between Foreign Intelligence and Law Enforcement [J]. Harvard Journal of Public Law and Policy, 2005(28): 458-463.

[97] Sherman Kent. Strategic Intelligence for American World Policy[M]. Princeton NJ: Princeton University Press,1949.

[98] Silver N. The Signal and Noise[M]. New York: Penguin,2012.

[99] Siponen Mikko, Vance Anthony. Neutralization: New Insights Into the Problem of Employee Information Systems Security Policy Violations[J]. MIS Quarterly, 2010, 34(3): 487-502.

[100] Stafford E R. Using Co-operative Strategies to Make Alliances Work[J]. Long Range Planning, 1994, 27(3):0-74.

[101] Steele Robert D. National Intelligence and Open Source: From School House to White House [J]. American Intelligence Journal, 1993,14(2):29-32.

[102] Steele, Robert D. The Importance of Open Source Intelligence to the Military [J]. International Journal of Intelligence and Counterintelligence, 1995,8(4):457-470.

[103] T S Kuhn. Second thought on Paradigms[A]. F Suppe. The structure of scientific theories[C]. Urbana, IL: University of Illinois Press, 1977.

[104] Tefko Saracevic. Information Science[J]. Journal of the American Society for Information Science, 1999, 50(12):1051-1063.

[105] Tefko Saracevic. The Stratified Model of Information Retrieval Interaction: Extension and Applications[J]. Proceedings of the American Society for Information Science, 1997(34):313-327.

[106] Tetlock Philip. Expert Political Judgment: How Good Is It? How Can We Know? [M]. Princeton: Princeton University Press, 2005.

[107] Troy Thomas F. The "Correct" Definition of Intelligence[J]. International Journal of Intelligence and CounterIntelligence, 1991, 5(4):433-454.

[108] Tyson J. The Belousov-zhabotinskii Reaction[C]. Heidelberg: Springer-Verlag: Lecture Notes in Biomathematics, 1976.

[109] U.S Joint Chiefs of Staff, Joint Publication 2-0, Joint Intelligence[R]. Washington, DC: GPO, 2007.

[110] Venkatesh V, Morris M G, Davis G B. User Acceptance of Information Technology: Toward a Unified View[J]. MIS Quarterly, 2003, 27 (3): 425-478.

[111] Vitale W M. Assessing the Health of an Information Systems Applications Portfolio: An Example from Process Manufacturing[J]. MIS Quarterly, 1999, 23(4):601-624.

[112] Warner M. Wanted: A Definition of Intelligence[J]. Studies in Intelligence, 2002,46(3):15-22.

[113] Wasko M M, Faraj S. Why Should I Share? Examining Social Capital and Knowledge Contribution in Electronic Networks of Practice[J]. MIS Quarterly, 2005. 29(1): 35-57.

[114] Willison Robert, Warkentin Merrill. Beyond Deterrence: An Expanded View of Employee Computer Abuse[J]. MIS Quarterly, 2013, 37(1): 1-20.

[115] Wolfgang Krieger. German Intelligence History: A Field in Search of Scholars[J]. Intelligence and National Security, 2004, 19(2):185-198.

[116] Xie Y G. Research on Chinese Social Media Users' Communication Behaviors During Public Emergency Events[J]. Telematics and informatics, 2017, 34: 740-754.

[117] Zegart A B. September 11 and the Adaptation Failure of U.S. Intelligence Agencies[J]. International Security, 2005, 29(4):78-111.

[118] Zhang Y, Fang Y, Wei K K, et al. Exploring the Role of Psychological Safety in

Promoting the Intention to Continue Sharing Knowledge in Virtual Communities[J]. International Journal of Information Management,2010,30(5):0-436.

[119] 安璐,陈苗苗,沈燕,李纲.中国特色情报学的基本范畴与核心命题[J].中国图书馆学报,2021,47(06):18-35.

[120] 白君礼.论图书馆学研究中的问题、问题域、问题意识概念[J].高校图书馆工作,2012,06:18-23.

[121] 白益民.三井物产:比中情局更牛的情报网[J].南方企业家,2011(11):140.

[122] 包昌火,包琰.中国情报工作和情报学研究[M].北京:科学出版社,2012.

[123] 包昌火,金学慧,张婧,赵芳,靳晓宏,刘彦君.论中国情报学学科体系的构建[J].情报杂志,2018,37(10):1-11,41.

[124] 包昌火,刘诗章.我国情报研究工作的回顾与展望[J].情报学报,1996(05):29-34.

[125] 包昌火,刘彦君,张婧,靳晓宏,赵芳,吴晨生.中国情报学论纲[J].情报杂志,2018,37(01):1-8.

[126] 包昌火,马德辉,李艳.Intelligence视域下的中国情报学研究[J].情报杂志,2015,34(12):1-6,47.

[127] 包昌火,谢新洲.关于我国情报学研究中若干问题的思考——写于《信息分析丛书》前言[J].情报理论与实践,2006(05):513-515.

[128] 包昌火.对当前我国情报工作发展方向的几点建议[J].情报杂志,2014,33(5):1-3.

[129] 包昌火.Intelligence和我国的情报学研究[J].情报理论与实践,1996(06):7.

[130] 包昌火.对当前我国情报工作发展方向的几点建议[J].情报杂志,2014,33(05):1-2.

[131] 波普尔.猜想与反驳:科学知识的增长[M].傅季重译.上海:上海译文出版社,1986:318.

[132] 曹树金,刘慧云,包丹宇,常赵鑫.大数据时代情报学研究新动态——评《情报学进展》(第十二卷)[J].情报理论与实践,2019,42(04):172-176.

[133] 曾建勋,魏来.大数据时代的情报学变革[J].情报学报,2015,34(01):37-44.

[134] 曾建勋.花甲之年的惆怅:科技情报事业60年历程反思[J].情报理论与实践,2017,40(11):1-4.

[135] 曾忠禄,张冬梅.情景分析法在美国"预见情报"中的运用[J].情报学报,2013,32(2):163-170.

[136] 常小兵.筑牢我国大数据管理的安全防线[J].求是,2014(24):55-56.

[137] 陈成鑫,曾庆华,李丽华.大数据环境下公安情报工作的创新发展路径[J].情报理论与实践,2019,42(01):10-15.

[138] 陈传夫,陈一,司莉,冉从敬,冯昌扬.我国图书情报研究生学位授权"四个十年"研究[J].中国图书馆学报,2017,43(01):17-28.

[139] 陈峰.竞争情报推动产业创新发展的案例分析[J].情报杂志,2020,39(08):1-5,130.

[140] 陈峰."情报"与"信息"关系辨析——基于国外机构做空中国海外上市公司案例[J].情报杂志,2015,34(11):1-6.

[141] 陈峰.法国政府加强竞争情报工作的战略举措及启示[J].情报杂志,2015(2):59-62.

[142] 陈国青,吴刚,顾远东,陆本江,卫强.管理决策情境下大数据驱动的研究和应用挑战——范式转变与研究方向[J].管理科学学报,2018,21(07):1-10.

[143] 陈洪辉,罗雪山,张维明.信息化战争条件下军事情报学学科建设探析[J].高等教育研究学报,2007(02):8-10.

[144] 陈士俊,夏青.基于耗散结构理论的科学学派成长机制分析[J].科技管理研究,2009,29(08):569-571.

[145] 陈伟,李金秋.基于Brusselator模型的我国知识产权管理系统耗散结构生成机制[J].科技进步与对策,2017,34(21):7-15.

[146] 陈文勇.情报学理论思维与情报学研究变革[J].情报理论与实践,2010,33(7):14-17.

[147] 程同顺.习近平总体国家安全观的内容和特色[J].人民论坛,2017(29):35-37.

[148] 初景利.新时代情报学与情报工作的新定位与新认识——"情报学与情报工作发展论坛(2017)"工侧记与思考[J].图书情报工作,2018,62(01):140-142.

[149] 丁梦晓,毕强,许鹏程,李洁,牟冬梅.基于用户兴趣度量的知识发现服务精准推荐[J].图书情报工作,2019,63(03):21-29.

[150] 丁社教.试论公共生活空间行为规范约束力的前提性条件[J].中国行政管理,2016(11):71-75.

[151] 董克,邱均平.论大数据环境对情报学发展的影响[J].情报学报,2017,36(9):886-893.

[152] 冯惠玲.从文献管理到基于信息资源的管理——图书情报与档案管理学科的创新发展之路[J].情报资料工作,2013(03):6-10.

[153] 付立宏,李露琪.近年来图书馆学情报学核心论文主题分析[J].图书馆学研究,2014(16):2-6,12.

[154] 高金虎,吴晓晓.中西情报思想史[M].北京:金城出版社,2014.

[155] 高金虎.军事情报学[M].南京:江苏人民出版社,2017.

[156] 高金虎.论国家安全情报工作——兼论国家安全情报学的研究对象[J].情报杂志,2019,38(01):1-7.

[157] 高金虎.战略欺骗、隐蔽行动与国家安全态势塑造[J].公安学研究,2020,3(04):2-17,123.

[158] 高金虎.从"国家情报法"谈中国情报学的重构[J].情报杂志,2017,36(06):1-7.

[159] 高金虎.军口情报学研究现状与发展前瞻[J].情报学报,2018,37(05):477-485.

[160] 高金虎.论国家安全情报工作——兼论国家安全情报学的研究对象[J].情报杂志,2019,38(01):1-7.

[161] 高金虎.论情报的定义[J].情报杂志,2014(3):1-5.

[162] 高金虎.战略欺骗[M].北京:金城出版社,2005:1-2,228.

[163] 高金虎. 作为一门学科的国家安全情报学[J]. 情报理论与实践,2019,42(01):1-9.
[164] 高金虎. 军口情报学[M]. 南京:江苏人民出版社,2016.
[165] 高庆德. 美国情报组织揭秘[M]. 北京:时事出版社,2016.
[166] 高庆德. 以色列情报组织揭秘[M]. 北京:时事出版社,2011.
[167] 龚耘. 从思维的视角看库恩的范式[J]. 科学技术与辩证法,1996(4):27-30.
[168] 顾基发,唐锡晋,朱正祥. 物理-事理-人理系统方法论综述[J]. 交通运输系统工程与信息,2007(12):51-60.
[169] 郭戎. 关于未来五年科技发展关键点的思考[J]. 经济研究参考,2016(13):39-40.
[170] 郭治安等编著. 协同学入门[M]. 成都:四川人民出版社,1988.
[171] 贺德方. 工程化思维下的科技情报研究范式——情报工程学探析[J]. 情报学报,2014(12):1236-1241.
[172] 贺德方编著. 数字时代情报学理论与实践[M]. 北京:科学技术文献出版社,2006.
[173] 贺德方等编著. 数字时代情报学理论与实践——从信息服务走向知识服务[M]. 北京:科学技术文献出版社,2006.
[174] 贺建勋. 系统建模与数学模型[M]. 福建:福建技术科学技术出版社,1995.
[175] 侯丽. 信息时代情报人才培养普遍受到重视[N]. 中国社会科学报,2014-09-10(A03).
[176] 胡雅萍,石进. 三维向度中面向安全与发展的情报学学科基础与理论溯源[J]. 情报杂志,2019,38(06):1-6.
[177] 华勋基. 试论情报科学体系[J]. 情报学报,1987,(6):446-450.
[178] 华勋基主编. 情报科学导论[M]. 广州:中山大学出版社,1990.
[179] 化柏林,李广建. 从多维视角看数据时代的智慧情报[J]. 情报理论与实践,2016,39(02):5-9.
[180] 化柏林. 情报学三动论探析:序化论、转化论与融合论[J]. 情报理论与实践,2009,32(11):21-24,41.
[181] 黄迎馨,沈固朝,包昌火. 借鉴军事C~3I理论与技术构建企业竞争情报系统[J]. 科技情报开发与经济,2009,19(06):108-110.
[182] 黄长著. 对情报学学科发展的几点思考[J]. 信息资源管理学报,2018,8(01):4-8.
[183] 黄长著. 关于建立情报学一级学科的考虑[J]. 情报杂志,2017,36(05):6-8.
[184] 霍忠文,阎旭军. "情报"、"Informagence"与"Infotelligence"——科技情报工作科学技术属性再思考[J]. 情报理论与实践,2002,25(1):1-5.
[185] 江焕辉. 国家安全与情报工作关系的嬗变研究[J]. 2015,34(12):11-15.
[186] 金芝,刘璘,金英. 软件需求工程:原理与方法[M]. 北京:科学出版社,2008.
[187] 靖继鹏,马费成,张向先主编. 情报科学理论[M]. 北京:科学出版社,2009.
[188] 柯平. 情报学教育向何处去?[J]. 情报理论与实践,2020,43(06):1-9.
[189] 克劳塞维茨. 战争论[M]. 王小军,译. 北京:解放军出版社,2008.
[190] 赖茂生. 情报学的发展观[J]. 图书情报知识,2000(04):2-4,9.
[191] 赖茂生. 新环境、新范式、新方法、新能力——新时代情报学发展的思考[J]. 情报

理论与实践,2017,40(12):1-5.
[192] 赖茂生,等. 情报学前沿领域的确定与讨论[J]. 图书情报工作,2008(3):15-18.
[193] 勒内·托姆. 突变论:思想和应用[M]. 周仲良,译. 上海:上海译文出版社,1989:105-106.
[194] 李纲,叶光辉. 网络视角下的应急情报体系"智慧"建设主题探讨[J]. 情报理论与实践,2014,37(08):51-55.
[195] 李纲. 情报学学科发展与展望[J]. 图书情报工作,1997,(2):5-6.
[196] 李广建,江信昱. 论计算型情报分析[J]. 中国图书馆学报,2018,44(02):4-16.
[197] 李沐,卓尔. 全球经济间谍案[M]. 广州:南方日报出版社,2002.
[198] 李耐国. 军口情报学研讨会述评[J]. 军口历史研究,2002(02):184-188.
[199] 李品,许林玉,杨建林. 决策驱动的情报流程理论模型及其运行[J]. 情报学报,2019,38(01):46-57.
[200] 李品,杨建林. 基于大数据思维的情报学科发展道路探究[J]. 情报学报,2019,38(03):239-248.
[201] 李亚波. 情报学独立学科地位辨析[J]. 情报科学,2008(09):1297-1300,1379.
[202] 李阳,李纲. 我国情报学变革与发展:"侵略"思索、范式演进与体系建设[J]. 图书情报工作,2016,60(22):5-11.
[203] 李颖,王亚民. 基于兴趣社区的知识库构建[J]. 情报理论与实践,2014,37(09):86-91.
[204] 李勇男. 大数据驱动的反恐情报决策体系构[J]. 情报杂志,2018(10):57-62.
[205] 梁帅,李正风. 塑造未来:技术预见的可能性及可靠性[J]. 自然辩证法研究,2017(07):27-32.
[206] 梁战平,梁建. 新世纪情报学学科发展趋势探析[J]. 情报理论与实践,2005(03):225-229.
[207] 梁战平. 开创情报学的未来——争论的焦点问题研究[J]. 情报学报,2007(1):14-19.
[208] 梁战平. 情报学若干问题辨析[J]. 情报理论与实践,2003(03):193-198.
[209] 梁战平. 我国科技情报研究的探索与发展[J]. 情报探索,2007(7):3-7.
[210] 林守一. 论科技情报工作的社会功能[J]. 情报学报,1982,1(01):98-100.
[211] 林媛,童声,赵新. 军民融合视角下的社会文化情报支援研究[J]. 情报杂志,2019,38(01):13-18.
[212] 刘浏,王东波,沈思,等. 大数据时代情报学教育的回顾与展望[J]. 情报学报,2020,39(12):1264-1271.
[213] 刘强. 战略预警视野下的战略情报工作——边缘理论与历史实践的解析[M]. 北京:时事出版社,2014.
[214] 刘强. 中国"情报学"乱象和迷途的终结与选择——基于信息与情报的本源内涵和学科机理与边界[J]. 情报杂志,2018,37(11):1,9,2-8.
[215] 刘强. 战略预警视野下的战略情报工作[M]. 北京:时事出版社,2014.

[216] 刘如,吴晨生,刘彦君,等.中国科技情报工作的传承与发展[J].情报学报,2019,38(01):38-45.
[217] 刘细文.情报学范式变革与数据驱动型情报工作发展趋势[J].图书情报工作,2021,65(01):4-11.
[218] 刘跃进.以总体国家安全观构建国家安全总体布局[J].人民论坛,2017(34):38-40.
[219] 刘植惠.关于情报学的客观存在、现状和展望[J].情报理论与实践,2012,35(01):10-15.
[220] 刘植惠.关于情报学学科建设的思考[J].情报学报,1987,6(01):13-18.
[221] 刘植惠.评"大情报"观[J].情报理论与实践,1999(2):6-8,26.
[222] 刘植惠.情报学发展目标及其实现策略[J].情报科学,2006(06):801-805.
[223] 刘植惠.情报学基础理论讲座[J].情报理论与实践,1987(06):38-42.
[224] 刘植惠.知识经济中知识的界定和分类及其对情报科学的影响[J].情报学报,2000(02):104-109.
[225] 垄耘.从思维的视角看库恩的范式[J].科学技术与辩证法,1996(4):27-30.
[226] 卢明森编.钱学森思维科学思想[M].北京:科学出版社,2012.
[227] 卢绍君.论情报学表层结构[J].情报理论与实践,1988(04):8-13.
[228] 卢太宏,杨联纲.变革中的情报工作新观念与新方式[J].科技情报工作,1987(03):15-17.
[229] 卢太宏.情报科学的三个研究规范[J].情报学报,1987(1):19-22.
[230] 卢泰宏.情报科学的人文性质——关于情报科学学科性质的反思[J].图书情报工作,1989(06):1-7.
[231] 罗伯特·克拉克.情报分析:以目标为中心的分析方法[M].马忠元,译.北京:金城出版社,2019.
[232] 罗立群,李广建.智慧情报服务与知识融合[J].情报资料工作,2019,40(02):87-94.
[233] 吕斌,李国秋.整合Information和Intelligence研究,实现情报学的可持续发展[J].图书情报工作,2006,50(8):82-86,133.
[234] 吕斌,李国秋.组织情报学[M].上海:上海世界图书出版公司,2013.
[235] 马德辉,苏英杰."Intelligence Studies"视域下的中国公安情报学若干基本问题研究[J].情报理论与实践,2013,36(05):50-57,49.
[236] 马德辉.中国公安情报学的兴起和发展[J].情报杂志,2015,34(11):7-14.
[237] 马方.加快建设国家安全学一级学科的路径研究[J].情报杂志,2018,37(10):19-27.
[238] 马费成,宋恩梅,张勤.IRM-KM范式与情报学发展研究[M].武汉:武汉大学出版社,2008.
[239] 马费成,李志元.中国当代情报学的起源及发展[J].情报学报,2021,40(05):547-554.
[240] 马费成,宋恩梅.我国情报学研究的历史回顾(Ⅰ)[J].情报学报,2005(4):387-397.
[241] 马费成,宋恩梅.我国情报学研究的历史回顾(Ⅱ).情报学报,2005(5):515-523.

[242] 马费成,张瑞,李志元. 大数据对情报学研究的影响[J]. 图书情报知识,2018(05):4-9.

[243] 马费成,张帅. 中国当代情报学的发展路径与本土特色[J]. 情报理论与实践,2021,44(07):15-21.

[244] 马费成. 导言:情报学中的序[J]. 图书情报知识,2008(03):5-7.

[245] 马费成. 论情报学的基本原理及理论体系构建[J]. 情报学报,2007(1):3-13.

[246] 马费成. 情报学的进展与深化[J]. 情报学报,1996(05):22-28.

[247] 马费成. 情报学发展的历史回顾及前沿课题[J]. 图书情报知识,2013(02):4-12.

[248] 马费成. 推动哲学社会科学创新发展[N]. 中国社会科学报,2021-07-20(007).

[249] 马费成. 推进大数据、人工智能等信息技术与人文社会科学研究深度融合[N]. 光明日报,2018-07-29(06).

[250] 马费成. 在改变中探索和创新[J]. 情报科学,2018,36(01):3-4.

[251] 马费成. IRM-KM 范式与情报学发展研究[M]. 武汉:武汉大学出版社,2008.

[252] 马克思恩格斯选集:第1卷[M]. 北京:人民出版社,2012.

[253] 孟广均,徐引篪. 国外图书馆学情报学研究进展[M]. 北京:北京图书馆出版社,1999.

[254] 孟荫龙. 维护情报学科地位加快情报学科建设[J]. 情报理论与实践,1996(04):2-4.

[255] 苗东升. 系统科学大学讲稿[M]. 北京:中国人民大学出版社,2007.

[256] 缪其浩. 探索者言:缪其浩情报著作自选集[M]. 上海:上海科学技术文献出版社,2008.

[257] 倪春乐. "互联网+"背景下的公安情报众包探索[J]. 山东警察学院学报,2017(2):57-64.

[258] 彭知辉. 数据:大数据环境下情报学的研究对象[J]. 情报学报,2017,36(02):123-131.

[259] 秦峰,符荣鑫,杨小华. 情报共生的机理与实现策略研究[J]. 图书情报工作,2018,62(09):28-35.

[260] 秦季章. 论情报科学的技术传统[J]. 情报学报,1992,11(04):253-260.

[261] 邱均平,余以胜. 我国情报学专业教育的回顾与展望[J]. 情报学报,2007(1):35-41.

[262] 尚智丛,谈冉. 自然科学基础研究中的学术传统及其培植路径[J]. 河南师范大学学报(哲学社会科学版),2021,48(05):128-133.

[263] 邵友亮. 国内情报学文献的分析研究[J]. 情报学刊,1982,(3):88-92.

[264] 申华. 军口情报学视野下的中国情报学融合发展[J/OL]. 情报杂志:1-6[2019-08-17].

[265] 沈固朝. "耳目、尖兵、参谋"——在情报服务和情报研究中引入 intelligence studies 的一些思考[J]. 医学信息学杂志,2009(4):1-5.

[266] 沈固朝. 两种情报观:Information 还是 Intelligence?——在情报学和情报工作中引入"Intelligence"的思考[J]. 术语标准化与信息技术,2009(01):22-30.

[267] 沈固朝. 在情报工作中引入 Intelligence 的理论和实践[J]. 图书情报工作,

2005(01):15-16.

[268] 沈固朝. 从另一视角看西方国家情报分析类文献[J]. 图书情报工作,2005(9):13-17.

[269] 沈固朝. 两种情报观:Information还是Intelligence?——在情报学和情报工作中引入Intelligence的思考[J]. 情报学报,2005(3):259-267.

[270] 沈固朝. 情报学的两IS——在Information Science中引入Intelligence Studies的再思考[J]. 情报学进展,2010,8(00):73-110.

[271] 沈固朝. 情报与信息:一船两夫——读《隐秘与公开:情报服务与信息科学的追忆与联系》[J]. 情报探索,2010(2):3-5.

[272] 沈固朝. 为情报学研究注入Intelligence的理论与实践[J]. 图书情报工作,2005(09):10.

[273] 沈固朝. 在情报工作中引入Intelligence的理论和实践[J]. 图书情报工作,2005(01):15-16.

[274] 宋丽萍,徐引篪. 基于可视化的作者同被引技术的发展[J]. 情报学报,2005,24(2):193-198.

[275] 苏新宁,杨国立. 我国情报学学科建设研究进展[J]. 情报学进展,2020,13(00):1-38.

[276] 苏新宁. 大数据时代情报学及情报工作的回归[J]. 情报学报,2017,36(4):331-337.

[277] 苏新宁. 大数据时代情报学学科崛起之思考[J]. 情报学报,2018,37(05):451-459.

[278] 苏新宁. 大数据时代情报学与情报工作的回归[J]. 情报学报,2017,36(04):331-337.

[279] 苏新宁. 提升图书情报学学科地位的思考——基于CSSCI的实证分析[J]. 中国图书馆学报,2010,36(04):47-53.

[280] 苏新宁. 新时代情报学教育的使命与定位[J]. 情报学报,2020,39(12):1245-1252.

[281] 苏新宁. 中国特色情报学学科体系、学术体系、话语体系论纲[J]. 中国图书馆学报,2021,47(04):16-27.

[282] 苏屹,林周周,欧忠辉. 基于突变理论的技术创新形成机理研究[J]. 科学学研究,2019,37(03):568-574.

[283] 孙建军,李阳. 论情报学与情报工作"智慧"发展的几个问题[J]. 信息资源管理学报,2019,9(01):4-8.

[284] 孙敏,栗琳,孙晓,等. 国家安全领域的情报信息共享意愿研究[J]. 情报杂志,2017(1):35-39.

[285] 孙启贵. 库恩"范式"的文化涵义[J]. 合肥工业大学学报(社会科学版),2000(01):29-32.

[286] 陶翔,缪其浩. 国家竞争情报的概念及其演变过程[J]. 图书情报工作,2005(9):18-22.

[287] 托马斯·库恩. 科学革命的结构[M]. 北京:北京大学出版社,2012.

[288] 王秉,吴超. 安全情报概念的由来、演进趋势及涵义——来自安全科学学理角度的

思辨[J]. 图书情报工作,2019,63(03):45-53.
[289] 王秉,吴超. 安全情报学建设的背景与基础分析[J]. 情报杂志,2018,37(10):28-36.
[290] 王秉,吴超. 大安全观指导下的安全情报学若干基本问题思辨[J]. 情报杂志, 2019,38(03):7-14.
[291] 王秉,吴超. 一种安全情报的获取与分析方法:R-M方法[J]. 情报杂志,2019, 38(01):61-66.
[292] 王崇德. 评布鲁克斯的《情报学的基础》[J]. 情报科学,1985(4):1-9.
[293] 王崇德. 情报观的进化[J]. 情报业务研究,1990,(4):169-173.
[294] 王丹,赵文兵,丁治明. 大数据安全保障关键技术分析综述[J]. 北京工业大学学报,2017,43(03):335-349,322.
[295] 王东波,高瑞卿,苏新宁,朱丹浩. 面向情报学课程设置的数据科学技能素养自动抽取及分析研究[J]. 情报理论与实践,2018,41(12):61-66.
[296] 王东波,朱子赫,刘浏,等. 学习者视角下的情报学教育及人才培养调查与分析[J]. 情报理论与实践,2021,44(02):16-25.
[297] 王芳,陈锋,祝娜,等. 我国情报学理论的来源、应用及学科专属度研究[J]. 情报学报,2016,35(11):1148-1164.
[298] 王芳,邓明然. 战略性新兴产业系统自组织条件:耗散结构研究[J]. 科技进步与对策,2016,33(01):64-68.
[299] 王芳,赵洪,张维冲. 我国情报学科理论研究形态及学术影响力的全数据分析[J]. 图书情报知识,2018(06):15-28.
[300] 王芳,祝娜,翟羽佳. 我国情报学研究中混合方法的应用及其领域分布分析[J]. 情报学报,2017,36(11):1119-1129.
[301] 王芳. 情报学的范式变迁及元理论研究[J]. 情报学报,2007,26(5):764-773.
[302] 王飞跃. 情报5.0:平行时代的平行情报体系[J]. 情报学报,2015,34(06):563-574.
[303] 王继红,程春梅,史宪睿. 基于突变论视角的企业系统演化研究[J]. 科研管理, 2015,36(S1):279-282,323.
[304] 王琳,赖茂生. 中国科技情报事业回顾与展望:基于情报学理论的视角[J]. 中国图书馆学报,2021,47(04):28-47.
[305] 王琳. 情报学研究范式与主流理论的演化历程(1987—2017)[J]. 情报学报,2018, 37(09):956-970.
[306] 王晓慧,董雪季,郭琪. 产业竞争情报系统构建研究[J]. 图书馆学研究,2018(9): 2-6.
[307] 王新华,车珍,于灏,吴梦梦. 网络嵌入、多途径知识集聚与创新力——知识流耦合的调节作用[J]. 南开管理评论,2019,22(03):28-39.
[308] 王延飞,杜元清,钟灿涛,等. 情报研究论[M]. 北京:北京大学出版社,2017.
[309] 王延飞,赵柯然,陈美华. 情报研究中的治学思考[J]. 图书情报工作,2017, 61(16):55-59.
[310] 王延飞,赵柯然,何芳. 重视智能技术 凝练情报智慧——情报、智能、智慧关系辨

析[J]. 情报理论与实践,2016,39(02):1-4.

[311] 王曰芬,岑咏华. 大数据时代知识融合体系架构设计研究[J]. 数字图书馆论坛,2016,(10):16-24.

[312] 王知津,孙立立. 竞争情报战争游戏法研究[J]. 情报学报,2006,24(3):342-346.

[313] 王忠军,于伟,杨晴. 科技情报机构实践创新发展专家访谈[J]. 情报理论与实践,2017,40(12):145.

[314] 薇子. 推动中国情报学学科建设创新发展培养新形势下的情报人才[J]. 情报杂志,2017,36(2):287.

[315] 文斌,何克清,梁鹏,等. 需求语义驱动的按需服务聚合生产方法[J]. 计算机学报,2010(11):2163-2176.

[316] 吴晨生,张惠娜,刘如,李辉,刘彦君,付宏,侯元元. 追本溯源:情报3.0时代对情报定义的思考[J]. 情报学报,2017,36(01):1-4.

[317] 吴彤. 自组织方法论研究[M]. 北京:清华大学出版社,2001.

[318] 武衡. 情报学. 中国大百科全书·图书馆学情报学档案学卷[M]. 北京:中国大百科全书出版社,1993.

[319] 希尔伯特. 数学问题[M]. 李文林,袁向东编译. 大连:大连理工大学出版社,2009.

[320] 习近平. 顺应时代潮流,实现共同发展[N]. 人民日报,2018-07-26(02).

[321] 现代汉语词典[M]. 北京:商务印书馆,2002.

[322] 肖勇,赵澄谋. 西方的资讯学研究现状与我国情报学的学科关系[M].//情报学进展(第八卷). 北京:国防工业出版社,2010.

[323] 肖勇. 论新世纪中国情报学的三大研究范式:成因、内容与影响[J]. 2007(5):780-789.

[324] 谢嘉幸. 论社会系统中的非平衡自组织现象[J]. 系统辩证学学报,2003(03):66-71.

[325] 谢晓专,周晓英. 国家安全情报理论的本土探索(1999—2019):功能范式主导的情报学[J]. 中国图书馆学报,2021,47(03):67-83.

[326] 谢晓专. 公安情报学与情报学的关系研究[J]. 情报杂志,2012,31(06):1-7.

[327] 谢晓专. 情报分析师职业胜任力通用标准比较研究[J]. 情报杂志,2017,36(02):25-31,39.

[328] 谢晓专. 总体国家安全观视域下我国情报学发展的困境与转向[J]. 公安学研究,2019,2(04):20-45,123.

[329] 邢军. 论自组织与企业管理效率[J]. 中外科技信息,2002,(6):65-66.

[330] 徐敏,李广建. 第四范式视角下情报研究的展望[J]. 情报理论与实践,2017,40(02):7-11.

[331] 严怡民,文岳雄,刘天文. 关于情报学若干基本问题的重新认识[J]. 情报学刊,1989(04):2-6.

[332] 严怡民. 情报学概论(修订版)[M]. 武汉:武汉大学出版社,2000.

[333] 严怡民. 情报学研究导论[M]. 北京:科学技术文献出版社,1992.

[334] 严怡民. 走向21世纪的情报学研究[J]. 图书与情报,1999(01):2-8.

[335] 严怡民主编. 情报学概论[M]. 武汉大学出版社,1984年.

[336] 杨国立,李品. 总体国家安全观背景下情报工作的深化[J]. 情报杂志,2018,37(05):52-58,122.

[337] 杨国立,苏新宁. 迈向Intelligence导向的现代情报学[J]. 情报学报,2018,37(05):460-466.

[338] 杨国立. 因时而变 因势而新——评《新时代情报学与情报工作论丛》[J]. 图书情报工作,2021,65(21):6-10.

[339] 杨建林,苗蕾. 情报学学科建设面临的主要问题与发展方向[J]. 科技情报研究,2019,1(01):29-50.

[340] 杨建林. 大数据浪潮下情报学研究与教育的变革与守正[J]. 情报理论与实践,2020,43(04):1-9.

[341] 杨建林. 关于重构情报学基础理论体系的思考[J]. 情报学报,2020,39(02):125-134.

[342] 杨建林. 情报学哲学基础的再认识[J]. 情报学报,2020,39(03):317-329.

[343] 杨沛霆,卢太宏. 近几年来我国情报科学研究的进展[J]. 情报学报,1984,3(02):97-110.

[344] 杨沛霆,王松益,赵宗仁. 我国情报学研究的进展[J]. 情报学报,1986,5(Z1):273-283.

[345] 叶鹰,马费成. 数据科学兴起及其与信息科学的关联[J]. 情报学报,2015(6):575-580.

[346] 叶鹰. 图书情报学的学术思想与技术方法及其开新[J]. 中国图书馆学报,2019,45(02):15-25.

[347] 叶鹰主编. 情报学教程(第3版)[M]. 北京:科学出版社,2018.

[348] 佚名. 简明不列颠百科全书[M]. 北京:中国大百科全书出版社,1986.

[349] 殷国瑾. 理论联系实际是情报学研究必须坚持的原则[J]. 科技情报工作,1982(4):27-29.

[350] 于伟,王忠军. 新形势下情报学学术发展专家访谈[J]. 情报理论与实践,2017,40(10):145,61.

[351] 于伟. 情报学前沿发展——记"一学前沿年'情报学进展'学术论坛暨《情报学进展》第12卷发布会"发布会暨情报理论与实践,2018,41(10):161.

[352] 袁年兴. 共生哲学的基本理念[J]. 湖北社会科学,2009(2):100-102.

[353] 岳剑波. 情报学的学科地位问题[J]. 情报理论与实践,2000(01):5-7,38.

[354] 湛垦华,等. 普利高津与耗散结构理论[M]. 西安:陕西科学技术出版社,1982.

[355] 张家年,马费成. 我国国家安全情报体系构建及运作[J]. 情报理论与实践,2015,38(8):5-10.

[356] 张家年,马费成. 立足情报服务 借力工程思维:大数据时代情报工程学的理论构建[J]. 情报学报,2016,35(01):4-11.

[357] 张家年. 国家安全保障视域下安全情报与战略抗逆力的融合与对策[J]. 情报杂

志,2017(1):1-8,22.

[358] 张期民,等. 从文献量增长看我国情报学研究的发展[J]. 情报学刊,1983,(4):13-16.

[359] 张秋波,唐超. 总体国家安全观指导下情报学发展研究[J]. 情报杂志,2015(12):7-10,20.

[360] 张秋波,唐超. 总体国家安全观指导下情报学发展研究[J]. 情报杂志,2015(12):7-10,20.

[361] 张晓军. 情报、情报学与国家安全——包昌火先生访谈录[J]. 情报杂志,2017(5):1-5.

[362] 张晓军,等. 美国军事情报理论研究[M]. 北京:军事科学出版社,2007.

[363] 张晓军主编. 军事情报学[M]. 北京:军事科学出版社,2001.

[364] 张晓军. 美国军事情报理论研究[M]. 北京:军口科学出版社,2007.

[365] 张云,杨建林. 从学科交叉视角看国内情报学的学科地位与发展思考[J]. 情报理论与实践,2019,42(04):18-23.

[366] 赵冰峰. 论面向国家安全与发展的中国现代情报体系与情报学科[J]. 情报杂志,2016(10):7-12.

[367] 赵冰峰. 我国情报事业面临的环境变革、战略转型与方法论革命[J]. 情报杂志,2016(12):1-5.

[368] 钟义信. 信息科学原理[M]. 北京:北京邮电大学出版社,2002.

[369] 周翔主编. 国家竞争情报——是什么,为什么,如何做[M]. 上海:上海科学技术文献出版社,2008:13-15.

[370] 周晓英,陈燕方. 中国情报学研究范式的冲突与思考[J]. 公安学研究,2019,2(02):27-44,123.

[371] 周晓英,刘莎,冯向梅. 大数据的影响与情报学的应对策略——从BD2K项目分析情报学的大数据应对策略[J]. 图书与情报,2017(02):55-62.

[372] 周晓英. 数字时代情报学学科发展动向[J]. 数字图书馆论坛,2006(10):32-37,71.

[373] 朱国林. 统筹学[M]. 北京:时事出版社,2010.

[374] 朱红. 情报学科研究新方法论[J]. 情报理论与实践,2006,29(3):274-276.

[375] 朱庆华,倪波. 情报价值与情报增值分析[J]. 图书情报工作,1999(06):3-8.

[376] 邹志仁. 情报交流模式新探[J]. 情报科学,1994(4):34-37,80.